株主総会判例インデックス

弁護士 本村 健　弁護士 冨田雄介
弁護士 森 駿介　弁護士 山田康平 著

a precedent index

商事法務

論とも関係する会社訴訟と呼ばれる類型も取り上げている。第2編以下においては、利害関係がますます錯綜する現代社会を反映し、株主総会にまつわる紛争がさまざまなかたちで現れているという問題意識のもと、会社側（正確には経営者側）が会社の防衛のために対応したケース（第2編）、次に、経営支配権争奪や株主提案権行使等の株主と経営者側との対峙という局面にフォーカスしたケース（第3編）、さらには組織再編を契機とする事案や不法行為責任が問われたケース（第4編）といった観点から、それぞれ裁判例を取り上げることにより、株主総会にまつわる争訟の理解に資するよう試みた。

本書は、『判例インデックス』シリーズの1つではあるが、執筆した4名のメンバーがいずれも株主総会実務や関連する争訟等に数多く関与させていただいていることもあり、新たに「実務上の対応」欄を設けて実務的な観点も紹介した。

そもそも何が判例であるかを明らかにすることは、何が「法」であるかを明らかにする作業であり、判例という特定の事件にかかわる法的争点に関する裁判所の判断につき、将来、同種の類型の事件にも適用されるような一般性を持った法的命題をみいだし、それを実務的なルールと評価することは、法学者ではない立場には困難を伴うものでもあった。また、先例としての拘束性が認められるのは、原則として最高裁判例のそれのみであるところ、株主総会に関係する最高裁判例は多くはなく、本書で紹介した判例の多くは下級審の判決や決定であるため、この点もご海容いただきたい。

最後に、株式会社商事法務書籍出版部の水石曜一郎氏、井上友樹氏には、企画のお声がけをいただき、執筆に際しては多数の助言をいただいたことに厚く御礼を申し上げたい。また、岩田合同法律事務所の中村繭美さん、中里眞央さんには、裁判例や文献の収集等で大変お世話になった。本書を世に送り出すことができたのも、お二人のご支援の賜物である。皆様には、この場を借りて深く感謝したい。

平成31年1月

執筆者を代表して

岩田合同法律事務所　弁護士

本村　健

はしがき

　株主総会は、株式会社の最も基本的な機関であり、議決権を有する株主により会社の意思決定を行う最高の機関である。ところが、会社法や会社法施行規則等では、株主総会の運営等についてこと細かに規定されているわけではない。むしろ、条文からだけでは把握できない「株主総会実務」といえる、いわば実務的なルールが数多く存在する。これらの実務的なルールは、会議体において一般に通有される慣行とあいまって、裁判例を通じて積み上げられたものである。それゆえ、株主総会の議長、事務局関係者をはじめとする株主総会を担当する関係者においては、かかる実務的なルールやその背景となる裁判例を十分に理解することが重要となる。

　もっとも、上記の記述は、ミスリードとなっている側面もある。株主総会当日の円滑な運営とそのための準備について尽力することを株主総会担当者の業務の中心とする時代は終わったといえるからである。

　今日、わが国の上場企業を中心とした株主総会は、大きな変化のさなかにある。安定株主の減少、機関投資家の影響力の増大、アクティビストの動きといった株主の変化を基底に、コーポレートガバナンス・コードやスチュワードシップ・コード等のソフトローを意識した対応の必要性等、変革の要因はさまざまな点が指摘できる。その結果、たとえば、多くの株主が株主総会前日までに議決権行使をするのが一般的であることから、株主や投資家との「対話」を通じた会社提案にかかる賛同という投票行動の促進は、株主総会当日までの対応にかかっており、株主総会当日は、個人株主とのコミュニケーションの機会として、合理的で法的に瑕疵のない対応をとることが中心となっている。その一方、経営支配権争奪や株主総会開催をめぐった争訟となったり、不祥事を契機とした問題が株主総会にかかわる事項としても問題となったり、さらには株主との「対話」等が奏功せず、さまざまなかたちで法的な問題にエスカレーションするケースが多数見られる。

　そこで、本書は、株主総会にかかわる123件の裁判例を選び、まず第1編では、現在の株主総会実務を基礎づけている裁判例を整理し、株主総会の運営面等の実務的なルールを体系化することを志向している。あわせて、民事訴訟理

目　次

第1編　総会運営の適法性確保

第1章　手続的利益の確保

1　招集手続関係

1. 一部の株主に対する招集通知の不送付と決議取消事由
　　――国際交通事件……………………………………………………2
　　（最判昭和42・9・28民集21巻7号1970頁）
2. 一部の株主に対する招集通知漏れと株主総会決議の不存在
　　――西島鉄工所事件…………………………………………………4
　　（最判昭和33・10・3民集12巻14号3053頁）
3. 招集権者でない者による招集と株主総会決議の不存在
　　――広島血液銀行事件………………………………………………6
　　（最判昭和45・8・20判時607号79頁）
4. 譲渡承認未了の場合における招集通知の発送先――明星自動車事件……8
　　（最判平成9・9・9判時1618号138頁）
5. 定足数を満たさない取締役会による招集、招集通知の2日遅れ発送と決議取消事由の有無（裁量棄却法理）――日本サーモ・エレメント事件……10
　　（最判昭和46・3・18民集25巻2号183頁）
6. 開催場所――東京ダイヤ工業事件……………………………………12
　　（最判平成5・9・9判時1477号140頁）
7. 種類株主総会の基準日設定公告と決議取消事由
　　――アムスク種類株主総会基準日設定公告事件……………………14
　　（東京地判平成26・4・17金法2017号72頁）
8. 全員出席総会――東和交通事件………………………………………16
　　（最判昭和60・12・20民集39巻8号1869頁）

2　招集通知等の書面の瑕疵

9. 解任対象取締役の不特定と招集通知の瑕疵の有無
　　――取締役解任決議効力停止仮処分事件……………………………18
　　（名古屋高決平成25・6・10判時2216号117頁）

10 営業譲渡の要領の不記載と決議取消事由の有無
　　──明星自動車貸切バス事業譲渡事件 ……………………………20
　　（最判平成7・3・9判時1529号153頁）
11 取締役選任数の記載──招集通知取締役選任数不記載事件 …………22
　　（最判平成10・11・26金判1066号18頁）
12 議決権行使書面の記載内容（棄権欄・賛否表示）──住友銀行事件 ……24
　　（大阪地判平成13・2・28金判1114号21頁）
13 事業報告等の不添付、法定備置書類の不備置および法定備置書類の閲覧
　　請求等の拒絶と決議取消事由──計算書類承認決議取消事件 ………26
　　（東京地判平成27・10・28判時2313号109頁）
14 有利発行と参考書類を通じた提案理由の説明
　　──アミタホールディングス新株発行差止仮処分命令申立事件 …………28
　　（京都地決平成30・3・28金判1541号51頁）

3　日時・場所

15 開会時刻の遅延──東陽相互銀行事件 ……………………………30
　　（水戸地下妻支判昭和35・9・30判時238号29頁）
16 株主が出席困難な日時での開催──町長町会議員立候補事件 …………32
　　（大阪高判昭和30・2・24下民集6巻2号333頁）
17 開催場所の変更──カオル産業事件 ………………………………34
　　（大阪高判昭和58・6・14判タ509頁226号）

第2章　株主総会の受付・議決権行使の態様

1　株主総会の受付等

18 所持品検査・持込制限──東北電力事件 ……………………………36
　　（仙台地判平成5・3・24資料版商事109号64頁）
19 議長による議決権行使の排除の有効性（株式の帰属について
　　争いがある場合）──東亜精機工業事件 ……………………………38
　　（大阪高判昭和61・8・7判タ637号192頁）

2　代理人による議決権行使

20 代理人の資格を株主に制限する定款規定の有効性──関口本店事件 ……40
　　（最判昭和43・11・1民集22巻12号2402頁）

21 法人株主の従業員と代理人資格を制限する定款規定
   ──直江津海陸運事件……………………………………………42
   （最判昭和51・12・24民集30巻11号1076頁）
22 株主ではない弁護士の代理出席と代理人資格を制限する定款規定
   ──大盛工業事件…………………………………………………44
   （東京高判平成22・11・24資料版商事322号180頁）

第3章　議事運営

1　議長の選任

23 議長就任予定者に「事故があるとき」──四国電力事件 ………46
   （高松地判昭和38・12・24下民集14巻12号2615頁）
24 少数株主が招集した株主総会の議長の選任方法──中国鉄道事件 ………48
   （広島高岡山支決昭和35・10・31下民集11巻10号2329頁）

2　審議および採決の方式等

25 一括上程方式・一括審議方式の可否──中部電力事件 ………50
   （名古屋地判平成5・9・30資料版商事116号187頁）
26 議題・議案審議の順序変更──中国鉄道事件 ……………………52
   （岡山地決昭和34・8・22下民集10巻8号1740頁）
27 株主総会の決議の成立（採決の要否）──興和産業事件 ………54
   （最判昭和42・7・25民集21巻6号1669頁）
28 採決方法──つうけん平成7年株主総会事件 ……………………56
   （札幌高判平成9・1・28資料版商事155号107頁）

3　議事の運営方法等

29 議長による株主の発言（動議）時期の決定──九州電力事件 ………58
   （福岡地判平成3・5・14判時1392号126頁）
30 株主の発言の時間制限──東京電力事件 …………………………60
   （東京地判平成4・12・24判時1452号127頁）
31 従業員株主を前列に座らせる運用──四国電力事件 ……………62
   （最判平成8・11・12判時1598号152頁）
32 従業員株主による「議事進行！」「異議なし！」「了解！」の発声
   ──住友商事従業員株主出席事件……………………………………64

（大阪高判平成10・11・10資料版商事177号253頁）

33　従業員株主によるサクラ質問
　　──フジ・メディア・ホールディングス事件……………………66
　　（東京高判平成29・7・12金判1524号8頁）

34　質疑打切り（数・時間の観点）──中部電力事件………………68
　　（名古屋地判平成5・9・30資料版商事116号187頁）

35　質疑打切り（不公正な議事であるが著しい不公正はない）
　　──東京スタイル事件…………………………………………………70
　　（東京地判平成16・5・13金判1198号18頁）

36　第二会場における質問の機会──住友商事事件…………………72
　　（大阪高判平成10・11・10資料版商事177号253頁）

4　動議の処理

37　議長不信任動議の不採決──大盛工業事件………………………74
　　（東京高判平成22・11・24資料版商事322号180頁）

38　修正動議の採決順序──東北電力事件 ……………………………76
　　（仙台地判平成5・3・24資料版商事109号64頁）

5　退場命令（不規則挙動への対応）

39　退場命令──佐藤工業事件 …………………………………………78
　　（東京地判平成8・10・17判タ939号227頁）

6　ビデオ撮影

40　ビデオ撮影──大トー昭和63年総会事件 …………………………80
　　（大阪地判平成2・12・17資料版商事83号38頁）

第4章　株主の質問と説明義務

1　説明の範囲と程度

41　取締役の説明義務の範囲と程度──東京スタイル事件……………82
　　（東京地判平成16・5・13金判1198号18頁）

42　取締役の説明義務の範囲
　　──三井住友トラスト・ホールディングス事件………………………84

（東京地判平成25・2・21公刊物未登載〔LEX/DB25510791〕）

2　説明義務の発生要件

43　意見表明と説明義務——日立製作所事件 …………………86
　　（東京高判昭和62・5・28資料版商事39号86頁）
44　議題との関連性を欠く質問（資産の評価方法に関する質問）と説明義務
　　——高島屋説明義務事件 …………………88
　　（大阪地判平成9・3・26資料版商事158号40頁）
45　事前質問に対する一括回答と説明義務——東京建物事件 …………………90
　　（東京高判昭和61・2・19判時1207号120頁）

3　説明義務の具体例

46　議決権行使数等に関する質問に対する説明義務：①出席者の内訳、
　　②議場における賛否の票数
　　——①つうけん平成7年総会事件、②つうけん平成8年総会事件 …………92
　　（①札幌高判平成9・1・28資料版商事155号107頁）
　　（②札幌高判平成9・6・26資料版商事163号262頁）
47　役員の実質的保有株式の数に関する質問に対する説明義務
　　——大トー昭和62年総会事件 …………………94
　　（大阪地判平成元・4・5資料版商事61号15頁）
48　貸借対照表における預金先・預金種類・預金金額に関する質問に対する
　　説明義務——つうけん平成7年総会事件 …………………96
　　（札幌高判平成9・1・28資料版商事155号107頁）
49　損益計算書中の販売費および一般管理費に関する質問に対する説明義務
　　——大トー昭和62年総会事件 …………………98
　　（大阪地判平成元・4・5資料版商事61号15頁）
50　取締役選任議案に関する説明義務——東京スタイル事件 ………… 100
　　（東京地判平成16・5・13金判1198号18頁）
51　事前質問に対する一括回答の誤り
　　——フジ・メディア・ホールディングス事件 ………………… 102
　　（東京高判平成29・7・12金判1524号8頁）
52　退職慰労金に関する説明義務(1)——ブリヂストン事件 ………… 104
　　（東京地判昭和63・1・28判時1263号3頁）
53　退職慰労金に関する説明義務(2)——南都銀行事件 ………… 106
　　（奈良地判平成12・3・29判タ1029号299頁）

54 全部取得条項付種類株式を用いたキャッシュ・アウトに関する説明義務
　　——インターネットナンバー株価算定書等説明義務事件 ……… 108
　　（東京地判平成22・9・6判タ1334号117頁）

第5章　株主総会をめぐる訴え

1　訴えの利益

55 株式発行に関する決議の取消しの訴えと訴えの利益——東亜石油事件 … 110
　　（最判昭和37・1・19民集16巻1号76頁）
56 役員選任決議に瑕疵がある場合と訴えの利益——甘木中央青果事件 … 112
　　（最判昭和45・4・2民集24巻4号223頁）
57 キャッシュ・アウト目的の決議後の会社組織再編行為と決議無効確認
　　等訴訟の訴えの利益——吉本興業事件 ………………………………… 114
　　（大阪地判平成24・6・29判タ1390号309頁）
58 先行決議の瑕疵が後行決議に連鎖すると主張されているケースにおける
　　先行決議の不存在確認の利益の有無——泉北ビル事件 ……………… 116
　　（最判平成11・3・25民集53巻3号580頁）
59 後行決議が不存在であるケースにおける先行決議の不存在確認の利益の
　　有無——あいえぬえすシステム開発事件 ……………………………… 118
　　（最判平成13・7・10金法1638号42頁）
60 勧告的決議と決議無効確認の利益——セゾン情報システムズ事件 …… 120
　　（東京地判平成26・11・20判時2266号115頁）

2　決議取消訴訟の対象

61 会社法831条の「株主総会等の決議」に否決決議は含まれない
　　——ARS VIVENDI事件 …………………………………………………… 122
　　（最判平成28・3・4民集70巻3号827頁）

3　原告適格・二重起訴禁止

62 決議により株主の地位を奪われた株主の当該決議の原告適格
　　——日本高速物流事件 …………………………………………………… 124
　　（東京高判平成22・7・7判時2095号128頁）
63 他の株主に対する招集手続の瑕疵——国際交通事件 ………………… 126
　　（最判昭和42・9・28民集21巻7号1970頁）

64 決議取消訴訟にかかる二重起訴
　　──山根標板製作所決議取消請求控訴事件 …………………………… 128
　　（広島高松江支判平成30・3・14金判1542号22頁）

4　決議取消事由・無効事由・不存在事由

65 キャッシュ・アウトの目的と決議取消事由
　　──インターネットナンバー事件 ………………………………………… 130
　　（東京地判平成22・9・6判タ1334号117頁）
66 先行の取締役選任決議の不存在と後行の取締役選任決議の不存在
　　──向陽マンション事件 …………………………………………………… 132
　　（最判平成2・4・17民集44巻3号526頁）
67 議長資格のない者による採決──インスタイル事件 ………………………… 134
　　（東京地判平成23・1・26判タ1361号218頁）
68 散会宣言後に一部の者が行った決議の不存在
　　──日本クレー射撃協会事件 ……………………………………………… 136
　　（東京地判平成23・4・27判タ1355号232頁）
69 スクイーズ・アウトにより株主の地位を喪失した者らによってなされた
　　決議と決議不存在事由
　　──アムスク全部取得条項付種類株式にかかる追認決議事件 ………… 138
　　（東京地判平成27・3・16判時2272号138頁）
70 全部取得条項付種類株式の全部取得における「正当事由」の要否と
　　決議無効原因──大分フットボールクラブ事件 ……………………… 140
　　（福岡高判平成26・6・27金判1462号18頁）

5　決議取消事由および決議取消しの主張の追加

71 提訴期間経過後の決議取消事由の追加主張──直江津海陸運送事件 … 142
　　（最判昭和51・12・24民集30巻11号1076頁）
72 決議無効確認の訴えにおける決議取消しの主張──マルチ産業事件 … 144
　　（最判昭和54・11・16民集33巻7号709頁）

6　裁量棄却

73 営業譲渡の要領の不記載と裁量棄却
　　──明星自動車貸切バス事業譲渡事件 …………………………………… 146
　　（最判平成7・3・9判時1529号153頁）

74　監査役会の同意を欠く監査役選任決議──イー・キャッシュ事件 …… 148
　　（東京地判平成24・9・11金判1404号52頁）

第6章　利益供与と総会屋・刑事事件

75　株式譲受対価の提供および担保提供等と利益供与
　　──蛇の目ミシン工業事件 ………………………………………… 150
　　（最判平成18・4・10民集60巻4号1273頁）
76　Quoカードの贈呈と利益供与──モリテックス事件 ……………… 152
　　（東京地判平成19・12・6判タ1258号69頁）
77　従業員持株会に対する奨励金の支払いと利益供与──熊谷組事件 … 154
　　（福井地判昭和60・3・29判タ559号275頁）
78　株主優待と利益供与──土佐電気鉄道事件 ………………………… 156
　　（高松高判平成2・4・11金判859号3頁）
79　株主総会の対応依頼と「不正の請託」──東洋電機カラーテレビ事件 … 158
　　（最決昭和44・10・16刑集23巻10号1359頁）

第2編　会社によるプロテクション

第1章　株主総会と仮処分

80　仕手集団に対する議決権行使禁止の仮処分
　　──国際航業議決権行使禁止仮処分事件 ………………………… 160
　　（東京地決昭和63・6・28判時1277号106頁）
81　払込期間経過後の払込みによる新株にかかる議決権行使禁止の仮処分
　　──Kiss-FM KOBE事件 …………………………………………… 162
　　（神戸地決平成22・4・15公刊物未登載〔要約版：金判1354号12頁〕）
82　議決権行使禁止の仮処分──総合ビルセンター事件 ……………… 164
　　（東京地決平成24・1・17金判1389号60頁）
83　議決権拘束契約に基づく議決権行使禁止の仮処分
　　──スズケン対小林製薬事件 ……………………………………… 166
　　（名古屋地決平成19・11・12金判1319号50頁）
84　条件つきの株主総会出席禁止の仮処分──中国銀行事件 ………… 168
　　（岡山地決平成20・6・10金法1843号50頁）
85　ビデオカメラ、カメラ、マイクおよびスピーカーの持込禁止の仮処分
　　──沖電気事件 ……………………………………………………… 170
　　（東京地決平成20・6・25判時2024号45頁）

第2章　総会瑕疵の治癒

86　計算書類等の承認決議の取消しと訴えの利益——チッソ事件 ………… 172
　　（最判昭和58・6・7民集37巻5号517頁）
87　同一内容の決議が後日なされた場合の訴えの利益
　　——ブリヂストン退職慰労金再決議事件 ………………………………… 174
　　（最判平成4・10・29民集46巻7号2580頁）
88　スクイーズ・アウト決議にかかる遡及的追認決議と先行決議を争う
　　訴えの利益——アムスク再決議事件 …………………………………… 176
　　（東京高判平成27・3・12金判1469号58頁）
89　定款変更決議等の取消しの訴え係属中に同一内容の遡及効付の再決議がな
　　された場合における訴えの利益——定款変更等再決議事件 ………… 178
　　（名古屋地判平成28・9・30判時2329号77頁）

第3編　株主による法的アクション

第1章　経営支配権争奪——書類の閲覧謄写請求・委任状勧誘（委任状争奪戦）

1　経営支配権争奪のプロローグ——書類の閲覧謄写請求

90　金商法上の損害賠償請求訴訟の原告を募る目的の株主名簿謄写請求
　　——フタバ産業株主名簿謄写請求事件 ………………………………… 180
　　（名古屋高決平成22・6・17資料版商事316号198頁）
91　委任状勧誘目的の株主名簿閲覧謄写請求
　　——大盛工業株主名簿閲覧謄写請求事件 ……………………………… 182
　　（東京地決平成22・7・20金判1348号14頁）
92　公開買付勧誘目的等の株主名簿閲覧謄写請求
　　——アコーディア・ゴルフ株主名簿閲覧謄写請求事件 …………… 184
　　（東京地決平成24・12・21金判1408号52頁）
93　少数株主による株主総会の招集のために必要な書類の閲覧謄写請求
　　——国際航業株主名簿閲覧謄写請求事件 ……………………………… 186
　　（東京地決昭和63・11・14判時1296号146頁）
94　株主提案等目的の取締役会議事録閲覧謄写請求
　　——関西電力取締役会議事録閲覧謄写請求事件 …………………… 188
　　（大阪高決平成25・11・8判時2214号105頁）

| 95 | 会計帳簿等閲覧請求における理由・対象の特定
——香川鉱業会計帳簿等閲覧請求事件 …………………………… 190
（高松高判昭和61・9・29判時1221号126頁）
| 96 | 競業者等による会計帳簿等の閲覧謄写請求——ダイナス事件 ………… 192
（最決平成21・1・15民集63巻1号1頁）
| 97 | 会計帳簿閲覧謄写請求と請求理由の具体性、請求対象および請求理由の
関連性ならびに請求拒絶事由——会計帳簿閲覧謄写請求事件 ………… 194
（東京高判平成28・3・28金判1491号16頁）

2　委任状勧誘（委任状争奪戦）

| 98 | 委任状勧誘規制と株主総会決議の効力(1)——日本エム・ディ・エム事件 … 196
（東京地判平成17・7・7判時1915号150頁）
| 99 | 委任状勧誘規制と株主総会決議の効力(2)——モリテックス事件 ……… 198
（東京地判平成19・12・6判タ1258号69頁）

第2章　株主提案権

| 100 | 株主提案理由の説明の機会の付与——山形交通事件 ……………………… 200
（山形地判平成元・4・18判時1330号124頁）
| 101 | 株主提案権の「6箇月」の保有期間要件——日本電気事件 …………… 202
（東京高判昭和61・5・15判タ607号95頁）
| 102 | 株主提案権にかかる個別株主通知の要否・実施時期——三ツ星事件 … 204
（大阪地判平成24・2・8判時2146号135頁）
| 103 | 株主提案議案の記載方法——つうけん平成7年総会事件 ……………… 206
（札幌高判平成9・1・28資料版商事155号107頁）
| 104 | 株主提案による定款変更議案の適法性——HOYA平成25年仮処分事件 … 208
（東京地決平成25・5・10資料版商事352号34頁）
| 105 | 不明確な内容の株主提案の取扱い——大トー昭和62年総会事件 ……… 210
（大阪地判平成元・4・5資料版商事61号15頁）
| 106 | 株主提案（議題提案）の無視——日本電気株主提案事件 ……………… 212
（東京高判昭和61・5・15判タ607号95頁）
| 107 | 株主提案理由の一部不記載——HOYA株主提案理由不記載事件 ……… 214
（東京地判平成27・3・26公刊物未登載〔LEX/DB25524845〕）

第3章　仮処分等を利用した株主と発行会社との対決
　　　——株主提案内容の記載

[108] 株主提案の参考書類への記載を求める仮処分（保全の必要性）
　　　——HOYA平成25年仮処分事件 ……………………………………… 216
　　　（東京地決平成25・5・10資料版商事352号34頁）

第4章　株主総会開催をめぐる争い

[109] 株主総会招集許可申請と取締役解任目的
　　　——タクマ筆頭株主臨時株主総会招集許可申請事件 …………… 218
　　　（大阪地決昭和62・12・24資料版商事47号54頁）
[110] 株主総会招集許可申請と会社により同一事項を目的とする株主総会の招集手続が行われた場合の申請の利益
　　　——国際航業対コーリングループ事件 ………………………………… 220
　　　（東京地決昭和63・11・2判時1294号133頁）
[111] 株主総会開催禁止の仮処分（保全の必要性）
　　　——コクド定時株主総会開催差止請求事件 ………………………… 222
　　　（東京高決平成17・6・28判時1911号163頁）
[112] 真実の株主への招集通知発送未了と株主総会開催禁止の仮処分
　　　——コクド臨時株主総会開催差止請求事件 ………………………… 224
　　　（東京地決平成17・11・11金判1245号38頁）
[113] 株主総会開催禁止仮処分命令違反と決議不存在確認請求事件
　　　——天城自然公園事件 ……………………………………………………… 226
　　　（東京高判昭和62・12・23判夕685号253頁）
[114] 開催禁止の仮処分決定に違反して開催された株主総会の決議の効力
　　　——日特エンジニアリング事件 ………………………………………… 228
　　　（浦和地判平成11・8・6判夕1032号238頁）

第4編　現代的紛争

第1章　不祥事と株主総会

[115] 不正な計算書類の提示と株主総会決議の効力
　　　——オリンパス決議取消請求事件 ……………………………………… 230
　　　（東京地判平成25・12・19公刊物未登載〔LEX/DB25516601〕）

第2章　組織再編と株主総会
——株式買取請求と「公正な価格」

116 組織再編により企業価値の増加が生じない場合の株式買取価格
　　——楽天対TBS事件 …………………………………………………… 232
　　（最決平成23・4・19民集65巻3号1311頁）

117 組織再編により企業価値の増加が生じる場合の株式買取価格
　　——テクモ事件 ………………………………………………………… 234
　　（最決平成24・2・29民集66巻3号1784頁）

118 スクイーズ・アウトにおける株式の取得価格
　　——ジュピターテレコム事件 ………………………………………… 236
　　（最決平成28・7・1民集70巻6号1445頁）

119 親子上場会社間の株式交換と株式買取価格——東京建物不動産販売事件 … 238
　　（東京地決平成28・12・20資料版商事401号36頁）

第3章　株主権侵害等と不法行為

120 株主名簿等の閲覧謄写等請求拒絶と慰謝料——四谷ビルド事件 ……… 240
　　（東京地判平成22・12・3判タ1373号231頁）

121 株主提案権の侵害に基づく会社および取締役に対する損害賠償請求
　　——HOYA株主提案権侵害事件 ……………………………………… 242
　　（東京高判平成27・5・19金判1473号26頁）

122 株主総会の議事進行を録画したDVDの反訳書の虚偽記載と損害賠償
　　請求——DVD反訳書損害賠償請求事件 …………………………… 244
　　（東京地判平成27・5・25判時2279号39頁）

123 株主の地位の否定と不法行為責任——株主地位否定慰謝料事件 ……… 246
　　（水戸地土浦支判平成29・7・19判タ1449号234頁）

判例索引　249
著者紹介　253

凡　例

1　法令名の略語　（　）はかっこの中で用いる場合

会社法（会）	会社法
会社法施行規則（施）	会社法施行規則
会社計算規則（計）	会社計算規則
商法（商）	商法
旧商法（旧商）	各判決・決定の事案に適用される商法
民法（民）	民法
金商法	金融商品取引法
金商法施行令	金融商品取引法施行令
開示府令	企業内容等の開示に関する内閣府令
民事保全法（民保）	民事保全法
CGコード	東京証券取引所「コーポレートガバナンス・コード——会社の持続的な成長と中長期的な企業価値の向上のために」（2018年6月1日改訂）
対話ガイドライン	金融庁「投資家と企業の対話ガイドライン」（2018年6月1日）

2　判例引用の略語

大　判	大審院判決
最　判（決）	最高裁判所判決（決定）
高　判（決）	高等裁判所判決（決定）
地　判（決）	地方裁判所判決（決定）
支　判（決）	支部判決（決定）

3　判例集の略語

民　録	大審院民事判決録
民　集	大審院民事判例集・最高裁判所民事判例集
刑　集	最高裁判所刑事判例集
高民集	高等裁判所民事判例集
東高民時報	東京高等裁判所民事判決時報
下民集	下級裁判所民事裁判例集
判　時	判例時報
判　タ	判例タイムズ
金　法	金融法務事情
金　判	金融・商事判例
労　判	労働判例

4　文献引用の略語

＜雑　誌＞

ジュリ	ジュリスト
重　判	重要判例解説（ジュリスト臨時増刊）

商　事	旬刊商事法務
資料版商事	資料版商事法務
新　聞	法律新聞
曹　時	法曹時報
2018年版株主総会白書	「2018年版株主総会白書――ガバナンス型総会への確かな歩み」旬刊商事法務2184号（2018）

＜単行本＞

江頭	江頭憲治郎『株式会社法〔第7版〕』（有斐閣、2017）
神田	神田秀樹『会社法〔第20版〕』（弘文堂、2018）
弥永	弥永真生『コンメンタール会社法施行規則・電子公告規則〔第2版〕』（商事法務、2015）
田中	田中亘『会社法〔第2版〕』（東京大学出版会、2018）
相澤ほか	相澤哲＝葉玉匡美＝郡谷大輔編著『論点解説　新・会社法――千問の道標』（商事法務、2006）
最判解民事篇	『最高裁判所判例解説〔民事篇〕』（法曹会）
コンメ(3)	山下友信編『会社法コンメンタール(3)　株式(1)』（商事法務、2013）
コンメ(7)	岩原紳作編『会社法コンメンタール(7)　機関(1)』（商事法務、2013）
コンメ(8)	落合誠一編『会社法コンメンタール(8)　機関(2)』（商事法務、2009）
コンメ(10)	江頭憲治郎＝弥永真生編『会社法コンメンタール(10)　計算等(1)』（商事法務、2011）
コンメ(12)	落合誠一編『会社法コンメンタール(12)　定款の変更・事業の譲渡等・解散・清算(1)』（商事法務、2009）
コンメ(21)	落合誠一編『会社法コンメンタール(21)　雑則(3)・罰則』（商事法務、2011）
新版注釈会社法(5)	上柳克郎＝鴻常夫＝竹内昭夫編代『新版注釈会社法(5)　株式会社の機関1』（有斐閣、1986）
新版注釈会社法(8)	上柳克郎＝鴻常夫＝竹内昭夫編代『新版注釈会社法(8)　株式会社の計算1』（有斐閣、1987）
新版注釈会社法(13)	上柳克郎＝鴻常夫＝竹内昭夫編代『新版注釈会社法(13)　株式会社の解散・清算・外国会社・罰則』（有斐閣、1990）
類型別会社訴訟Ⅰ	東京地方裁判所商事研究会編『類型別会社訴訟Ⅰ〔第3版〕』（判例タイムズ社、2011）
類型別会社訴訟Ⅱ	東京地方裁判所商事研究会編『類型別会社訴訟Ⅱ〔第3版〕』（判例タイムズ社、2011）
類型別会社非訟	東京地方裁判所商事研究会編『類型別会社非訟』（判例タイムズ社、2009）
商事非訟・保全事件の実務	東京地裁商事研究会編『商事非訟・保全事件の実務』（判例時報社、1991）
新・会社非訟	松田亨＝山下知樹編・大阪商事研究会著『実務ガイド

	新・会社非訟――会社非訟事件の実務と展望〔増補改訂版〕』(金融財政事情研究会、2016)
福岡＝山田	福岡真之介＝山田慎吾編著・新保勇一＝岩崎康幸＝杉原光俊＝北山陽介著『株主総会の実務相談』(商事法務、2012)
荻野	荻野敦史編著・生頼雅志ほか著『重要判例で読み解く株主総会の運営実務』(清文社、2011)
会社法百選3版	岩原紳作＝神作裕之＝藤田友敬編『会社法判例百選〔第3版〕』(有斐閣、2016)
会社法百選2版	江頭憲治郎＝岩原紳作＝神作裕之＝藤田友敬編『会社法判例百選〔第2版〕』(有斐閣、2011)
会社法百選初版	江頭憲治郎＝岩原紳作＝神作裕之＝藤田友敬編『会社法判例百選』(有斐閣、2006)
金商法百選	神田秀樹＝神作裕之編『金融商品取引法判例百選』(有斐閣、2013)
民訴法百選5版	高橋宏志＝高田裕成＝畑瑞穂編『民事訴訟法判例百選〔第5版〕』(有斐閣、2015)

株主総会判例インデックス

1 一部の株主に対する招集通知の不送付と決議取消事由——国際交通事件

最高裁昭和42年9月28日第一小法廷判決
 事件名等：昭和41年（オ）第664号株主総会決議取消請求事件
 掲 載 誌：民集21巻7号1970頁、判時498号61頁、判タ213号103頁、金法494号40頁、金判80号6頁

概　要　本判決は、一部の株主に対して招集通知を送付しなかった場合、招集手続に法令違反があるものとして、すべての株主との関係で株主総会決議の取消事由となりうるとしたものである。

事実関係　①Xは、Y社の株主であるが、その保有するY社の記名株式の一部を、Aらに対して記名を欠いた捺印のみの裏書で譲渡した（昭和41年商法改正前の制度である。現行法下では、記名株式の譲渡は株券の交付で足りる〔会128条1項〕）。②新株主であるAらは、Y社に対し、譲り受けた株券を提出して株主名簿の名義書換を請求したが、③Y社は正当な理由がないのに株主名簿の名義書換に応じなかった。④そうしたなか、Y社は、Aらに対して招集通知を送付しないまま株主総会を開催したため、⑤Xは、招集手続に法令違反があるとして、決議取消しの訴えを提起した。第1審はXの請求を認容し、原審もY社の控訴を棄却したため、Y社が上告。

判決要旨　上告棄却。「Y社は、正当な理由がないのに、株主名簿の名義書換に応じないことは、論旨第1点において説示したとおりであるから、新株主であるAらが株主名簿に記載されていないという事由を主張することは許されず、かかる新株主Aらに招集通知を欠く株主総会の招集手続は違法である」。

「原審認定の事実関係の下においては、Aらが総会招集の通知を受けず議決権を行使し得なかったことが、本件総会の決議に影響を及ぼさないとのことを認めるべき証拠はないとした原審の判断も正当である。もっとも裁判所は諸般の事情を斟酌して株主総会の決議取消を不当とするときは取消の訴を棄却することを要するが、原審認定の事実関係の下においてはかかる事情も認められない。」

1 招集手続関係　*3*

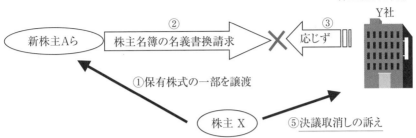

本判決の位置づけ・射程範囲

　本判決は、一部の株主による名義書換を不当に拒絶したうえ、当該株主に対して招集通知を送付しなかったという事例において、かかる招集手続の法令違反はすべての株主との関係で、株主総会決議の取消事由（会831条1項1号）となる旨判示したものである。その後も、最高裁は、特定の株主に対する招集通知の欠如が認められた明星自動車事件（最判平成9・9・9 本書4事件）において、「株主総会開催に当たり株主に招集の通知を行うことが必要とされるのは、会社の最高の意思決定機関である株主総会における公正な意思形成を保障するとの目的に出るものであるから、」特定の株主に対する招集「通知の欠如はすべての株主に対する関係において取締役……の職務上の義務違反を構成する」と判示しており、本判決と同様の立場を踏襲しているといえる。

　なお、本判決は、自己に対する招集手続に瑕疵がない場合であっても、他の株主に対する招集手続に瑕疵がある場合には、当該他の株主に対する招集手続の瑕疵を理由に決議取消しの訴えを提起することができることを示した事例としても重要な意義を有する（本判決と同一の裁判例である 本書63事件 参照）。

　また、本判決は、決議に影響を及ぼさないことを認めるべき証拠はないとして、裁量棄却（会831条2項）を認めなかった事例としても重要な意義を有する（最判平成7・3・9 本書73事件 参照）。

実務上の対応

招集通知とは、一般に、会社法299条に定める狭義の招集通知のみならず、事業報告、株主総会参考書類等、狭義の招集通知に加えて、それと一体となって送付すべき書類を総称していう。これらのいずれの書面についても、一部の株主に対して送付漏れがあった場合、招集手続に法令違反があるものとして、株主総会決議の取消事由となりうる。そして、かかる場合、裁判所は裁量棄却として救済することに慎重であることから、株主総会の招集手続には十分な注意が必要である。

さらに理解を深める

コンメ(7)80頁〔青竹正一〕。会社法百選3版36事件〔周劍龍〕 関連判例 大判明治42・3・25民録15輯250頁。最判平成9・9・9 本書4事件。本判決と同一の裁判例である 本書63事件。最判平成7・3・9 本書73事件

2 一部の株主に対する招集通知漏れと株主総会決議の不存在──西島鉄工所事件

最高裁昭和33年10月3日第二小法廷判決
　事件名等：昭和31年（オ）第396号株主総会決議不存在等確認請求事件
　掲載誌：民集12巻14号3053頁

概要　本判決は、代表取締役兼株主が実子2名の株主のみに口頭で招集通知をし、発行済株式総数の42％を保有する他の6名の株主に対しては招集通知を行わなかった場合に、当該株主総会決議は不存在であるとの判断を示したものである。

事実関係　Y社の発行済株式総数は5000株であり、また、Y社の株主はXおよびAないしHの9名であった。Y社では、昭和27年11月18日に資本増加、定款変更および役員選任（F、G、Iの取締役選任、Hの監査役選任）に関する臨時株主総会決議がなされ、また、同日の取締役会で、Fの代表取締役選定および新株発行に関する決議もなされた。さらに、これに伴う変更登記もなされた。しかし、この臨時株主総会については、XおよびAないしEの6名の株主（保有株式数2100株）に対して招集通知がなされていなかった。また、代表取締役Fは、GおよびHには招集通知を行っていたものの、単なる口頭の招集にすぎず、かつ、GおよびHはFの実子であった。Xは、当該株主総会決議の不存在等確認請求訴訟を提起した。

　第1審はXの請求を認容し、原審もY社の控訴を棄却した。

判決要旨　上告棄却。「原審は所論総会当時におけるY社の株主は原判示の如くX、A、B、C、D、E、Y社代表取締役F、G、Hの9名（総株式数5000株）であること、しかるに右総会についてはX以下6名（その持株2100株）に対しては招集の通知が全然なされなかったこと、G及びHに対したとえ招集の通知があったとしても、それは単なる口頭の招集にすぎず、しかも右G及びHの両名はいずれもFの実子であることを認定し、所論株主総会の決議は、なんら法律所定の手続によらず単に親子3名によってなされたことが明白であるから、これをもって株主総会が成立し、その決議があったものといえない旨判示しているのであって、原審のこの判断は相当である。」

本判決の位置づけ・射程範囲

　株主総会決議が不存在である場合、その法的効力は生じないが、法律関係の画一的処理の要請から、会社法は、株主総会決議の不存在の確認の訴えの制度を設け、その認容判決に対世効を認めている（会830条1項、838条）。

　株主総会決議の不存在事由としては、①決議が物理的に存在しない場合（株主総会自体が開催されていないにもかかわらず議事録が作成された事例。最判昭和45・7・9 関連判例 ）のほか、②何らかの決議はあるものの、手続の瑕疵が著しいため、法律上、決議が存在したと評価できない場合もあげられる。もっとも、②の場合には、株主総会決議の取消事由（会831条1項1号）との限界が問題となる。株主総会決議の不存在事由に該当する場合には、誰もがいついかなる方法でも不存在を主張できるのに対し、取消事由に該当する場合には、決議取消しの訴えによらなければ決議の無効を主張できないため、特に決議取消しの訴えの提訴期間を経過した後に手続の瑕疵について争う場合、当該瑕疵が不存在事由と取消事由のいずれに該当するかは重要な問題となる。

　本判決は、代表取締役兼株主が実子2名の株主のみに口頭で招集通知をし、発行済株式総数の42％を保有する他の6名の株主に対しては招集通知を行わず、決議は親子3名の株主のみでなされたという事案について、当該瑕疵が不存在事由に該当するとの事例判断を示した。

　本判決と同様に一部の株主に対する招集通知漏れを理由として決議不存在を認めた裁判例としては、東京高判平成2・11・29 関連判例 （招集通知漏れがあった株主の発行済株式総数に占める保有株式数の割合が5割の事例）、東京高決平成4・1・17 関連判例 （同割合が4割の事例）等があげられる。

　他方、一部の株主に対する招集通知漏れを理由とする決議不存在を認めなかった裁判例としては、大分地判昭和40・1・29 関連判例 （同割合が2割の事例）、千葉地判昭和61・7・25 関連判例 （同割合が約11％の事例）等があげられる。

　これらの裁判例の分析結果として、招集通知がなされず、出席しなかった株主の議決権保有割合が4割を超えるときは決議不存在となるが、当該株主の議決権保有割合が2割にも満たないようなときは、その招集手続の瑕疵は決議取消事由となるにすぎないとの指摘がある。

実務上の対応

　実務上、招集通知漏れのないように招集手続を行う必要があることは当然ではあるが、万が一株主の一部への招集通知漏れがあった場合には、当該株主の議決権保有割合等によって決議が不存在となる可能性があるため、上記で紹介した裁判例等の存在に留意する必要がある。

さらに理解を深める

江頭377頁。田中199頁。類型別会社訴訟Ⅰ 397～398頁 関連判例 最判昭和45・7・9民集24巻7号755頁。東京高判平成2・11・29判時1374号112頁。東京高決平成4・1・17東高民時報43巻1～12号2頁。大分地判昭和40・1・29判時403号43頁。千葉地判昭和61・7・25判時1217号134頁

③ 招集権者でない者による招集と株主総会決議の不存在──広島血液銀行事件

最高裁昭和45年8月20日第一小法廷判決
　事件名等：昭和44年（オ）第276号株主総会決議不存在確認請求事件
　掲載誌：判時607号79頁、判タ253号163頁

概要　本判決は、平取締役が取締役会の決議に基づかないで株主総会を招集した事案において、招集権限のない者により株主総会が招集された場合には当該株主総会の決議は不存在になるとの判断を示したものである。

事実関係　昭和34年3月3日、取締役会設置会社であるY社の代表取締役Aが死亡し、取締役はBおよびCのみとなった。同月15日、取締役Bは、電話または口頭をもって株主ら（ただし、1名の株主を除く）に通知して臨時株主総会を招集し、当該臨時株主総会において、取締役としてB、D、Xを、また、監査役としてEをそれぞれ選任する旨の決議がなされた。

昭和41年2月21日、Y社の株主であるXが当該決議の無効確認を求める訴訟を提起し、第1審はXの請求を認容した。これに対し、原審は、当該決議は招集権者により法定の手続を経て招集された株主総会において法定数をもって適法に議決されたものではないが、かかる瑕疵は決議取消事由となるにとどまること、Xは当該決議に基づき取締役に就任することを承諾し、約7年間その職務を行っていたこと等を理由に、Xの請求は権利濫用にあたるとして、請求を棄却した。

判決要旨　原判決破棄、控訴棄却。「株主総会の招集は、原則として、代表取締役が取締役会の決議に基づいて行なわなければならないものであるところ、……総会がY社の代表取締役以外の取締役であるBによって招集されたものであることは前述のとおりであり、しかも、……右総会は取締役会の決議を経ることなしに同取締役の専断によって招集されたものと推認される。してみれば、右総会は招集権限のない者により招集されたものであって、法律上の意義における株主総会ということはできず、そこで決議がなされたとしても、株主総会の決議があったものと解することはできない。」

本判決の位置づけ・射程範囲　株主総会の手続の瑕疵が著しく、法律上、株主総会決議が存在したと評価でき

ない場合、当該瑕疵は決議不存在事由となる（最判昭和33・10・3 本書2事件 参照）。もっとも、具体的にいかなる手続の瑕疵が決議の取消事由ではなく不存在事由に該当するかは必ずしも明確ではなく、瑕疵の内容・程度等をふまえて個別に判断する必要がある。

本判決は、株主総会が招集権限のない者により招集された場合には決議の不存在事由に該当する旨を判示した（なお、最高裁は、取締役会設置会社において、招集権者が取締役会決議に基づかずに株主総会を招集した場合、決議の不存在事由ではなく取消事由となると判示している〔最判昭和46・3・18 本書5事件〕）。

次に、本判決は、株主総会の招集権者について何ら規定されていなかった会社法制定前の商法下において、「株主総会の招集は、原則として、代表取締役が取締役会の決議に基づいて行なわければならない」と判示した。

これに対し、会社法では株主総会は「取締役が招集する」との規定が新たに設けられたことから（会296条3項）、会社法下では取締役会設置会社の平取締役が株主総会の招集権者となるのではないかが問題となる。この点について、会社法の立案担当者は、株主総会の招集は会社の内部的な意思決定機関である株主総会の招集手続に関する行為であり、業務の執行には該当しないとして、平取締役がその固有の権限として株主総会を招集することができるとしている。かかる見解からは、本件のように平取締役が取締役会決議に基づかずに株主総会を招集した場合であっても、招集権限があるため、当該瑕疵は決議の不存在事由ではなく取消事由にとどまることになる。これに対し、多数説は、取締役会設置会社においては、代表取締役（指名委員会等設置会社においては代表執行役）が、取締役会の決定に基づき、会社の業務執行の一環として株主総会を招集する権限を有すると解している（東京地判平成23・1・7 関連判例 も同旨）。

実務上の対応　実務上は、本件のように代表取締役が死亡し、代表取締役が不在となった場合には、取締役会を招集し、改めて代表取締役を選定したうえで、当該代表取締役が株主総会を招集すべきであろう。

なお、本件はAの死亡によりY社の取締役がBおよびCの2名のみとなったため、法が定める取締役会設置会社の取締役の最低数（3名）を下回っていたという事情がある。もっとも、現存取締役数が法令・定款に定める取締役の最低数を下回っているときは、その最低限の員数が定足数の基準となると解されているから、BおよびCの両名が出席すれば、取締役会の定足数を満たすことができたと考えられる。

また、内紛等の事情により後任の代表取締役を選定する取締役会を開催できない場合には、仮代表取締役（会351条2項）の選任を申し立て、当該仮代表取締役が株主総会を招集することも考えられる。

さらに理解を深める　江頭322、377、420頁。田中161、199頁。相澤ほか468頁 関連判例 最判昭和33・10・3 本書2事件 。最判昭和46・3・18 本書5事件 。東京地判平成23・1・7 資料版商事323号67頁。

4 譲渡承認未了の場合における招集通知の発送先
——明星自動車事件

最高裁平成9年9月9日第三小法廷判決
　事件名等：平成6年（オ）第362号損害賠償請求事件
　掲載誌：判時1618号138頁、判タ955号145頁、金法1507号49頁、金判1036号19頁

概要　本判決は、会社の承認なく譲渡制限株式が譲渡された場合、会社は譲渡人を株主として取り扱う義務を負い、譲渡人に対して株主総会の招集通知を行わなければならないとしたものである。

事実関係　X_1が保有していたA社の株式は、昭和53年に競売によりB社に取得された。もっとも、その後も、A社の株主名簿にはX_1が株主として記載されていた。X_1は、昭和60年、A社を被告として、株主の地位を有することの確認等を求めて訴訟を提起したところ、当該請求を棄却する控訴審判決（以下「本件棄却判決」）が下された。その後に開催されたA社の株主総会において、新株発行（以下「本件新株発行」）が決議されたが、X_1に対して当該株主総会の招集通知は行われず、X_1は、当該株主総会に出席しなかった。

Xらは、本件新株発行がされた当時A社の取締役であったYらに対し、本件新株発行はX_1に対する株主総会の招集通知を欠いたままなされたなどとして、旧商法266条の3第1項（会社法429条1項）または民法709条に基づき、本件新株発行によって生じた損害の賠償を求めて提訴した。第1審はXらの請求を一部認容したが、原審は、本件棄却判決が言い渡されていたこと等をふまえるとYらに悪意または重過失があったとはいえないなどとして、請求を棄却した。

判決要旨　破棄差戻し。「定款上株式の譲渡については取締役会の承認を要する旨の制限の付されている会社において株式の譲渡等がされた場合には、会社に対する関係でその効力の生じない限り、従前の株主が会社に対する関係ではなお株主としての地位を有し、会社はこの者を株主として取り扱う義務を負うのであるから……、A社の取締役であるYらは、X_1を株主として取り扱い、本件株主総会の招集の通知を行う職務上の義務を負っていたものというべきである。そして、株主総会開催に当たり株主に招集の通知を行うことが必要とされるのは、会社の最高の意思決定機関である株主総会における公正な意思形成を保障するとの目的に出るものであるから、X_1に対する右通知の欠如は、すべての株主に対する関係において取締役であるYらの職務上の義務違反を構成するものと

いうべきである」。

「本件株主総会の招集に先立って、前訴においてX₁の株主としての地位の確認請求を棄却すべきものとする控訴審判決が言い渡されていたが、右判決は、その確定を待って、初めて実体法上の権利義務関係についての効力を生ずるのであって、確定に至るまでは、会社の負う前記義務に消長を来すことはない。」

本判決の位置づけ・射程範囲

本判決は、定款に株式の譲渡制限の定めのある会社について、株式の譲渡等につき会社に対する関係でその効力が生じない限り、会社は譲渡人を株主として取り扱う義務を負い、譲渡人に対して招集通知を行うべきであると判示した。会社の承認なしに行われた譲渡制限株式の譲渡について、最判昭和48・6・15 関連判例 は、譲渡当事者間では有効であるが、会社に対する関係では効力を生じないと判示しており（いわゆる「相対説」）、さらに、最判昭和63・3・15 関連判例 は、会社は譲渡人を株主として取り扱う「義務がある」と判示している。本判決の上記判示はこれらの最高裁判決から論理的に導かれる帰結であるといえる。なお、本判決は、取締役が譲渡人に対して招集通知を行うべき義務に違反した場合、すべての株主に対する関係において取締役の職務上の義務違反を構成すると判示している。

次に、本判決は、本件ではX₁の地位確認請求を棄却する本件棄却判決が言い渡されていたという事情があるものの、本件棄却判決は確定しない限り、譲渡人を株主として取り扱う義務に影響を及ぼさないと判示した。かかる判示自体は民事訴訟法上の確認請求の一般論に従ったいわば当然の判示であるといえよう。

実務上の対応

本判決によれば、譲渡制限株式の譲渡について譲渡承認がなされていない場合、取締役は、たとえ当該譲渡の事実を認識していたとしても、原則として従前の株主に対して招集通知を行う義務を負うことになる。

この点、譲渡制限株式の譲渡の場合と異なり、株主名簿の名義書換未了の場合には、会社側から譲受人を株主として扱うことが許容されている（最判昭和30・10・20 関連判例 ）。しかし、①譲渡制限株式の譲渡は会社の承認を「要する」（会2条17号）とされる一方で、名義書換未了の場合には会社に譲渡を「対抗」できない（会130条1項・2項）とされていること、②譲渡制限株式の譲渡については会社法上一定の手続が定められており、これに代替する裁量権の行使を会社に認めるべきではないのに対し、株主名簿の名義書換は単に会社の事務処理の便宜を図るものにすぎないことから、かかる区別にも合理性があるとの指摘がある。

さらに理解を深める

江頭240～242頁。田中102～103頁、115頁 関連判例 最判昭和48・6・15民集27巻6号700頁。最判昭和63・3・15判時1273号124頁。最判昭和30・10・20民集9巻11号1657頁

5 定足数を満たさない取締役会による招集、招集通知の2日遅れ発送と決議取消事由の有無（裁量棄却法理）──日本サーモ・エレメント事件

最高裁昭和46年3月18日第一小法廷判決
　事件名等：昭和44年（オ）第89号株主総会決議無効確認請求事件
　掲　載　誌：民集25巻2号183頁、判時630号90頁、判タ263号213頁、金判264号2頁

概　要　本判決は、株主総会招集の手続が、定足数を満たさない無効な取締役会の決議に基づかないでなされたものであり、かつ、その招集の通知が、法定の招集期間を満たさずになされたものであるときは、かかる株主総会招集の手続には、当該株主総会の決議取消事由となる瑕疵があり、また、当該瑕疵が決議の結果に影響を及ぼさないとしても、その瑕疵は重大であって、裁量棄却は認められないとしたものである。

事実関係　Y社は、臨時株主総会（以下「本件株主総会」）において、会社解散、監査役および法定清算人選任の決議（以下「本件決議」）を行った。しかし、本件株主総会の招集を決議した取締役会は取締役総数7名中2名のみが出席したものであり、かつ、本件株主総会の招集通知は、法定の招集期間より2日遅れて発送された。そこで、Y社の株主であるXらが、これらの瑕疵等を理由に、本件決議の取消し等を求めて提訴した。

原審は、各株主がY社が解散を避けがたい状態にあることを了知しており、本件株主総会においては、途中退席者を除きX₁を含む出席株主の全員一致で本件決議がなされたこと、上記取締役会に欠席した3名の取締役は本件株主総会の招集について異存があったわけではなく、本件決議にも加わっていること、本件決議の効力を争う株主はXらのみであること等を指摘し、上記招集手続の瑕疵は本件決議の結果に影響を及ぼさないことが明らかであるから、取消請求を棄却できると判断した。

判決要旨　一部上告棄却・一部破棄自判（本件決議取消し）。「株主総会招集の手続またはその決議の方法に性質、程度等から見て重大な瑕疵がある場合には、その瑕疵が決議の結果に影響を及ぼさないと認められるようなときでも、裁判所は、決議取消の請求を認容すべきであって、これを棄却することは許されないものと解するのが相当である。けだし、株主総会招集の手続またはその決議の方法に重大な瑕疵がある場合にまで、単にその瑕疵が決議の結果に影響

を及ぼさないとの理由のみをもって、決議取消の請求を棄却し、その決議をなお有効なものとして存続せしめることは、株主総会招集の手続またはその決議の方法を厳格に規制して株主総会の適正な運営を確保し、もって、株主および会社の利益を保護しようとしている商法の規定の趣旨を没却することになるからである。」

「株主総会招集の手続はその招集につき決定の権限を有する取締役会の有効な決議にもとづかないでなされたものであるのみならず、その招集の通知はすべての株主に対して法定の招集期間に2日も足りない会日より12日前になされたものであるというのであるから、右株主総会招集の手続にはその性質および程度から見て重大な瑕疵があるといわなければならない。……してみれば、仮に、原判決の認定判示するとおり、右瑕疵が右各決議の結果に影響を及ぼさないものであるとしても、そのことのみをもって、右瑕疵を原因として右各決議の取消を求めるXらの本訴予備的請求を棄却することは許されないものと解すべきである」。

本判決の位置づけ・射程範囲

本件株主総会の招集を決議した取締役会は定足数を満たさない無効なものであったところ、かかる適法な取締役会決議に基づかない株主総会の招集、および、招集期間の不足は、いずれも株主総会招集手続の法令違反に該当するものであり、決議取消事由となる（会831条1項1号）。かかる決議取消事由が存在しても、その瑕疵が招集手続または決議方法の法令・定款違反である場合には、裁判所は、①その違反する事実が重大でなく、かつ、②決議に影響を及ぼさないものであると認めるときは、取消しの請求を棄却することができるとされ、この請求棄却事由は裁量棄却と通称される（同条2項）。

本判決は、たとえ瑕疵が決議の結果に影響を及ぼさないとしても、瑕疵が重大である場合には裁量棄却を認めるべきではないとの考え方を示しており、本判決の考え方が、商法251条（会社法831条2項）において明文化されたとされている。

実務上の対応　本判決は、株主総会の招集手続が取締役会決議に基づかずになされ、かつ、法定の招集期間に2日足りない場合には、「違反する事実が重大」である（上記①）ことを示した。取締役会決議に基づかない招集、および、招集期間の不足は、いずれか一方の瑕疵だけが存在する場合であっても、重大な違反であると判断され、裁量棄却は認められないと考えられる（適法な取締役会決議に基づかない株主総会の招集について高知地判平成16・12・24 関連判例、招集期間の不足について東京地判昭和54・7・23 関連判例 参照）。

さらに理解を深める　江頭367頁、374～375頁。会社法百選3版40事件〔岩原紳作〕 関連判例 高知地判平成16・12・24資料版商事251号208頁。東京地判昭和54・7・23判時964号115頁

6 開催場所——東京ダイヤ工業事件

最高裁平成5年9月9日第一小法廷判決
  事件名等：平成3年（オ）第545号株主総会決議取消請求事件
  掲 載 誌：判時1477号140頁、判タ833号149頁、金法1384号38頁、金判937号20頁

概　要　本判決は、旧商法233条に違反し、定款に別段の定めがないにもかかわらず、過去10年以上にわたって、本店所在地またはこれに隣接する地にあたらない東京都内で株主総会が開催され、そのことについて株主から異議が出たことがなかったとしても、招集手続に違法があり、株主総会決議の取消請求を旧商法251条（会社法831条2項）の規定により棄却することはできないとしたものである。

事実関係　福島県南会津郡某町を本店の所在地とするY社が、定款に特別の定めがないにもかかわらず、株主総会（以下「本件総会」）を東京都新宿区に招集したという手続の違法が問われた。

判決要旨　破棄自判。「本件株主総会の招集手続には定款に特別の定めがないのに本店所在地又はこれに隣接する地に招集しなかったという違法があるところ、前記一の（四）〔筆者注：本件株主総会に出席した株主は206名でその持株総数は488万5000株であり、その全員の賛成によって、Xほか2名の取締役A、Bと監査役Cを解任する旨の決議およびDほか4名を取締役に、Hを監査役にそれぞれ選任する旨の決議（以下両決議をあわせて「本件決議」）がされたという事実〕及び（五）〔筆者注：Y社においては、昭和49年に本店を只見町に移転し、翌50年5月には只見町内で株主総会を開催したが、東京都で株主総会を開催することを希望する株主がいたため、その後は、10年以上にわたって東京都内を招集地とする株主総会が開催されてきたが、株主から異議が出たことはなかったという事実〕を考慮に入れても、右の違法は重大でないとも、本件決議に影響を及ぼさなかったともいえず、商法251条〔会社法831条2項〕の規定により本件決議の取消請求を棄却することはできない。……これと異なる原審の前記判断は、同条の解釈適用を誤ったものであり、この違法が判決に影響を及ぼすことは明らかである。」

本判決の位置づけ・射程範囲

旧商法下では、株主総会は、定款に別段の定めがある場合を除き、本店の所在地またはこれに隣接する地に招集する必要があるとされていたが（旧商233条）、会社法ではこうした制限は撤廃された。

本件は、過去10年以上にわたり、旧商

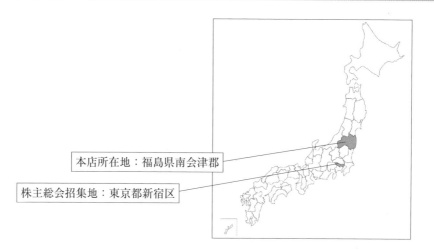

本店所在地：福島県南会津郡
株主総会招集地：東京都新宿区

法233条に違反し、本店所在地である福島県から離れた東京都内を招集地として株主総会が開催され、これについて株主から異議が出たことがなく、本件総会の決議が発行済株式の約64％を有する出席株主全員の賛成により成立したとの事情のもとで、決議取消しと裁量棄却の当否が問題となった事案である。

最高裁は、本件招集手続には法令違反があるもののその違反は重大なものではなく、決議に影響を及ぼさないとして、裁量棄却を認めた原判決を破棄し、定款に特別の定めがないのに本店所在地またはこれに隣接する地に株主総会を招集しなかったという招集手続の違法は、重大でないとも、決議に影響を及ぼさなかったともいえず、裁量棄却することはできないと判示した。

裁量棄却を否定した裁判例からは、裁判所が手続的な瑕疵に対して厳格な態度をとっていることがわかる。昭和56年商法改正は、最判昭和46・3・18 本書5事件 の判例で確立しつつあった要件のもとに裁量棄却の規定を復活させたが（旧商251条〔会831条2項〕）、本判決のように、瑕疵が軽微であることを理由として裁量棄却することには最高裁は慎重といえる。

実務上の対応 判例は手続的な瑕疵について厳格な解釈をとる傾向にある。本件は、本件総会に出席した株主の全員の賛成によって、役員の選解任決議がなされ、10年以上にわたって東京都内を招集地とする株主総会が開催されてきたものの、株主から異議が出たことはなかった、という事実があったとしても、法令に違反する場所を株主総会の開催場所とした手続的違法を、裁量棄却により救済しなかった。実務的な感覚としては、救済してもよかったのではないかと思われる節もあろうが、最高裁による裁量棄却の解釈・適用の傾向をつかむために参考となるケースとして、意識しておく必要がある。

さらに理解を深める 江頭374頁。神田202頁 **関連判例** 最判平成7・3・9 本書73事件。最判昭和46・3・18 本書5事件

7 種類株主総会の基準日設定公告と決議取消事由
――アムスク種類株主総会基準日設定公告事件

東京地裁平成26年4月17日判決
　事件名等：平成25年（ワ）第19050号株主総会決議取消請求事件・第19131号株主総会決議取消請求事件
　掲　載　誌：金法2017号72頁、金判1444号44頁、資料版商事362号174頁

概　要　本判決は、スクイーズ・アウトのための種類株主総会決議を、議決権行使に係る基準日設定公告の欠缺を理由に取り消したものである。

事実関係　Y社は、議決権行使にかかる基準日を平成25年3月31日として、同年6月28日、定時株主総会（以下「本件定時総会」）および普通株主による種類株主総会（判決要旨中の「本件第2回種類株主総会」）を開催し、それぞれ全部取得条項付種類株式制度を利用したスクイーズ・アウトの件を決議した（以下、当該種類株主総会における決議を「本件種類株主総会決議」）。

Y社の株主であったXらは、Y社が当該種類株主総会の議決権行使にかかる基準日設定公告をしなかったことが会社法124条に違反すること等を理由として、本件種類株主総会決議の取消し等を求めて、本件訴えを提起した。

判決要旨　請求一部認容、一部棄却。「基準日設定公告制度の趣旨、及び、法〔筆者注：会社法。以下同じ〕124条3項但し書が、定款に公告事項について定めがあるときは同項本文の2週間前までの公告を要しないと規定していることからすると、当該定款の定めは、基準日の2週間前までに存在することが必要であると解するのが相当である。……本件第2回種類株主総会の開催前において、Y社の定款には、種類株主総会における議決権の行使に係る基準日の定めはなかったというのであるから……、法124条3項但し書は適用されないといわざるを得ない。そうすると、Y社は、同種類株主総会の議決権行使に係る基準日を平成25年3月31日と定めるためには、その2週間前までに当該基準日を設定する旨の公告をする必要があったにもかかわらず……、その旨の公告をしていなかったというのであるから、同種類株主総会の議決権行使に係る基準日の公告は法124条3項に違反するというほかなく、当該基準日を前提として行われた同種類株主総会に係る招集の手続は法令に違反するものといわざるを得ない。したがって、同種類株主総会議案の決議には取消事由（法831条1項1号）があるというべきである。」

「本件において、平成25年3月31日より前に種類株主総会の権利行使に係る

> 基準日を定めた規定がY社の定款に存在していたという事実が認められないこと、Y社が本件第2回種類株主総会について議決権行使に係る基準日設定公告をしなかったことは前記認定・説示のとおりであるから、本件第2回種類株主総会において議決権を行使できるのは、本来、本件第2回種類株主総会時点でY社株式（本件種類株式）を保有していた者になるところ、これらの者全てに対して本件第2回種類株主総会に係る招集通知がされたことを認めるに足る証拠はないから、Y社は、これらの者の議決権行使の機会を奪ったものである。……したがって、Y社が本件第2回種類株主総会について議決権行使に係る基準日設定公告をしなかったことは、違反する事実が重大でないとは認められない。」

本判決の位置づけ・射程範囲

　本来、株主権を行使できる株主は権利行使時点の株主名簿上の株主であるが、当該株主を把握することは必ずしも容易でないことから、会社法は、会社が一定の基準日を定めて、同日の株主名簿上の株主（以下「基準日株主」）に権利行使させる処理を認めている（会124条1項）。この場合、名義書換未了の株式譲受人に名義書換の機会を与える必要があるため、会社は、定款上に基準日に関する定めがある場合を除き、基準日の2週間前までに公告することを要する（同条3項）。仮に適法な公告を欠く場合には、基準日設定は無効と解するのが多数説であるが、基準日設定の効力と当該基準日に基づく会社の行為の効力とは別問題であり、後者についてはケース・バイ・ケースの判断が必要と解されている。

　Y社は、本件が、定時株主総会の基準日にかかる定款の定めはその2週間前までに存在したが、これと同日開催の種類株主総会の基準日については、その2週間前までに定款の定めもなく設定公告も行われなかった事案であることを前提に、本件定時総会において、種類株主総会にかかる基準日を定款に定める旨の定款変更が行われたこと、および株主総会と種類株主総会において議決権のある株式が一致するというスクイーズ・アウトの特殊性を指摘して、上記の定款変更による定めを遡及適用しても利益を害される者は存在しないなどと主張した。しかし、本判決は、あくまで基準日の2週間前までに基準日にかかる定款の定めまたは設定公告を必要とする立場から、本件第2回種類株主総会の招集手続には法令違反があるとして決議取消事由（会831条1項1号）にあたると認め、さらに、その違反する事実が重大でないとも認められないとして裁量棄却（同条2項）も認めなかった。

実務上の対応

本判決は、同日に開催される株主総会と種類株主総会における株式（株主）が一致し、前者について適法に基準日が設定されていたとしても、後者について同様の手続が不要となるものでなく、これを欠いた場合に種類株主総会決議に取消事由が認められるとしたものであり、実務上留意が必要である。

さらに理解を深める

江頭218頁。コンメ(3)285頁〔前田雅弘〕

8 全員出席総会──東和交通事件

最高裁昭和60年12月20日第二小法廷判決
　事件名等：昭和58年（オ）第1567号敷金返還請求事件
　掲 載 誌：民集39巻8号1869頁、判時1180号130頁、判タ583号68頁、金法1127
　　　　　　号40頁、金判738号3頁

概　要　本判決は、招集権者による株主総会の招集の手続を欠く場合であっても全員出席総会の決議は有効となる旨判示し、また、株主の代理人を含む全員出席総会について、当該株主が会議の目的たる事項を了知したうえで委任をし、かつ、決議の内容が当該事項の範囲内のものである場合には決議が有効となる旨を判示したものである。

事実関係　X社は、昭和50年6月、Yとの間で土地建物の賃貸借契約を締結し、Yに対し敷金80万円を交付した。X社の取締役であったAは、昭和51年6月1日、X社の代表権を有しないにもかかわらず、X社を代表して当該賃貸借契約を合意解約し、その後、Yに対して敷金返還請求訴訟を提起した。

第1審係属中の昭和56年5月31日、Aが招集した株主総会において、Aらを取締役として選任する旨の決議がなされた。当該総会には、代理人出席の株主を含め、X社の株主10名全員が、その開催に同意し、出席していた。

その後、選任された取締役により構成された取締役会において、Aを代表取締役に選任する旨の決議がなされ、取締役会において上記合意解約等を追認する旨の決議がなされ、X社はYに対し、追認の意思表示をした。

第1審はX社の請求を棄却した。これに対し、原審は、上記株主総会の決議を有効なものと認めたうえで、Aが有効にX社の代表取締役に就任し、その後開催された取締役会において上記合意解約等を追認する旨の決議がなされ、その追認の意思表示がYに対してなされた以上、上記合意解約等は遡ってYに対してその効力を生じたとして、X社の請求を一部認容した。

判決要旨　上告棄却。「商法が、231条〔会社法298条4項〕以下の規定により、株主総会を招集するためには招集権者による招集の手続を経ることが必要であるとしている趣旨は、全株主に対し、会議体としての機関である株主総会の開催と会議の目的たる事項を知らせることによって、これに対する出席の機会を与えるとともにその議事及び議決に参加するための準備の機会を与えるこ

とを目的とするものであるから、招集権者による株主総会の招集の手続を欠く場合であっても、株主全員がその開催に同意して出席したいわゆる全員出席総会において、株主総会の権限に属する事項につき決議をしたときには、右決議は有効に成立するものというべきであり……また、株主の作成にかかる委任状に基づいて選任された代理人が出席することにより株主全員が出席したこととなる右総会において決議がされたときには、右株主が会議の目的たる事項を了知して委任状を作成したものであり、かつ、当該決議が右会議の目的たる事項の範囲内のものである限り、右決議は、有効に成立するものと解すべきである。」

本判決の位置づけ・射程範囲

本件では、招集権者ではないAが株主総会を招集しており、本来であれば株主総会決議は不存在となる（最判昭和45・8・20 本書3事件）。しかし、本判決は、招集権者による招集の手続を欠く場合であっても、株主全員がその開催に同意して出席したいわゆる全員出席総会において、株主総会の権限に属する事項について決議がなされた場合は、決議は有効に成立すると判示した。最高裁は、一人会社においては、その1名の株主が出席すれば全員出席総会として株主総会は成立する旨判示していたが（最判昭和46・6・24 関連判例）、複数株主の会社においてもその趣旨を及ぼしたものといえる。

実務上の対応

本判決によれば、全員出席総会の決議は招集手続を欠いた場合であっても有効となる。ただし、全員出席総会であっても取締役・監査役を排除した場合には決議に取り消しうべき瑕疵があるとする見解があるため、株主だけでなく取締役・監査役も出席したうえで決議を行う必要がある。

招集手続の省略等に関しては、上記の全員出席総会のほかにも、会社法上、①招集手続の省略、および②書面決議が規定されている。①は、株主全員の同意があるときは、書面または電磁的方法による議決権行使が可能とされている場合を除き、法定の招集手続を行うことなく株主総会を開催することができるというものである（会300条）。なお、同意は黙示でもよいとされている（東京高判昭48・10・25 関連判例）。当該同意に基づき招集手続を省略する場合は、全員出席総会の場合と異なり、株主全員が出席する必要はない。また、②は、取締役または株主が株主総会の目的事項について提案をし、当該提案につき株主全員が書面等により同意したときは、会議を開催せずに株主総会の決議があったものとみなすというものである（会319条1項）。典型的には完全子会社において株主総会の開催を省略するために利用されることが多い。

さらに理解を深める

会社法百選3版30事件〔鈴木千佳子〕。最判解民事篇昭和60年度481頁〔篠原勝美〕。江頭329頁。田中159〜160頁 関連判例 最判昭和45・8・20 本書3事件。最判昭和46・6・24民集25巻4号596頁。東京高判昭和48・10・25判時723号90頁

⑨ 解任対象取締役の不特定と招集通知の瑕疵の有無
―― 取締役解任決議効力停止仮処分事件

名古屋高裁平成25年6月10日決定
　事件名等：平成25年（ラ）第177号株主総会決議効力停止仮処分決定認可決定
　　　　　　に対する保全抗告事件
　掲　載　誌：判時2216号117頁

概　要　本決定は、取締役の解任を目的事項とする株主総会の招集通知において、解任対象の取締役が特定されていない場合、かかる招集通知は株主総会の目的事項の記載を欠くと判断したものである。

事実関係　Y社の取締役であったXは、Y社の臨時株主総会（以下「本件総会」）の決議（以下「本件決議」）により取締役を解任されたため、①本件総会の招集について取締役会の決議を欠くこと、および、②本件総会の招集通知には「第2号議案　取締役解任の件」とのみ記載されており、解任対象の取締役を特定する記載がなく、目的事項の記載を欠くものであったこと等を本件決議の取消原因として主張し、本件決議の効力を停止する旨の仮処分を申し立てた。名古屋地裁が当該申立てを認容する決定をしたところ、Y社はこれを不服として保全異議を申し立てたが、原審は、当該仮処分決定を認可した。そこで、Y社が当該認可決定に対して保全抗告を申し立てた。

決定要旨　抗告棄却。「本件総会の招集に当たり、取締役解任を目的とするの取締役会の決議がされておらず、その招集通知（原決定……の『本件通知書』）が目的事項（解任取締役の氏名）の記載を欠くものであり、本件決議が目的事項以外について行われたものであることは、原決定……のとおりであるから、これを引用する。〔筆者注：左記引用部分の一部を掲げる。『Y社は、取締役会設置会社であるから、株主総会は、あらかじめ取締役会が決議した目的事項以外については決議することができないところ、本件総会では、取締役の解任という、取締役会で決議されていない事項を決議したものであるから、この点においても違法である（なお、全役員につき選解任を採決する予定だったとのY社主張を前提としても、取締役会決議は欠けているので、違法である。）。……さらに、本件通知書には、第2号議案として「取締役解任の件」とのみ記載されているところ、……実際には招集時点において対

象者がX及びAに特定されていたことが明らかである。そうであるにもかかわらず、招集通知において対象者が特定されていないのであるから、総会の目的事項の記載を欠く違法があるというべきである。』」

本決定の位置づけ・射程範囲

　本決定は、取締役の解任を目的事項とする株主総会の招集通知において、解任対象の取締役が特定されていない場合、株主総会の目的事項の記載を欠くものであり、当該決議には取消原因となる瑕疵があるとした。

　学説上も、解任決議は特定の役員等を解任するか否かを決定するものであるから、役員等の解任の議題は、解任の対象となる役員等を記載することを要するとされている（ただし、取締役の全員を解任する場合は、「取締役全員解任の件」でもよいとされている）。また、従来の裁判例にも、招集通知には解任の対象となる取締役の氏名を明示しなければならないとしたものがある（東京地判昭和38・12・5 関連判例）。本決定の上記判示はこれらの学説・裁判例と整合的である。

　さらに、本決定は、かかる瑕疵について裁量棄却を認めないとの判断もあわせて示しており、株主総会の瑕疵が軽微であるとして決議取消請求を棄却することに慎重な裁判例の傾向が表れているともいえる。

　なお、本決定は、最判昭和46・3・18 本書5事件 と同様に、取締役会決議を経ずに株主総会の招集がなされた点においても、本件決議には取消原因となる瑕疵があると判示している。

実務上の対応

　招集通知には、「株主総会の目的である事項」（議題）を記載・記録しなければならない（会299条4項、298条1項2号）。招集通知への記載・記録が要求される事項は、基本的には「議題」であるが、株主総会参考書類には、議題に対する具体的な提案、すなわち「議案」を記載・記録しなければならない（施73条1項1号）。また、株主総会参考書類を交付しない場合であっても、一定の重要な議題については招集通知に「議案」の概要を記載・記録する必要がある（会299条4項、298条1項5号、施63条7号）。

　本決定によれば、役員等の解任が議題となる場合、解任の対象となる役員等の氏名は議案にとどまらず、議題の一部となるから、Y社のように株主総会参考書類の交付を義務づけられていない会社であっても、解任対象となる役員等の氏名を招集通知に記載・記録する対応が求められる。

さらに理解を深める

神田秀樹・ジュリ1494号100頁。コンメ(7)86頁〔青竹正一〕
関連判例 東京地判昭和38・12・5判時364号43頁。最判昭和46・3・18 本書5事件

10 営業譲渡の要領の不記載と決議取消事由の有無
―― 明星自動車貸切バス事業譲渡事件

最高裁平成7年3月9日第一小法廷判決
　　事件名等：平成3年（オ）第120号株主総会決議取消請求事件
　　掲　載　誌：判時1529号153頁、判タ877号176頁、金法1423号46頁、金判971号3頁

概要　本判決は、営業譲渡にかかる決議を行う株主総会の招集通知において、営業譲渡の要領が記載されていない場合、当該株主総会の招集手続には決議取消事由となる違法があると判断したものである。

事実関係　Y社は、タクシー事業および貸切バス事業を主な目的とする株式会社であり、Y社の発行済株式総数は7万株である。XらはY社の株主であるところ、昭和59年6月に開催されたY社の定時株主総会（以下「本件株主総会」）の招集通知には、Y社の営業のうち貸切バスの営業を譲渡する旨の決議（以下「本件決議」）にかかる営業譲渡の件が議案として記載されていたが、営業譲渡の要領は記載されていなかった。当該営業譲渡の相手方は、Y社が中心となって将来設立する新会社であり、本件株主総会当時、譲渡の対価等の内容の詳細はまだ確定していなかったが、招集通知に同封された営業報告書には、営業譲渡の対象となる貸切バス部門の資産、負債等の内容が記載されていた。本件株主総会には、Y社の株主38名のうち29名（持株数合計6万7611株）が出席したが、招集通知に営業譲渡の要領が記載されていないことに対して出席株主から異議の申出はなく、出席株主のうち27名（持株数合計5万1300株）の賛成によって本件決議がなされた。

そこで、Xらが、本件株主総会の招集通知は旧商法245条2項（会社法施行規則63条7号ト）に違反するなどとして、本件決議の取消しを求めたところ、第1審、原審はXらの請求を棄却した。Xらが上告。

判決要旨　営業譲渡決議取消請求に関する部分につき、破棄差戻し、一部上告棄却。「商法245条2項〔会社法施行規則63条7号ト〕が同条1項各号〔会社法467条1項1号～4号〕所定の行為について株主総会の招集通知にその要領を記載すべきものとしているのは、株主に対し、あらかじめ議案に対する賛否の判断をするに足りる内容を知らせることにより、右議案に反対の株主が会社に対し株式の買取りを請求すること（同法245条の2〔会469条1項〕参照）ができるようにするためであると解されるところ、右のような規定の趣旨に照らせ

> ば、本件株主総会の招集手続の前記の違法が重大でないといえないことは明らかであるから、同法251条〔会社法831条2項〕により本件決議の取消請求を棄却することはできないものというべきである。」

本判決の位置づけ・射程範囲

旧商法において、会社が営業譲渡に関する株主総会決議を行う場合、その「要領」が株主総会の招集通知に記載されなければならないと規定されていた（旧商245条2項）。本判決は、かかる「要領」の記載がなければ、招集手続は法令に違反するものであり、株主総会決議には取消事由となる瑕疵があると判示したものである。この判示は、旧商法の規定の文言から自然に導かれる帰結であった。

なお、本判決は、営業譲渡の「要領」の記載を欠くという瑕疵は重大でないとはいえないとして、裁量棄却（会831条2項）を認めなかった事例としても重要な意義を有する（本判決と同一の裁判例である 本書73事件 参照）。

実務上の対応

株式会社は、事業の全部または重要な一部を譲渡するときは、簡易事業譲渡に該当する場合および特別支配会社に対して譲渡する場合を除き、株主総会の特別決議によりその契約の承認を受けなければならない（会467条1項1号・2号、309条2項11号、468条1項）。また、取締役会設置会社においては、当該株主総会の招集通知に議案の概要を記載・記録しなければならない（会299条4項、298条1項5号、施63条7号ト）。議案の概要として何を記載・記録すべきかは明文規定がなく解釈に委ねられるが、少なくともその項目については、事業譲渡にかかる株主総会参考書類の法定記載事項を参考に記載・記録されることが実務上一般的である。すなわち、当該会社が書面投票制度または電子投票制度を利用する場合に株主総会参考書類に記載・記録することが求められる、①当該事業譲渡等を行う理由、②当該事業譲渡等にかかる契約の内容の概要、および、③当該契約に基づき当該株式会社が受け取る対価または契約の相手方に交付する対価の算定の相当性に関する事項の概要、の各項目である（施92条。なお、招集通知に記載すべき事項を株主総会参考書類に記載した場合、招集通知では当該記載を省略することができる〔施73条4項〕）。

もっとも、これらの記載・記録には、本判決における「要領」の記載・記録と同様、株主が株式買取請求権の行使の前提として株主総会において反対の意思を通知するか否かの判断ができるための情報を提供する目的がある。したがって、上記①〜③の項目において記載・記録される内容についても、かかる目的を達するのに必要な程度の記載・記録がなければならないと解される。本判決に従い、会社法下における事業譲渡についても、招集通知または株主総会参考書類において、かかる観点から必要な記載・記録を欠くことは、株主総会決議の取消事由に該当しうるものと考えられる。

さらに理解を深める

コンメ⑿48頁〔齊藤真紀〕。会社法百選3版40事件〔岩原紳作〕
関連判例 最判昭和46・3・18 本書5事件 。本判決と同一の裁判例である 本書73事件

11 取締役選任数の記載
──招集通知取締役選任数不記載事件

最高裁平成10年11月26日第一小法廷判決
　事件名等：平成10年（オ）第919号株主総会決議取消請求事件
　掲載誌：金判1066号18頁

概要　本判決は、定款により累積投票の請求を排除していない株式会社の株主総会において、招集通知に選任される取締役の数に関する記載がないとしても、特段の事情のない限り、従前の取締役と同数の取締役を選任する旨の記載があると解される旨判示するとともに、従前の取締役の数よりも1名少ない取締役の候補者が付議された場合でも、判示の事実関係のもとにおいては、招集通知が不適法であるということはできない旨判示したものである。

事実関係　Y社の取締役は、従前、X、A〜Eの6名であったところ、Y社が平成8年8月26日に開催した定時株主総会に関する招集通知には、会議の目的事項として「第2号議案　取締役全員任期満了につき改選の件」と記載され、他に選任される取締役の数に関する記載はなかった。

上記定時株主総会では、第2号議案に先立ってEが監査役に選任され、その後、A〜Dを取締役に選任する旨の決議がなされた。しかし、Xは賛成少数で取締役に選任されなかった。

Y社は定款により累積投票の請求を排除していなかったが、取締役選任決議の事項については株主から累積投票の請求はなかった。

Xは、Y社が招集通知に選任される取締役の数を記載しなかったことは招集手続の法令違反にあたるとして、取締役選任決議の取消しを求める訴訟を提起した。

第1審はXの請求を棄却し、Xが控訴したところ、原審はXの請求を認容した。

判決要旨　原判決破棄・控訴棄却。「定款により累積投票の請求を排除していない株式会社において、取締役選任を議案とする株主総会の招集通知に『取締役全員任期満了につき改選の件』と記載され、他に選任される取締役の数に関する記載がない場合においては、特段の事情のない限り、当該株主総会において従前の取締役と同数の取締役を選任する旨の記載があると解することができるから、右特段の事情のうかがわれない本件においては、本件招集通知に右の数の記載があるものということができる。」

「本件招集通知には、従前の取締役と同数である6名の取締役を選任する旨

の記載があるということになるところ、本件株主総会においては、取締役の候補者として5名のみが付議され、その数が本件招集通知の記載よりも1名少ないこととなるけれども、本件においては、株主から累積投票の請求がなく、また、その不一致は株主に格別の不利益を及ぼすものではないから、本件招集通知が不適法であるということはできない。」

本判決の位置づけ・射程範囲

株主総会の目的事項が2名以上の取締役の選任である場合、株主は、定款に別段の定めがあるときを除き、株式会社に対して累積投票により取締役を選任すべきことを請求することができる（会342条1項）。本件では、①定款により累積投票の請求を排除していない株式会社の株主総会では、取締役選任議案に関し、選任される取締役の数を招集通知に記載する必要があるか、②招集通知に記載された数と異なる数の取締役が選任された場合、決議の取消事由となるかが争点となった。

上記①については、株主に累積投票を請求するか否かを判断させるためには招集通知に選任される取締役の数を記載する必要があると解される。本判決も、明示はしていないものの同様の見解に立つものと考えられる。もっとも、本判決は、招集通知に「取締役全員任期満了につき改選の件」と記載され、他に選任される取締役の数に関する記載がない場合においては、特段の事情のない限り、当該株主総会において従前の取締役と同数の取締役を選任する旨の記載があると解することができると判示し、本件では従前の取締役と同数である6名の取締役を選任する旨の記載があるということができるとした。

また、上記②については、仮に累積投票によるべきことの請求がなされた場合には、累積投票の効果を減少させるために招集通知に記載された数より少ない数の取締役の選任にとどめることは許されないと解される。もっとも、本件では累積投票によるべきことの請求がなされていなかった。本判決は、この点に加え、招集通知の記載よりも1名少ない数の取締役の選任がなされたとしても株主に格別の不利益を及ぼすものではないとして、招集通知は不適法なものではないと判示した。

実務上の対応

本判決によれば、定款により累積投票の請求を排除していない株式会社においては、招集通知に「取締役全員任期満了につき改選の件」と記載され、他に選任される取締役の数に関する記載がない場合であっても、特段の事情のない限り、従前の取締役と同数の取締役を選任する旨の記載があると解することができることになる。累積投票を排除している場合、本判決の趣旨が及ぼされるか不分明であるが、いずれにせよ、累積投票の排除の有無にかかわらず、選任される取締役の数は招集通知に記載するのが通例である。

さらに理解を深める

コンメ(7)86頁〔青竹正一〕、558頁〔後藤元〕。会社法百選3版A12事件〔川口恭弘〕

12 議決権行使書面の記載内容（棄権欄・賛否表示）
── 住友銀行事件

大阪地裁平成13年2月28日判決
　事件名等：平成12年（ワ）第10448号株主総会決議取消請求事件
　掲　載　誌：金判1114号21頁、資料版商事204号293頁

概　要　本判決は、①議決権行使書面に棄権欄を設けないこと、および、②議決権行使書面に賛否の表示がない場合に、会社提案については賛成とし、株主提案については反対として取り扱うことは、いずれも決議の取消事由にはあたらない旨を判示したものである。

事実関係　Y社は、平成12年6月29日、定時株主総会において、会社提案である退職慰労金贈呈議案を可決し、株主提案である定款の一部変更議案を否決する決議をした。

当該株主総会の議決権行使書面には「賛」「否」欄は設けられていたものの、棄権欄は設けられていなかった。また、当該議決権行使書面には、議案について賛否を表示しない場合は、会社提案については「賛」、株主提案については「否」の表示があったものとして取り扱う旨が記載されており、Y社は当該株主総会において議決権行使書面を当該記載のとおり取り扱った。

Y社の株主であるXは、議決権行使書面の上記記載およびY社の上記取扱いは決議の取消事由にあたるとして、上記各決議の取消請求訴訟を提起した。

判決要旨　請求棄却。「Y社は、本件議決権行使書面に、本件議案1及び2について棄権欄を設けていないが、これは、商法特例法〔筆者注：株式会社の監査等に関する商法の特例に関する法律（昭和49年法律第22号〔現在は廃止〕）〕21条の3第5項に基づき制定された参考書類規則〔筆者注：大会社の株主総会の招集通知に添付すべき参考書類等に関する規則（昭和57年法務省令第27号〔現在は廃止〕）〕6条1項が規定するところに従っており……決議の取消事由（決議ノ方法ガ著シク不公正ナルトキ）に当たらないことは明らかである。」

「Y社は、本件参考書類に、株主提出の本件議案2に反対することを記載し、かつ、本件議決権行使書面に、賛否の表示がない場合には、取締役提出の本件議案1については賛成、株主提出の本件議案2については反対の各意思表示があったものとして取り扱う旨記載し」、そのとおり取り扱っているのであり、「これ

は、商法特例法21条の3第5項に基づき制定された参考書類規則7条が規定するところに従っているのであるから……決議の取消事由（決議ノ方法ガ著シク不公正ナルトキ）に当たらないことは明らかである。」

本判決の位置づけ・射程範囲

会社法施行規則66条1項1号は、議決権行使書面には「各議案……についての賛否（棄権の欄を設ける場合にあっては、棄権を含む。）を記載する欄」を設けなければならないとしており、議決権行使書面に棄権の欄を設けることを強制していない。これは、決議の成否に与える影響は棄権も反対と同じであるためである。

また、会社法施行規則66条1項2号は、議決権行使書面において、賛否等の記載がない議決権行使書面が提出された場合には各議案についての賛成、反対または棄権のいずれかの意思表示があったものとして取り扱う旨を記載することを認めている。

本判決は、会社法制定前のものであるが、判決要旨に示した判示事項は会社法下においても妥当すると考えられる。

実務上の対応

株主総会について書面により議決権を行使できることを定めた場合には、招集者である取締役は、招集通知に際して、株主に対し株主総会参考書類および議決権行使書面を交付しなければならない（会301条1項）。なお、議決権を行使することができる株主が1000人以上の会社は、上場会社が委任状勧誘を行う場合を除き、書面により議決権を行使できることを定めなければならない（会298条2項）。

実務上は、議決権行使書面の様式については（様式の例としては全国株懇連合会の「議決権行使書面モデル」が参考になる）、本判決の事例と同様に、①棄権欄を設けないこと、および、②賛否の表示がない場合には会社提案については賛成とし、（株主提案がある場合は）株主提案については反対として取り扱う旨が記載されていることが一般的である（なお、賛否の表示欄両方に○等をつけた場合は、当該議決権行使は無効とされるところ、そのような取扱いをすることまでは議決権行使書面上は記載されないことが多いが、記載することについても検討の余地はあろう）。

なお、議決権行使書面に押印欄を設けている場合において、押印された印鑑が会社への届出印と異なっていても、当然に議決権行使が無効となるわけではない（神戸地判昭和31・2・1 関連判例 ）。また、議決権行使書面による議決権行使ができるのは株主総会に出席しない株主であるため（会298条1項3号参照）、仮に議決権行使書面を送付した株主が株主総会に出席した場合には、議決権行使書面による議決権行使の効力は失われると解されている。

さらに理解を深める

コンメ(7)95～96頁〔青竹正一〕、210頁〔松中学〕。弥永338頁
関連判例 神戸地判昭和31・2・1下民集7巻2号185頁

13 事業報告等の不添付、法定備置書類の不備置および法定備置書類の閲覧請求等の拒絶と決議取消事由——計算書類承認決議取消事件

東京地裁平成27年10月28日判決
　事件名等：平成25年（ワ）第24762号株主総会決議取消請求事件
　掲載誌：判時2313号109頁

概要　本判決は、①事業報告および個別注記表の招集通知への不添付、②法定備置書類の不備置、ならびに、③法定備置書類の閲覧請求・謄本の交付請求の拒絶を理由に計算書類の承認決議を取り消したものである。

事実関係　Y社は、平成25年6月19日、定時株主総会において、計算書類の承認決議、取締役選任決議、および監査役選任決議を行った。

Y社の株主であるXは、①招集通知に事業報告および（計算書類の一部である）個別注記表が添付されていなかったこと、②Y社が株主総会の2週間前から監査報告を本店に備え置いていなかったこと、③Xによる事業報告および計算書類ならびにこれらの附属明細書の閲覧請求・謄本の交付請求が拒否されたことは招集手続の法令違反にあたるなどとして、上記各決議の取消請求訴訟を提起した。

判決要旨　請求一部認容、一部棄却。「法定備置書類の本店への備置きや株主によるその閲覧、謄本の交付は、株主の株主総会への準備を目的とするものであり、会社法の規定に違反して備置きがされなかったときは、これを定時株主総会招集手続の一環と解して、その懈怠は原則として決議取消原因に当たるものと解すべきである。もっとも、それが実質的に株主の態度決定の準備を不能にさせるようなものでないときは、裁量棄却……の事由に当たり得るものと解される。」

「本件では、定時株主総会の招集通知に際して提供されるべき計算書類の一部である個別注記表、事業報告が欠けており、計算書類の附属明細書の閲覧、謄本の交付要求が拒絶され、法定備置書類の備置きの不備があり、これらは本件株主総会の招集手続における瑕疵に当たるが、個別注記表については本件株主総会に先立って原告に送付されており、定時株主総会の招集通知に際して提供されるべき計算書類については追完されたといえる。もっとも、その他の点についてはなお瑕疵が認められることに加え……監査報告書には、現在の会社の対応では監査

> 不能である旨が記載されているのみであり、実質的には監査報告の提供があったとは言い難く、このことも踏まえれば、……第35期の計算書類の承認に関する株主の実質的な準備は不能であったというべきである。」
>
> 「本件決議1〔筆者注：計算書類承認決議〕に関する瑕疵は重大であるから、決議への影響の有無を論ずるまでもなく取り消されるべきである。」

本判決の位置づけ・射程範囲

会社法上、取締役会設置会社は、定時株主総会の招集通知に際して、計算書類、事業報告および（監査を受けた場合には）監査報告または会計監査報告を提供しなければならない（会437条）。しかし、本件では、①招集通知に事業報告および計算書類の一部である個別注記表（法435条2項、計59条1項）が添付されていなかった。

また、会社法上、取締役会設置会社は、計算書類および事業報告ならびにこれらの附属明細書、ならびに（監査を受けた場合には）監査報告または会計監査報告を定時株主総会の日の2週間前の日から5年間、本店に備え置いたうえで（会442条1項）、営業時間内における株主のこれらの法定備置書類の閲覧請求・謄本の交付請求に応じなければならない（同条3項）。しかし、本件では、②監査報告がY社の本店に備え置かれておらず、かつ、③Y社はXによる計算書類および事業報告ならびにこれらの附属明細書の閲覧請求・謄本の交付請求を拒絶した。

本判決は、上記①ないし③の瑕疵は招集手続の瑕疵にあたる旨を判示したうえで、計算書類の承認に関する株主の実質的な準備は不能であったというべきであるとして裁量棄却を認めず、計算書類の承認決議の取消請求を認容した。もっとも、取締役選任決議および監査役選任決議については、上記①～③の瑕疵が関連するものではないとして、決議取消請求を認めなかった。

上記①につき、学説上は、計算書類または監査報告が提供されない場合は計算書類の承認決議の取消事由にあたると解されている（事業報告の不添付も同様に解していると思われる）。また、上記②につき、多数説は法定備置書類の備置義務違反は決議取消事由にあたると解しており、同様の判示をする裁判例もある（福岡高宮崎支判平成13・3・2 関連判例 ）。さらに、上記③についても、多数説は正当な事由なくして法定備置書類の閲覧請求等を拒絶することは決議取消事由にあたると解している。本判決は上記①ないし③について多数説と同様の見解に立つ。

実務上の対応

本件は非公開会社における事例ではあるが、事業報告等の不添付、法定備置書類の不備置および法定備置書類の閲覧請求等の拒絶は、公開会社でも決議取消事由にあたる可能性があることは異論ないであろう。

さらに理解を深める

新版注釈会社法(8)85頁〔倉沢康一郎〕。コンメ(10)545頁〔弥永真生〕　関連判例 福岡高宮崎支判平成13・3・2 判夕1093号197頁

14 有利発行と参考書類を通じた提案理由の説明
―――アミタホールディングス新株発行差止仮処分命令申立事件

京都地裁平成30年3月28日決定
　　事件名等：平成30年（ヨ）第90号新株発行差止仮処分命令申立事件
　　掲　載　誌：金判1541号51頁

概　要　　本決定は、有利発行を行うに際して、より高い払込金額であり株式の希釈化の程度が低い増資の選択肢がある場合には、払込金額についての説明の一環として、その旨およびそれにもかかわらず当該新株発行を選択する理由を株主総会参考書類に記載しなければならないとしたものである。

事実関係　　Y社の株主であるX社は、Y社の平成30年2月26日付取締役会決議に基づく第三者割当による新株発行は不公正発行（会210条2号）であるとして、その差止めの仮処分を求めた。これに対し、Y社は、仮にY社に支配権維持の目的が多少なり含まれているとしても、当該新株発行は株主総会における特別決議の承認可決を条件とするから、不公正発行には該当しえないなどと主張した。

決定要旨　　申立認容。「本件では、……X社から、直近の市場株価で払込金額総額分の株式を引き受けるという提案（債権者提案）が行われており、Y社としては、資金調達方法として、債権者提案と本件新株発行と2つの選択肢を有することになるところ、債権者提案の方が、株式の希釈化という点においては、株主にとって有利な内容である。……Y社の取締役は、本件新株発行に係る議案について、なぜ当該払込金額としたかについての説明の一環として、より高い払込金額であり株式の希釈化の程度が低い増資の選択肢があること、にもかかわらず本件新株発行を選択する理由について、説明する義務があるというべきである。」

「しかし、……Y社が株主に対して配布した本件株主総会の参考書類と参考書類と同封で配布されたQ&A書面には、本件新株発行について、第三者割当増資が最善の資金調達方法であると判断するに至った理由や、募集株式の内容や本件割当先を選定した理由、払込金額を1130円とした経緯、理由に関する記載はあるものの、有利発行に当たると判断される可能性があることを自認しつつも、債

権者提案の内容やこれを受け入れない理由に関する記載はない。」

「本件株主総会において、株主は、取締役から、当該払込金額でその者の募集をすることを必要とする理由について説明を受けたとはいえないから、たとえ本件新株発行に係る議案について特別決議が承認可決されたとしても、株主が議決権行使するにあたってその判断の正当性を失わせるような瑕疵があったといわざるを得ず、Y社の支配権維持の目的による不公正性を阻却することにはならないというべきである。」

本決定の位置づけ・射程範囲

本件は、不公正発行を理由に新株発行差止仮処分が申し立てられた事案において、債務者であるY社から、新株発行が株主総会の特別決議を条件とすることを理由として不公正発行の該当性阻却が主張された事案である。

本決定は、取締役は、有利発行を行うに際して、当該払込金額で募集することを必要とする理由について株主に対して説明する義務を負い（会199条3項）、説明すべき内容については株主総会参考書類の提案の理由として記載しなければならない（施73条1項2号）としたうえで、より高い払込金額であり株式の希釈化の程度が低い増資の選択肢がある場合には、払込金額についての説明の一環として、その旨およびそれにもかかわらず当該新株発行を選択する理由（以下「本件説明事項」）を株主総会参考書類に記載しなければならないとした。

そして、本件では、本件説明事項が株主総会参考書類に記載されておらず、かつ、Y社作成の本件説明事項が記載された説明書面についてもその発送時期が株主総会参考書類の発送期限を徒過していたこと等を理由に、株主総会決議には議決権行使の判断の正当性を失わせるような瑕疵があったといわざるをえず、支配権維持目的による不公正性は阻却されないとして、Y社の主張を排斥した。

実務上の対応

本決定は、いわゆる主要目的ルール（会社の支配権が争われている状況において既存株主の持株比率に重大な影響を及ぼす新株発行が行われる場合、当該新株発行が現経営陣の支配権の維持・確保を主要な目的として行われるときは原則として不公正発行にあたるとする基準）に従って第三者割当による新株発行の差止めの仮処分が認められた一事例である。そして、本決定は、有利発行を行うに際して、より高い払込金額であり株式の希釈化の程度が低い増資の選択肢がある場合において、株主総会参考書類にいかなる事項を記載しなければならないか、さらには、説明書面の送付時期について判示しており、その判示内容は、株主総会実務上も参考になる。

なお、本決定は、特別決議の承認可決を条件とすることによる不公正発行該当性阻却の可否については明確には言及しておらず、この点は今後も議論があろう。

さらに理解を深める

田中500〜501頁　　関連判例　東京高判平成24・7・12金法1969号88頁

15 開会時刻の遅延──東陽相互銀行事件

水戸地裁下妻支部昭和35年9月30日判決
　事件名等：昭和34年（モ）第122号仮処分命令に対する異議申立事件
　掲　載　誌：下民集11巻9号2043頁、判時238号29頁

概　要　本判決は、招集通知に記載された開会時刻よりも3時間以上遅れて開会した株主総会の決議には、取り消されるべき瑕疵があると判断したものである。

事実関係　A銀行（補助参加人）は、昭和33年10月22日に定時株主総会（以下「22日の総会」）を開き、Y_1～Y_7（債務者）を取締役に選任した。22日の総会は、先立つ10月20日に開催された定時株主総会（以下「20日の総会」）における延期の決議に基づいて開催されたものであった。もっとも、20日の総会の招集通知には、開会時刻が午後1時と記載されていたが、実際には、20日の総会は、午後4時10分に開催された。そこで、A銀行の株主であるX（債権者）は、20日の総会における延期の決議には瑕疵があり、かかる瑕疵のある延期の決議に基づいて開催された22日の総会における決議は無効であると主張し、22日の総会の決議につき無効確認の訴えを提起したうえ、Y_1～Y_7を債務者として、A銀行の取締役または代表取締役の職務執行停止および代行者選任の仮処分を申し立てた。これを認める仮処分決定がなされたのに対し、Y_1～Y_7が異議を申し立てたのが本件である。

判決要旨　仮処分決定取消し。「総会の開会時刻が、社会通念上から見て、是認し得る程度に遅延することは、手続上の瑕疵にならないと言い得べきも、右当事者間に争なき事実として掲記した如く午後1時と指定されてあるものが、3時間以上も遅延したような場合は、事由の如何はともあれ、開会時間を不確定とし定刻に参集した株主に対し、開会時に於ける臨席を困難ならしめるもので、著しくその手続が不公正であるといわざるを得ない。右のとおり20日の総会には開会時刻遅延の点に於て、取消さるべき瑕疵があるから、かゝる総会に於ける延期の決議は取消さるべきである。従って右のような瑕疵ある20日の総会において、為された延期の決議に基き開催された22日の総会並びに同総会に於ける役員選任の決議も亦、当然その手続に瑕疵があり取消さるべきである。」

「Y等は、これに対し、延期決議の瑕疵は出訴期間の徒過によって、最早取消されることのない完全に有効なものとなったから、該決議に基いて開催された22日の総会の決議に対しては、右瑕疵を以ってその効力を争うことを得ない旨

> 主張するのであるが、Xは右延期の決議に開会時刻の遅延等取消さるべき瑕疵ありとして、これを理由として右延期の決議に基いて開催された22日の総会の役員選任決議取消の訴（当庁昭和33年（ワ）第150号株主総会決議無効確認の訴）を、該決議の時から起算して3月内である昭和33年12月26日に提起していることは、当裁判所に顕著な事実である。右延期決議そのものの取消の訴は、出訴期間の徒過により最早提起し得ないとしても、延期決議の瑕疵を理由に挙げて22日の総会の役員選任決議の取消の訴を右の如く出訴期間内に提起しているかぎり、同決議の効力を争うに当り、同総会が瑕疵ある右延期決議に基いて開催されたものであることを主張し得ない理由はない。然らば、該訴訟を本案とする本件仮処分申請において、本案と同じように、前記20日の総会の延期決議の瑕疵を主張することは、許されるといわなければならない。」

本判決の位置づけ・射程範囲

本判決は、定刻より3時間余遅れて開会された株主総会の決議の効力につき、「事由の如何はともあれ」取り消すべき瑕疵があると判断した（なお、本件は「開会時刻の遅延」の問題としてとらえており、株主総会当日に開会時刻を変更することの適否については判断していないと思料される）。

また、本判決は、20日の総会における開会時刻の遅延が22日の総会の手続の適法性に与える影響について、両総会が別個の株主総会であることを前提に、20日の総会における延期決議に瑕疵がある以上は、22日の総会の決議にも瑕疵があるという瑕疵の連鎖の問題としてとらえているように読める。しかし、延会または継続会と最初の株主総会とは、同一の株主総会の一部をなすのであって、それぞれは別個の株主総会を構成せず、最初の株主総会の瑕疵は、当然に延会または継続会の瑕疵となるとするのが通説である。それゆえ、本判決のように先立つ株主総会からの瑕疵の連鎖ではなく、22日の総会の決議自体の瑕疵をとらえるべきであったとの批判がある。

実務上の対応

開会が予定された時刻よりも遅延せざるをえない場合、「開会時刻の変更」が問題となる。株主総会の開会時刻の変更については、通説は、当該変更に「正当の理由」があり、かつ、株主に対し「相当な周知方法」が講じられる場合には、必ずしも許されないものではない（ただし、繰り上げは許されない）と解している。また、「正当の理由」には強弱の差があり、変更時点が会日に接近するほど変更の周知が困難になるため、より強い正当化理由が必要となると解されている。

したがって、開会時刻の繰り下げ変更は、実務上、安易に行うべきものではなく、天候等のやむをえない事由がある場合に限って、相当な周知方法で周知したうえで行うべきものと思われる。

さらに理解を深める

荻野135頁。深見芳文・商事270号8頁

16 株主が出席困難な日時での開催
──町長町会議員立候補事件

大阪高裁昭和30年2月24日判決
　事件名等：昭和27年（ネ）第907号総会決議取消請求控訴事件
　掲　載　誌：下民集6巻2号333頁

概　要　本判決は、有限会社の社員の出席困難な日時を開催日とする社員総会の招集は決議の取消事由となると判断したものである。

事実関係　Y社は社員7名からなる有限会社であったが、社員間の対立が深刻であった。取締役Aらは、社員総会招集の請求を行ったものの、代表取締役X₁らがこれに応じなかったため、会社の業務の執行に関し不正の行為がある疑いがあるとして、昭和25年12月13日、裁判所に対し、Y社の業務および財産の状況を調査させるため検査役の選任を申請した。その後、検査役Bは、昭和26年3月29日、検査報告書を裁判所に提出した。

昭和26年4月3日、C町の町長および町会議員選挙の告示があり、X₁は町会議員に、X₂は町長に立候補した。同月14日、監査役D名義でY社の臨時社員総会が招集されたところ、X₁およびX₂から、選挙運動で多忙であるから同月23日の投票が終わるまで社員総会を延期してほしい旨の総会期日延期の申出があったが、AおよびDは、これを承諾しなかった。当該臨時社員総会においては、検査役検査報告の件と役員改選の件が決議され、X₁およびX₂が役員から解任された。

町会議員選挙は、相当激しい選挙運動が繰り広げられていたばかりでなく、臨時社員総会開催日である昭和26年4月17日は選挙運動の重要な時期にあたっており、これらの事情はAおよびDにも判明していた。

Xらは、上記社員総会の決議の取消しを求める訴訟を提起し、原審はこれを認容した。

判決要旨　控訴棄却。「X₁はA等の要求にかかわらず長期間にわたり社員総会を開催せず、前示検査報告書も提出せられたことであるから、A、D等が速かに社員総会の開催せられることを希望するのはもっともであるけれども、昭和26年4月6日一旦同月12日に招集を予定しながら、翌7日に至りBの都合により同月17日と定めた程であるから、たとえA、D等が右7日当時X₁が

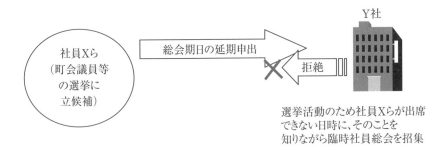

立候補することを予測しなかったとしても、招集通知を発するまでにはその立候補したことをよく知っていたばかりでなく、招集通知に対して直ぐ選挙を理由に同月23日以後まで延期を求めて来ており、当時の選挙の実情として選挙以外の他事を顧みる余裕のないことはA、Dにも解っていたし、総社員7名に過ぎない小規模の会社のことであるから、期日を変更する手続といっても大して手数を要するものでない。たとえ、A、D等がX_1、X_2に不正行為があるものとの疑念を抱いていたとしても総会招集を同月23日以後まで更に数日間延期することも許されない程急迫した事態にあったものということはできない。そうすると右総会招集は少くともXら両名から理由を述べてその延期を求めて来た際これに応ずべきものであるのに、これを拒絶して開催を敢行したのは、招集の手続が著しく不公正なものといわなければならない。」

本判決の位置づけ・射程範囲

一般に、株主の出席困難な日時・場所への招集がなされた場合は、決議の方法の著しい不公正として、株主総会決議の取消事由となると解されている（会831条1項1号）。

本判決は、上記の「株主の出席困難な日時」が具体的にどのような場面を意味するかについて、1事例を提供した点で、実務上参考となる（ただし、本判決は、かかる招集がなされた場合、決議の方法の著しい不公正ではなく、招集の手続の著しい不公正に該当すると判示した）。

実務上の対応 支配権争奪等のケースで、株主の出席困難な日時・場所での開催を狙った招集通知の発出等の事態が発生することがあるが、発行会社側も株主側もその法務戦略をよく検討する必要がある。

さらに理解を深める 江頭368頁。田中193頁

17 開催場所の変更——カオル産業事件

大阪高裁昭和58年6月14日判決
　事件名等：昭和56年（ネ）第2509号・第2557号株主総会決議取消、株主権確認請求各控訴事件
　掲載誌：判タ509号226頁、金判690号39頁

概　要　本判決は、会社がやむをえない事情がないにもかかわらず株主総会の開催直前に開催場所を変更したという事案において、当該株主総会においてなされた定款変更決議は不存在である旨判示したものである。

事実関係　Y_1社は、昭和50年3月14日、会日を同月31日午前9時、招集場所をY_1社の応接室（以下「変更前開催場所」）と定めて株主総会の招集通知を発した。Y_1社の株式総数の約47％の株式を有するXが、会日の定刻前に変更前開催場所に赴いたところ、Y_1社の代表取締役兼株主であったY_2の息子Aが、変更前開催場所から道路1つ隔てたY_1社の建物の応接室（以下「変更後開催場所」）で株主総会を開く旨を告げてそこへ案内しようとした。しかし、Xは、かねて株主総会で悶着があったため、開催場所の変更を了承して移動するとその間に株主総会がすでに終了したと宣告されることを危惧し、これを断った。Y_2らは定刻に変更後開催場所で株主総会を開催し、当該株主総会において定款変更決議（以下「本件決議」）がなされた。

Xは、別件訴訟の控訴審において、本件決議の不存在確認等の訴えを追加した。

判決要旨　控訴棄却、控訴審における請求一部認容、一部棄却。「株主総会の日時、場所が招集通知状に記載されて会日の2週間前に発送されなければならないとされている趣旨は、その記載が株主に対して出席の機会を確保するために重要な意義を有するからである。従って……総会開催の直前になって招集者が任意に会場を変更することは、やむを得ない事情がある場合以外には許されないと解すべきである（勿論、一たん所定の場所で開催のうえ総会の決議によって即日会場を他に移すことは差支ないけれども。）ところ、……本件では総会開催の直前になって会場を変更しなければならないやむを得ない事情があったものとは認められない。殊に本件の場合、開催直前になってやむを得ない事情もないのに招集場所を変更したのは招集者であるから、Xが変更を了承して実際の開催場

所に出席したのであれば格別、Xがこれに応じなかったことは右認定のとおりであるから、Y₁社としては一たん招集場所で開催のうえ（招集者らがすでに実際の開催場所に集合していたとしても、道1つ距てた招集場所へ移動するのは容易なことである。）、そこで開催場所の変更の決議をすることは可能であるのに、これをせず、恰もXがいないのが幸いでもあるかの如く、議事を強行して10分足らずで終了した事実及び前認定の如く従前の株主総会で悶着のあった事実並びに弁論の全趣旨を合わせ考えると、Y₁社は殊更にXを避け、これを除外する意図があったものと推認せざるをえないのである。のみならず、XはY₁社の株式総数2,400株のうち約47パーセントに相当する1,120株の株主であって、定款変更を単独で阻止しうる立場にあるのであるから、かかる株主を殊更に除外するにおいては株主総会の成立手続に著しい瑕疵があったものというべきである。そうすると、本件の第21回定時株主総会は招集場所で開催されたものでないことになる（Y₂、Y₃の2名の株主が任意に集まった会合にすぎないと評価せざるをえない。）から、法定の株主総会が開催されたものとはいえず、それ故そこでなされた定款変更の決議は株主総会の決議とはいえない道理である。よって、右決議は株主総会の決議としては存在しないものと解するほかはない。」

本判決の位置づけ・射程範囲

株主総会の開催直前に開催場所を変更することにつき、やむをえない理由があり、株主等に対する適切な周知方法がとられた場合には、会社は株主総会当日に開催場所を変更することができると解されている。本判決は、本件では応接室の移動に伴い変更前開催場所が事務室となっていたという事情があったものの、変更前開催場所において株主総会を開催することは物理的に可能であり、Y₁社が開催場所を変更したことについてやむをえない事情があったとは認められないとしたうえで、開催場所の変更は株式総数の約47％の株式を有するXをことさらに除外する意図でなされたものであり、手続に著しい瑕疵があったとして、本件決議は不存在である旨判示した。

なお、広島高松江支判昭和36・3・20 関連判例 は、予定されていた開催場所に道具等が置かれており会場としては狭かったという理由により株主総会当日に開催場所が変更され、かつ、株主向けの旨の掲示等も行われたという事案において、開催場所の変更を適法と判示した。

実務上の対応

本判決は、招集通知発送後に株主総会の開催場所を理由なく変更したことを決議不存在事由としているが、かかる対応の可否は、実務上しばしば問題となる論点であることから留意すべき裁判例といえる。同様の論点としては、株主総会の開始時刻の変更の問題がある（水戸地下妻支判昭和35・9・30 本書15事件 参照）。

さらに理解を深める

江頭327頁　関連判例 広島高松江支判昭和36・3・20下民集12巻3号569頁。水戸地下妻支判昭和35・9・30 本書15事件

18 所持品検査・持込制限──東北電力事件

仙台地裁平成5年3月24日判決
　事件名等：平成2年（ワ）第935号株主総会決議取消等請求事件
　掲 載 誌：資料版商事109号64頁

概　要　本判決は、会社が出席する全株主の協力を求めるかたちで所持品検査を実施してカメラ等を一時預かることは会社の裁量の範囲に属する旨を判示したものである。

事実関係　Y社は、平成2年6月28日、定時株主総会において、利益処分案の承認決議および取締役の補欠選任決議を行った。

Y社は、当該株主総会において、「総会会場へのカメラ、テープレコーダーの持ち込みはご遠慮願います。……総会場入口で手荷物のチェックをさせていただきますのでご了承願います。」と掲示したうえで、入場する株主の手荷物検査を実施し、約50個のテープレコーダーやカメラ等を預かった。

Y社の株主であるXらは、カメラ等を強制的に取り上げるという違法な手荷物検査があったこと等を理由に、上記各決議の取消等を求める訴訟を提起した。

判決要旨　請求棄却。「秩序ある株主総会を運営すべき立場にあるY社が、出席する全株主の協力を求める形でその手荷物検査をし、カメラ、テープレコーダー等を一時預かることは、Y社の有する議事運営権の裁量の範囲に属すると解されるから、Y社の行った……手荷物検査及びその後の措置にも不当違法なところはないというべきである」。

本判決の位置づけ・射程範囲

株主総会の議長は株主総会の開会を前提とした存在であり、議長の秩序維持権（会315条1項）は株主総会開会前には当然には及ばないため、株主総会開催前においては会社がその権限に基づき秩序維持のための行為を行うことになる。

問題は会社が秩序維持のためにどのような行為を行うことができるかであるが、本判決は、①会社が出席する全株主の協力を求めるかたちで所持品検査を実施すること、および、②会社が株主のカメラ等を一時預かることはいずれも会社の裁

量の範囲に属する旨を判示した。

上記①の判示は、あくまでも全株主の協力を前提として所持品検査を行うことを認めるものであり、株主の意思に反して強制的に所持品検査を行うことや、特定の株主に対してのみ所持品検査を行うことまでも認めるものではない。

また、上記②の判示については、会場内において株主がカメラ、ビデオカメラ、ICレコーダ等の記録装置を使用して写真撮影、録画、録音等を行う場合、プライバシーの問題から他の株主との間で軋轢を生み、議場の平穏を乱すおそれや、他の株主への委縮効果を生じさせ、自由な質疑討論の妨げとなるおそれがある。

したがって、会社がかかる記録装置の持込みを制限し、これらを一時預かることも適法であると考えられ、本判決もかかる見解に従うものであるといえる（同様の見解を示す裁判例として、福岡地判平成3・5・14 本書29事件）。

なお、会社が「特定の」株主に対してビデオカメラ、マイク等の持込みを禁止する仮処分を申し立て、これが認められた事案として、東京地決平成20・6・25 本書85事件 がある。

実務上の対応　実務上、所持品検査・持込制限を行う会社は必ずしも多数とはいえないが（2018年版株主総会白書によれば、所持品検査・持込制限を行わない会社は76.1％にのぼる）、仮に所持品検査・持込制限を行う場合には、違法とならないように留意する必要がある。

具体的には、所持品検査については、株主の意思に反して強制的に所持品検査を行うことや、特定の株主に対してのみ所持品検査を行うことは避けるべきである。

また、持込制限については、対象物の持込によって議事の円滑な進行がどの程度妨げられるか、株主にとって対象物を持ち込む必要がどの程度あるかなどの観点から、対象物ごとに個別に持込制限の可否を判断する必要があると考えられる。

この点、前述のとおり、カメラ、ビデオカメラ、ICレコーダ等の記録装置の持込みを制限することは適法であると考えられる。しかし、近年では、技術の進歩に伴い、記録装置が小型化し、また、携帯電話と一体化するなどしており、持込制限の実効性を期待しがたい状況にある。

したがって、実務的な対応としては、あらかじめ株主に対して写真撮影、録画、録音等は行わないように案内したうえで、それでもなお株主総会中にかかる写真撮影等を行う株主がいることを発見した場合には、議長から当該株主に対しすみやかに写真撮影等を中止するよう求めることが考えられる。なお、会社が議事運営を相当な方法で録音録画することについては、議事運営等の正確な記録の見地等から許容するのが裁判例の態度といえる（大阪地判平成2・12・17 本書40事件）。

さらに理解を深める　コンメ(7)273頁〔中西敏和〕。2018年版株主総会白書95～96頁 関連判例 福岡地判平成3・5・14 本書29事件。東京地決平成20・6・25 本書85事件。大阪地判平成2・12・17 本書40事件

19 議長による議決権行使の排除の有効性（株式の帰属について争いがある場合）——東亜精機工業事件

大阪高裁昭和61年8月7日判決
　　事件名等：昭和60年（ネ）第1899号株主総会決議不存在確認等、株主総会決議取消等、株主総会決議不存在確認請求控訴事件
　　掲載誌：判タ637号192頁、金法1182号46頁、金判753号30頁

概　要　本判決は、相続株式の分割に関する公正証書遺言の有効性を疑うに足りる相当の理由がある場合、議長は当該株式の議決権行使を排除する措置をとることができる旨を判示したものである。

事実関係　昭和56年7月10日、Y社の株主であるAが死亡した。Aは、死亡日の前日に、B（Y社の代表取締役であり、Aの法定相続人）およびXに各2万株、Cに5000株、Dに1万6314株のY社の株式をそれぞれ相続させる旨の公正証書遺言を作成していた。Bは、当該公正証書遺言の有効性を争い、Aの主治医からAが公正証書遺言作成当時に正常な判断力や理解力を有していたとは認めがたいとの回答を得たうえで、大阪家裁に対し調停前の仮の措置の申立てをなし、昭和57年2月25日、Aの遺産につき名義の変更等現状を変更する一切の行為を禁止する旨の命令を得た。

Bは、昭和57年4月12日、昭和58年3月22日および昭和59年3月16日に開催された各株主総会において、Aの公正証書遺言の有効性に疑問があることを理由として、Aの株式については議決権行使をさせなかった。

Xは、①Aの公正証書遺言は判決により無効が確定するまでは有効であるから、Y社はAの株式が相続人に分割されたものとして取り扱うべきであった、②Aの公正証書遺言の有効性が争われている以上、Y社は少なくとも遺産分割協議がなされるまではAの株式は共有状態にあるものとして扱い、権利行使者を定める手続をとらせるなどすべきであったなどと主張して、上記各株主総会における決議およびこれを前提としてなされた株主総会決議の取消請求訴訟等を提起した。原審はXの請求を棄却した。

判決要旨　控訴棄却。「法定の方式を具備し、無効事由の存在が一見して明白ではない公正証書遺言については、一応有効なものとして尊重しなければならないことはいうまでもないが、そのような遺言であっても、その有効性を疑うに足りる相当の理由があるときは、その有効・無効についての確定判決

が無い限り、何人でも同遺言が無効であることを主張することは許されるのであり、無効の判決が確定するまではこれを有効なものとして取り扱わなければならないものではない」。

本件の遺言には「その有効性を疑うに足りる相当の理由があるものといえるから、これを有効なものとして取り扱わず、総会議長の権限により本件株式の議決権行使を排除した措置も不適法とはいえないものというべきであり、また、このことは、後に当該遺言が最終的な有権判断により有効又は無効のいずれかに確定されたとしても、同様に解するのが相当である。」

本判決の位置づけ・射程範囲

会社法上、株主資格の確認方法について明文の定めはないが、(少なくとも株主総会開会後は)議長がその議事整理権(会315条1項)に基づきその確認方法を決定することができると考えられる。

本判決は、出席株主の資格について疑義が生じた場合、当該資格審査の権限は究極的には株主総会自体に属するが、一般にその行使は一応議長に委ねられており、議長は議決権行使を排除すべき相当の理由がある場合には議決権行使を拒否でき、その当否は株主総会の意思によって決せられるべきものとの一般論を示した。

また、本判決は、本件では相続株式の分割に関する公正証書遺言の有効性を疑うに足りる相当の理由があり、株主総会の意思も議長の措置を是認していたことが明らかであるとして、議長の措置を適法であると判示した。本件では、Aが遺言を作成したのは死亡日の前日であり、かつ、Aの主治医からAが遺言作成当時に正常な判断力等を有していたとは認めがたいとの回答もなされていたため、議長が議決権行使を排除すべき「相当の理由」があったといいやすい事案であったといえる。

実務上の対応

本件は、株式の帰属について争いが生じており、かつ、いずれの当事者の主張が正しいか判断することが容易でない場合には、会社ないし議長は安易に一方の当事者に株主としての権利主張を許すのではなく、当該株式の議決権行使を排除する措置をとるべきであることを示唆する事例といえる。もっとも、本判決は議長の措置が適法である理由の1つとして株主総会の意思が議長の措置を是認していたこともあげているため、かかる排除措置をとる場合にはこれについて念のため議場の賛成を得ておくことも考えられる。

なお、上場会社の場合、議決権行使書用紙を持参した者を株主として扱うことが一般的であるが、仮に議決権行使書用紙を持参しない者がいた場合であっても、氏名・住所等を記入してもらい、株主名簿と合致している場合には株主として扱うのが実務である。

さらに理解を深める

庵前重和・判タ706号222頁

20 代理人の資格を株主に制限する定款規定の有効性
――関口本店事件

最高裁昭和43年11月1日第二小法廷判決
　　事件名等：昭和40年（オ）第1206号株主総会決議無効確認請求事件
　　掲　載　誌：民集22巻12号2402頁、判時542号76頁、判タ229号154頁、金法533号33頁、金判143号13頁

概　要　本判決は、「合理的な理由による相当程度の制限」であれば、議決権を行使する代理人の資格を定款により制限することが認められ、議決権行使の代理人の資格を株主に限る定款規定は、かかる「合理的な理由による相当程度の制限」に該当すると判断したものである。

事実関係　株主X（原告・被控訴人・被上告人）の請求により清算中のY社（被告・控訴人・上告人）の臨時株主総会が招集されたところ、同株主総会は、紛争の末、外形上2つの株主総会に分裂したかたちとなった。甲総会においては、Y社の清算人Aの解任とBを後任の清算人に選任する旨の決議がなされ、他方、乙総会においては、Aの妻であるC、および、D・E・F・G・Hの合計6名が出席し、清算人Aの辞任を承認したうえ、Dを後任の清算人に選任する決議がなされた。なお、乙総会においては、Aの妻であるCがAの議決権を代理行使した（A自身は欠席した）。

Xは、Y社に対して本訴を提起し、乙総会決議について、第1次請求として不存在確認、第2次請求として無効確認、第3次請求として取消しを求めた。C・D・E・F・G・HはY社の株主ではなく、Y社の定款には「株主は代理人をもって議決権を行使することを得、但し代理人は当会社の株主に限るものとす」という規定があったことから、第1審において、第1次請求および第2次請求は棄却されたものの、第3次請求は認容され、乙総会決議の取消しが認められた。第1次請求および第2次請求について控訴がなされなかったため、原審においては第3次請求のみが審理対象となったが、原審も乙総会決議の取消しを認めた。Y社が上告。

判決要旨　上告棄却。「所論は、議決権行使の代理人を株主にかぎる旨の定款の規定は、商法239条3項〔会社法310条1項〕に違反して無効である旨主張する。

しかし、同条項は、議決権を行使する代理人の資格を制限すべき合理的な理由がある場合に、定款の規定により、相当と認められる程度の制限を加えることま

> でも禁止したものとは解されず、右代理人は株主にかぎる旨の所論上告会社の定款の規定は、株主総会が、株主以外の第三者によって攪乱されることを防止し、会社の利益を保護する趣旨にでたものと認められ、合理的な理由による相当程度の制限ということができるから、右商法239条3項に反することなく、有効であると解するのが相当である。論旨は、右と異なる見解に立って、原審の判断を攻撃するものであって、採用できない。」

本判決の位置づけ・射程範囲

株主は、代理人によってその議決権を行使することができる（会310条1項）。株主に議決権行使の機会を保証する趣旨であり、議決権の代理行使をまったく許さない定款規定は会社法310条1項に反し無効と解される。しかし、議決権行使の代理人の資格について、一切制限することができないとは解されておらず、定款において、これを制限する旨が定められる例は多い。本判決は、「合理的な理由による相当程度の制限」であれば、このような定款による代理人の資格の制限は認められるとの一般論を示したものである。「合理的な理由による」とは、定款による制限が合理的な根拠に基づくものであることを、「相当程度の」とは、株主の議決権代理行使の可能性を事実上奪うものでないことを、それぞれ指していると考えられる。

そのうえで、本判決は、代理人の資格を当該会社の株主に限定する定款規定が「合理的な理由による相当程度の制限」の要件を充足すると判断した。このように、株主総会の議決権行使の代理人資格を株主に限定する定款の規定は有効と解されているが、判例は、最判昭和51・12・24 本書21事件 のように、具体的な事案への適用にあたり、かかる定款規定を形式的に適用せず、制限的に解釈することにより、結論の妥当性を図っている（判例の立場は制限的有効説ともいえよう）。

実務上の対応

代理人の資格を株主に限定する旨の定款規定がある場合には、株主総会の受付において、代理人たる者の株主資格についても確認する必要が生じる。代理人たる者の株主資格の確認方法については、出席株主と同様、株主の資格を合理的に推定できる方法であれば足りると考えられるため、自らの議決権行使書を持参した代理人については、株主資格を持つと判断してかまわないと考えられる。他方、株主資格を有さないことが確認された代理人についても、本判決の射程が制限的に解釈されていることに照らし、事情を問わず一律に入場を認めないとすべきではなく、一定の状況において例外的に入場を認めるべきか否かについて、事前に会社としての方針を決定しておくことが望ましい（東京高判平成22・11・24 本書22事件 等参照）。

さらに理解を深める

江頭342頁。田中177〜179頁。会社法百選3版32事件〔髙田晴仁〕 関連判例 最判昭和51・12・24 本書21事件 。東京高判平成22・11・24 本書22事件

21 法人株主の従業員と代理人資格を制限する定款規定──直江津海陸運事件

最高裁昭和51年12月24日第二小法廷判決
　　事件名等：昭和48年（オ）第794号株式会社総会決議取消請求事件
　　掲 載 誌：民集30巻11号1076頁、判時841号96頁、判タ345号195頁、金法814号43頁、金判516号5頁

概　要　本判決は、代理人資格を株主に限定する旨の定款の定めがある場合であっても、法人株主の代理人として、株主ではない従業員等（代表権を有しない者）を出席させることは、当該定款の規定に反しないと判断したものである。

事実関係　Y社（被告・被控訴人・被上告人）における定時株主総会においてなされた決議について、Y社の株主であるX（原告・控訴人・上告人）は、当該株主総会の決議には瑕疵があると主張し、当該株主総会決議の取消しを求めて訴えを提起した。Xの主張は、Y社の定款によれば、Y社の株主がY社の株主でない者を代理人として議決権を行使することは禁じられているところ、Y社の株主であるA県、B市およびC社が、当該株主総会において、その職員または従業員を代理人として議決権を行使したことは、同定款の規定に反する、というものであった。

判決要旨　上告棄却。「原審が適法に確定したところによれば、Y社の定款には、『株主又はその法定代理人は、他の出席株主を代理人としてその議決権を行使することができる。』旨の規定があり、Y社の本件株主総会において、株主であるA県、B市、C社がその職員又は従業員に議決権を代理行使させたが、これらの使用人は、地方公共団体又は会社という組織のなかの一員として上司の命令に服する義務を負い、議決権の代理行使に当たって法人である右株主の代表者の意図に反するような行動をすることはできないようになっているというのである。このように、株式会社が定款をもって株主総会における議決権行使の代理人の資格を当該会社の株主に限る旨定めた場合において、当該会社の株主である県、市、株式会社がその職員又は従業員を代理人として株主総会に出席させた上、議決権を行使させても、原審認定のような事実関係の下においては、右定款の規定に反しないと解するのが相当である。けだし、右のような定款の規定は、株主総会が株主以外の第三者によって攪乱されることを防止し、会社の利益を保護する趣旨に出たものであり、株主である県、市、株式会社がその職員又は従業員を代理人として株主総会に出席させた上、議決権を行使させても、特段の事情のない限り、株主総会が攪乱され会社の利益が害されるおそれはなく、か

> えって、右のような職員又は従業員による議決権の代理行使を認めないとすれば、株主としての意見を株主総会の決議の上に十分に反映することができず、事実上議決権行使の機会を奪うに等しく、不当な結果をもたらすからである。」

本判決の位置づけ・射程範囲

　最判昭和43・11・1 本書20事件 において、最高裁は、代理人の資格を株主に限定する旨の定款規定（以下「本件規定」）は、「合理的な理由による相当程度の制限」であることから、旧商法239条3項（会社法310条1項）に反することがなく、有効であると判断した。その一方、同最判により、本件規定に反して株主でない者に議決権を代理行使させた場合に、株主総会決議が瑕疵を帯びるのではないかという問題が生じた。特に法人が株主の場合、代表者自らが来場して議決権を行使することは困難をきたすことが容易に発生しうる。本判決は、かかる問題に関し、本件規定の効力については同最判に従いつつも、本件規定の射程を制限的に解釈することにより、法人株主の従業員等による議決権の代理行使を認めたものである。

実務上の対応

　機関投資家は、信託銀行等の名義で上場会社の株式を保有することが通常であるところ、このような機関投資家が名義株主たる信託銀行等の代理人として議決権を行使すること等を希望する場合がある。また、CGコード補充原則1-2⑤も、上場会社に対し、このような機関投資家の希望について、信託銀行等と協議をしつつ、検討を行うことを求めている。しかしながら、本件規定が存在する場合、機関投資家自身は株主ではないことから、機関投資家自身の議決権行使を認めた場合、本判決の事案と同様に、株主総会決議が瑕疵を帯びるのではないかという問題が生ずる。

　この点、機関投資家による議決権行使等により、株主総会がかく乱され会社の利益が害されるとは考えにくいため、本判決の論旨に照らせば、機関投資家による議決権行使等を認めたとしても、本件規定には違反しないと解される。また、そもそも、上場会社においては、市場で株式を取得すれば、誰でも株主として株主総会に出席することができ、本件規定によっても総会屋等の出席を防ぐことはできないから、本件規定は合理的根拠を欠くと指摘されている。

　したがって、本件規定がある場合であっても、上場会社としては、機関投資家等の株主総会への出席について、全国株懇連合会の「グローバルな機関投資家等の株主総会への出席に関するガイドライン」等を参考にしながら、積極的に検討することが望ましい。

さらに理解を深める　江頭343頁。田中177〜179頁。会社法百選3版32事件〔高田晴仁〕。全国株懇連合会「グローバルな機関投資家等の株主総会への出席に関するガイドライン」（2015年11月13日）　関連判例 最判昭和43・11・1 本書20事件。東京高判平成22・11・24 本書22事件

22 株主ではない弁護士の代理出席と代理人資格を制限する定款規定——大盛工業事件

東京高裁平成22年11月24日判決
　　事件名等：平成22年（ネ）第5350号株主総会決議取消等請求控訴事件
　　掲　載　誌：資料版商事322号180頁

概　要　本判決は、定款で代理人資格を株主に限定している会社が株主ではない弁護士の株主総会への代理出席を拒否したことについて、決議の方法に法令違反はない旨を判示したものである。

事実関係　Y社は、平成21年10月28日に定時株主総会を開催したが、株主総会の開会前に、Y社の株主X社の代理人であるA弁護士らが会場を訪れ、代理人として当該株主総会に出席することの可否を訪ねていた。Y社の定款には、株主はY社の議決権を有する他の株主1名を代理人としてその議決権を行使することができる旨の規定があったところ、A弁護士らはY社の株主ではなかったことから、Y社はA弁護士らの出席を拒否した。X社は、Y社がA弁護士らの出席を拒否したことは議決権の代理行使を認めた会社法310条1項に違反するなどとして、上記株主総会の取締役選任決議の取消請求訴訟を提起した。原審がX社の請求を棄却したため、X社が控訴。

判決要旨　控訴棄却。Y社は、株主ではないA弁護士らの出席を拒否する旨回答する一方、X社については、X社の代表者が出席することを、X社の関連会社については、従業員が株主の代理人として出席することを認め、現に、X社の代表者およびX社の関連会社の従業員が、本件株主総会に出席して議決権を行使したというのであるから、A弁護士らが本件株主総会に出席することができなかったからといって、X社を始めとする株主の議決権行使が妨げられたわけではない。また、「高い信頼の下にある職種の者であって、具体的に株主総会をかく乱するおそれのない者については、株主でない者であっても代理人となることを許さなければならないとすれば、株式会社は、株主総会に株主ではない代理人が来場した際には、その都度その者の職種を確認し、株主総会をかく乱するおそれの有無について個別具体的に検討しなければならないことになるが、どのような職種の者であれば株主総会をかく乱するおそれがないと信頼することができるのか、また、そのような信頼すべきと考えられる職種に属していながらも、当該来場者に株主総会をかく乱するおそれがあると思料される場合に、どのよう

な要件の下に出席を拒むことができるのかなど、明確な基準がないままに実質的な判断を迫られ、その結果、受付事務を混乱させ、円滑な株主総会の運営を阻害するおそれがある。しかも、正当な権利行使とかく乱の行為とが具体的事案において截然と区別することが難しいこともあるところ、実質的な判断基準を持ち込むことにより、経営陣に与する者の出席を許し、与しない者の出席を許さないなど恣意的運用の余地を与え、株主総会の混乱を増幅する可能性もある。……議決権行使の代理人資格を形式的に株主に限定する本件定款26条の定めは、一定の合理性を有するものであり、株主による議決権行使の態様を何ら不当ないし不公正に制限するものではない。そして、このような考慮は、X社が主張するように、あらかじめ会社にとって身元の明らかな弁護士が、議事をかく乱しない旨の誓約書を提出している場合であっても、なお当てはまる」。

本判決の位置づけ・射程範囲

　最判昭和51・12・24 本書21事件 の射程がどこまで及ぶかについて、先鋭的に問題として表れたのが、弁護士による代理出席の可否である。

　代理人の資格を株主に限定する旨の定款規定（以下「本件規定」）は、第三者によって株主総会がかく乱されることを防止し、会社の利益を保護する趣旨に基づくものであるところ、弁護士が株主総会をかく乱させるおそれがあるとは一般的には認めがたいとして、弁護士による代理出席を拒否することは原則として違法であるとする裁判例も存在していた（神戸地尼崎支判平成12・3・28 関連判例 ）。これに対して、本判決は、Xの代表者等が議決権を行使しており株主の議決権行使は妨げられていないこと、受付時にかく乱のおそれの有無を実質的に判断しなければならないとすると、受付事務を混乱させ、円滑な株主総会の運営を阻害するおそれがあること等を理由に、Y社がA弁護士らの代理出席を拒否したことは適法であると判示しており、本件規定に基づき、非株主である弁護士の代理出席を拒否する実務対応を許容する姿勢を示したといえる（宮崎地判平成14・4・25 関連判例 も同旨）。

実務上の対応

　実務上は、本判決等を根拠として非株主である弁護士の代理出席を一律に認めない会社も多いが、弁護士の代理出席を拒否した結果、当該株主から決議取消訴訟が提起される可能性もあることから、他の株主との関係をも考慮のうえ、あえて代理出席を認めることも考えられる。この点はいずれの取扱いとするかについて事前に会社としての方針を決定しておくことが望ましい。なお、近年話題となっている機関投資家等（実質株主）の株主総会への出席については、最判昭和51・12・24 本書21事件 を参照されたい。

さらに理解を深める

江頭343頁。田中178頁 関連判例 最判昭和43・11・1 本書20事件 。最判昭和51・12・24 本書21事件 。神戸地尼崎支判平成12・3・28判タ1028号288頁。宮崎地判平成14・4・25金判1159号43頁

23 議長就任予定者に「事故があるとき」
──四国電力事件

高松地裁昭和38年12月24日判決
　事件名等：昭和35年（ワ）第234号株主総会決議取消請求事件
　掲載誌：下民集14巻12号2615頁

概要　本判決は、定款において株主総会の議長就任予定者に「事故があるとき」は他の取締役が議長の任にあたる旨が定められている場合、議長就任予定者が自らの意思によって当初から株主総会に出席しない場合等も「事故があるとき」に該当する旨を判示したものである。

事実関係　Y社は、昭和35年5月28日、定時株主総会において、計算書類の承認決議、取締役および監査役の選任決議、ならびに取締役に対する弔慰金贈呈決議を行った。

Y社の定款には、株主総会の議長は、Y社に会長を置いた場合には会長がこれにあたり、会長に「事故があるとき」はあらかじめ取締役会の決議をもって定めた順序により他の取締役がこれにあたる旨が定められていた。しかるところ、上記株主総会ではY社の取締役会長Aが欠席したため、あらかじめ取締役会決議で第1順位者として定められていたY社の取締役社長Bが議長となった。

Y社の株主であるXは、Aが上記株主総会を欠席したのは自らの意思に反して株主総会への出席を制止されたためであり、このような場合は「事故があるとき」には該当しないから、上記株主総会においてBが議長となったことは定款違反であるとして、上記各決議の取消請求訴訟を提起した。

判決要旨　請求棄却。「『会長に事故があるとき』とは、会長が病気、負傷、旅行等の事実的障害があって、株主総会への出席が物理的に不可能な場合のみを指称するにとどまらず、その事情はともあれ、会長自らの意思によって当初から総会に出席せず、もしくは中途より退場した場合等株主総会の運営、議事進行に実際上支障を来す場合をもすべて含むものと解するのが相当」である。

「Aが欠席するに至った場合においても、結局それがA自身の自由な意思にもとづくものと認められる以上、これをもって『会長に事故があるとき』に該当するものというべきである。従って本件総会において、Y社取締役社長Bが議長をつとめたのは相当であり、Y社定款に違反する点はない」。

1 議長の選任

本判決の位置づけ・射程範囲

　会社法上、株主総会の議長の選任方法に関する定めはない。会議体の一般原則からすれば、株主総会においてつど議長を選任するのが本来であるが、議長選任の手間を省略する観点から、実務上は、定款において「株主総会の議長は、社長がこれにあたる。社長に事故があるときは、あらかじめ取締役会の定める順序により、他の取締役がこれにあたる」などと定められている例が多い。

　本判決は、上記のような定款の「事故があるとき」という定めについて、病気、負傷、旅行等の事実的障害によって物理的に株主総会への出席が不可能な場合のみだけではなく、自らの意思によって当初から株主総会に出席しない場合等を含むと判示した。

　また、本判決は、詳細な事実認定に基づき、そもそもAは自らの自由な意思によって株主総会に出席しなかったものであると認定し、議長就任予定者であったAは自らの意思に反して出席を制止されており、かかる場合は「事故があるとき」に該当しないとするXの主張を排斥した。

　本判決のかかる判示は、仮に、（Aが第三者により出席を阻止された場合等のように）Aの欠席がAの自由な意思に基づかないものであった場合には、「事故があるとき」に該当しないという前提に立つものであるようにも見受けられる。

　しかし、定款に議長の選任方法について定めを置く趣旨は議長選任の手間を省略することにあることをふまえると、欠席がAの自由な意思に基づくものであるか否かを問題とすべきではなく、株主総会の運営、議事進行に実際上の支障をきたす欠席の場合はすべて「事故があるとき」に該当すると解すべきである。

　なお、Xは、定款で定められた者以外の者が議長になることは定款違反として決議取消事由となると主張したが、議長の資格がない者の議事進行下で決議が採決されたことは決議不存在事由となると判示した裁判例もある（東京地判平成23・1・26 本書67事件）。

実務上の対応

　実務上は、物理的に株主総会への出席が可能か否かを問わず、また、自らの自由な意思に基づく欠席か否かを問わず、定款上の議長就任予定者が株主総会を欠席する場合は、すべて定款の「事故があるとき」に該当するものとして取り扱うべきと考えられる。

　通常、株主総会については、社長が議長を務めることが多いが、最近では会長や社外取締役等、執行を行わない取締役が議長を務める例も見られる。

　また、定款の議長の定めは議長選任の手間を省略する観点から定められたものにすぎないから、仮に定款において議長が定められている場合であっても、株主総会でその者を不信任としたうえで別途議長を選任することは可能である。

さらに理解を深める

江頭355頁。前田重行・ジュリ354号115頁　関連判例 東京地判平成23・1・26 本書67事件

24 少数株主が招集した株主総会の議長の選任方法
——中国鉄道事件

広島高裁岡山支部昭和35年10月31日決定
　事件名等：昭和34年（ラ）第28号取締役及び監査役の職務執行停止等仮処分命令申請併合事件の却下決定に対する抗告申立事件
　掲　載　誌：下民集11巻10号2329頁

概要　本決定は、定款において議長の選任方法が定められている場合であっても、少数株主により招集された株主総会については当該定款の定めは適用されず、改めて議長を選任する必要がある旨を判示したものである。

事実関係　Y社は、昭和34年7月16日、少数株主により招集された定時株主総会において取締役および監査役の選任決議を行った。

Y社の定款には、株主総会の議長は社長がこれにあたる旨が定められていたが、上記株主総会では、株主総会を招集した少数株主の代表者Aが、議長の指名を自己に委任することの可否を議題として議場に謀り、賛成を得たうえで、Aから指名を受けたBが議長を務めた。Y社の株主であるXは、かかる議長の選任方法は定款違反であるなどとして、上記各決議の効力停止等の仮処分を申請した。しかるところ、原審はこれを却下したため、Xは抗告を申し立てた。

決定要旨　抗告棄却。「相手方会社の定款によれば、株主総会において議長は社長がこれにあたる旨定められている……が、右定款の規定は取締役会により総会が招集せられた通例の場合を予想して設けられたものであって、少数株主の裁判所の許可を得た招集による総会の如き異例の場合には、右規定の適用はなく、従って選挙により議長を定むべきものといわねばならない。蓋し少数株主が裁判所の許可により招集する場合は、その総会の開催が社長の意に反するものであることが多いので、この場合にも社長が議長の席に就くときは議事運営の公正が疑われることとなり不当であるからである。」

「少数株主の招集による株主総会においては、議長の選出に至るまでは当該少数株主中よりその代表者として選任せられた者が、仮に議長の席に就き議事の進行をつかさどるべきものと解するを相当とするところ、……右少数株主の代表者であるAが議長の指名を自己に委任することの可否を議題としたところ、……Bの賛成の意思表示のあったため出席株主の議決権の過半数に達する賛成ありと認め、『御異議がないようでございます』という言葉でその旨の確認宣言をしたことを認めることができるから、右議長の指名を委任する旨の議決は適法有効のも

のといわねばならない。」

本決定の位置づけ・射程範囲

　実務上、定款において株主総会の議長は社長がこれにあたるなどと定められていることが多い。本件では、取締役会ではなく少数株主が招集した株主総会（会297条4項）についてもかかる定款の定めの効力が及ぶかが問題となった。

　本決定は、かかる定款の定めは取締役会が株主総会を招集した場合を想定して定められたものであり、少数株主が招集した株主総会についてもその効力が及ぶと解すると議事運営の公正さが疑われるとして、少数株主が招集した株主総会においては株主総会で議長を選任する必要があると判示した。当該判示は学説上も支持されている。

　また、本決定は、かかる場合の議長の選任方法について、株主総会を招集した少数株主の代表者が仮議長となり、当該仮議長が議場に諮って議長を選任することになると判示した。少数株主が株主総会を招集した場合に限らず、議長の選任方法が定款に定められていない場合の株主総会については同様の方法により（すなわち、招集権者が議長選任までの仮議長を務めるなどの方法により）議長を選任することになると考えられる。

実務上の対応

　総株主の議決権の3％以上の議決権を6か月前から引き続き有する株主は、取締役に対し、株主総会の目的である事項と招集の理由を示して株主総会の招集を請求することができる（会297条1項）。なお、公開会社でない会社については、保有期間要件は不要となる（同条2項）。かかる請求の後、遅滞なく招集の手続が行われない場合、または請求日から8週間以内の日を株主総会の日とする株主総会の招集通知が発せられない場合、請求を行った株主は、裁判所の許可を得て、自ら株主総会を招集することができる（同条4項）。いわゆる少数株主による株主総会の招集である。

　本決定に従えば、仮に議長の選任方法が定款で定められている場合であっても、少数株主が招集した株主総会については、株主総会で議長を選任することになる。もっとも、少数株主が株主総会の招集を請求した場合であっても、実際に株主総会を招集したのが取締役会である場合には、定款の定めに従って議長を選任することになると解する有力説がある。

　そこで、少数株主から株主総会の招集請求を受けた会社としては、定款所定の者を議長とするために自ら株主総会を招集することも検討されよう（かかる場合の少数株主による株主総会招集許可申立ての取扱いについては東京地決昭和63・11・2 本書110事件 参照）。なお、議長の資格がない者の議事進行下で決議が採決されたことが決議不存在事由となる旨を判示した裁判例として、東京地判平成23・4・27 本書68事件 がある。

さらに理解を深める

江頭355〜356頁。コンメ(7)270〜272頁〔中西敏和〕。新版注釈会社法(5)118頁〔河本一郎〕 関連判例 東京地決昭和63・11・2 本書110事件 。東京地判平成23・4・27 本書68事件 。

25 一括上程方式・一括審議方式の可否
——中部電力事件

名古屋地裁平成5年9月30日判決
　事件名等：平成2年(ワ)第2818号株主総会決議取消請求事件
　掲載誌：資料版商事116号187頁

概　要　本判決は、報告事項の報告後に議案を一括上程し、質疑応答も全議案についてまとめて行ったうえで、全議案の採決を続けて行う方式（いわゆる一括審議方式）について、それ自体として不公正なものではないと判断したものである。

事実関係　Y社の定時株主総会（以下「本総会」）は、報告事項として「第66期営業報告書、貸借対照表及び損益計算書報告の件」、決議事項として「第66期利益処分案承認の件」を目的として開催された。本総会に先立ち、Y社の株主Xらから、Y社に対し、約1600問の質問が記載された事前質問状が送付されていた（その内容はほとんどが原子力発電に関するものであった）。本総会当日、議長は、本総会の議場において、「報告事項の報告を終了した時点で議案を上程し、報告事項と決議事項に関する質問及び審議を一括して行い、しかるのちに議案の採決を行う。」旨を述べて、いわゆる一括審議方式をとることを明示した。また、議長は、事前質問書の質問事項について、取締役副社長らをして一括回答を行わせた。当該一括回答は、4人の副社長が分担して約1時間にわたって行われた。その後、議長は「報告事項に関する質問並びに議案の審議に移る。」旨述べて、質問を受け付けた。17名の株主から18件の質問を受け付けて、担当副社長がこれに回答する方法で質疑応答を約50分間行ったが、当該質問のうち11件は原子力発電に関するものであった。その後も、多数の株主が質問を求める意思を示していたが、議長は、質疑を打ち切って議案の採決に移った。採決の結果、原案が承認可決され、開始から2時間13分あまりが経過した時点で、本総会は閉会となった。

判決要旨　請求棄却。「一般に議長は審議の目的事項や質疑内容等を（予測）考慮して、その裁量により、合理的と思われる審議方法を採用することができるのであって、一括審議方式自体を不公正な審議方法ということはできず、本件総会において議長のとった措置を不当ということはできない。」
「議長は報告事項に関する質問を受け付けると共に議案についての質問も一括

して受け付ける旨事前に述べており、現に議長は、『この総会は原子力だけの問題じゃないので、他に何かご質問のある方も１つ２つ出していただきたい。』旨述べ、その質問を促していることが認められるのであって、株主としては議案についての質問を提出することも十分にできたのであるから、その機会を利用して議案についての質問が提出されなかった以上、議長としては、議案決議に有益な質問がもはや提出されないものと考え、A株主の質疑打切りの動議を受けて報告事項及び決議事項に関する質疑を終了させ、議案の採決に至ったとしても、かかる議長の措置には何らの不公正もみられない。」

　「本件総会においては報告事項と決議事項に関する質問及び審議が一括して行われ、議案についての修正動議を提出する機会も十分にある状況であったのであるから、Xらの右主張〔筆者注：『議長がXらに修正動議提出の機会を与えないまま質疑を打ち切った』との主張〕は理由がない。」

本判決の位置づけ・射程範囲

　本判決は、一括審議方式をとることも議長の裁量の範囲内として適法と解した。実務において広く採用されている一括審議方式の適法性について、裁判例上の根拠を与えたものとして意義がある。

実務上の対応

　一括審議方式（一括上程方式ともいう）とは、目的事項が複数ある場合に、全部をまとめて上程し、あわせて審議する方式をいう。これに対し、目的事項を１つずつ上程して審議する方法を個別審議方式という。

　個別審議方式をとる場合、個別の議案を上程するたびに、当該議案にかかる審議と採決が繰り返される。そのため、株主が審議の対象ではない議案についての質問を行うなど、議事進行が混乱することがある。これに対して、一括審議方式を採用する場合、株主は、いずれの議案に対する質問であっても同一の機会に行うことができるため、このような議事進行の混乱を防止できる。また、一括審議方式には、議長の采配が容易になること、審議不足で決議取消しとなるリスクが低くなること等のメリットもあるとされる。

　会議体の進め方として、個別審議方式が本則であるとの見解もあることもふまえつつ、一括審議方式を採用する場合には、その採用について、あらかじめ、株主の了解を得ることが望ましい。かかる了解を得る方法としては、たとえば、議長が、「報告事項を含めてすべての目的事項を一括してご審議いただき、その後決議事項について採決のみをさせていただく方法で議事を進めたいが、ご賛成いただけるか。」という旨を述べて、議場の承認を得る方法がある。

さらに理解を深める

野村修也＝松井秀樹編『実務に効くコーポレート・ガバナンス判例精選（ジュリ増刊）』（有斐閣、2013）41頁〔仁科秀隆＝山田和彦〕。田路至弘＝鈴木正人＝伊藤広樹編著・岩田合同法律事務所山根室著『新・株主総会物語』（商事法務、2017）206頁

26 議題・議案審議の順序変更──中国鉄道事件

岡山地裁昭和34年8月22日決定
　事件名等：昭和34年（ヨ）第152号・第155号取締役及び監査役の職務執行停止
　　　　　　　等仮処分、株主総会招集停止仮処分各申請事件
　掲載誌：下民集10巻8号1740頁

概要　本決定は、各議題が性質上不可分でなく、かつ、株主総会の決議があるときは、招集通知に記載されている議題の順序を変更して審議することも可能であると判断したものである。

事実関係　本決定は、広島高岡山支決昭和35・10・31 [本書24事件] の原審であり、上記概要に示した論点に関する点について取り上げる。

Y社の少数株主の招集により、「昭和33年下期営業報告書、貸借対照表、財産目録、損益計算書並びに利益金処分案の件」（第1号議案）、「取締役A、同B、同C任期満了につき取締役3名改選の件」（第2号議案）、「監査役D、同E任期満了につき監査役2名改選の件」（第3号議案）を議題とするY社の株主総会が開催された。当該株主総会においては、第2号議案および第3号各議案を一括して先決する旨の決議がなされたうえで、両議案について決議（以下「本件決議」）が成立した。しかし、第1号議案については、Y社の取締役会から昭和33年度下期営業報告書等の計算書類が提出されなかったため、何らその審議に入ることなく、議長において閉会を宣言するに至った。

Y社の株主であるXは本件決議の効力停止等の仮処分命令を申請した。

決定要旨　申請却下。「会議の目的たる事項が第1号第2号第3号議案と順序付けられたものとして株主に通知されている場合には、同時に総会における議事日程をそのように定め通知したものというべきであるから議長は通常その議事日程に拘束せられそれにしたがって議事を進行すべきものではあるが、会議の目的たる事項にして性質上不可分の関係にあるものでない限り、総会の決議によりこれを変更し、例えば右第2号第3号各議案を先に審議決議し、第1号議案は審議未了としてこれを継続会において審議するが如き措置をとることは妨げないものと解するを相当とし、この理は少数株主が裁判所の許可を得て招集する株主総会においても同様と解すべきである。本件総会についてこれをみるのに、前記第1号ないし第3号議案を以て性質上不可分の関係にあるものと解することはできない。何故ならば、X主張の如く、前記A、B、C、DおよびEがY社の株主総会において現実に昭和33年度下期営業報告書等の計算書類の承認の決議がなされるまで取締役又は監査役の地位にとゞまるべきものであるならば格別、後

に詳述するように右A等は既に任期満了によりそれぞれ取締役又は監査役を退任しているものと解すべきであるから、前記第2号第3号各議案は右退任により生じた欠員を補充すべく補欠選挙を行うことを目的とするものにすぎず、前記第1号議案とは何ら関係のないものというべきであるからである。……してみると、本件総会において、前記第2号第3号各議案を一括先決する旨決議したうえ本件決議をなし、第1号議案について何ら審議に入ることなく本件総会を終結せしめたことを以て本件決議の方法が法令に違反したものであるとすることはできない。」

本決定の位置づけ・射程範囲

本決定は、招集通知に記載された議案の順序と異なる順序で議案を審議することも、各議案が性質上不可分でなく、かつ、順序の変更について株主総会の決議があれば、許されると判示したものである。なお、本件では、本論点以外にも、①投票以外の表決方法による議決の当否や、②議決に際して賛否の数を報告することの要否等も問題となった。本決定は、①につき、挙手起立等出席株主が明認しうるべき方法によって足りる旨、②につき、決議に必要な議決権を得ていることが明らかな場合には出席株主に対し賛否の数を明確にする必要はない旨判断し、現在の株主総会実務に通じる重要な事項を示した。

実務上の対応

本決定は、議長が招集通知に記載された議題の順序を変更して審議するためには、いったん株主総会に諮りその同意に基づいて行うべきと判断したものと解釈されており、実務上も、議題の順序を変更する場合には、株主総会に諮り株主の同意に基づいて行われる例が多い（なお、仮に株主総会の同意がなくとも、議題の順序の変更が不公正なものでない限り、決議の瑕疵は生じないと考えられるとの見解もある）。

採決の順序については、取締役の選任議案について修正動議が提出された場合の採決方法に関連して問題となることが多い。実務上、「原案先議としたうえで、原案の取締役候補者を一括して採決を行い、原案が可決されれば、修正動議による候補者は議題に定める定員に達したものとして自動的に否決する」という方法をとることが多いと思われる。しかし、この方法による場合、採決の順番が先となる候補者が有利となるという問題がある。そのため、原案を先議することについて、議場に諮ってあらかじめ株主の賛成を得ておくことが実務上望ましく、そのような株主総会の議事運営が通例である。

このように、採決の順序によって決議の有利・不利が変化する議案に関しては、採決の方法自体について議場に諮り、株主の賛成を得ておくことが、決議取消しのリスクを低減させる観点から、実務上、特に重要である。

さらに理解を深める コンメ(7)274頁〔中西敏和〕 **関連判例** 広島高岡山支決昭和35・10・31 **本書24事件**

27 株主総会の決議の成立（採決の要否）
──興和産業事件

最高裁昭和42年7月25日第三小法廷判決
　事件名等：昭和40年（オ）第821号株主総会決議無効確認請求事件
　掲　載　誌：民集21巻6号1669頁、判時492号77頁、判タ210号154頁、金法489号29頁、金判73号6頁

概要　本判決は、株主総会の決議は、定款に別段の定めのない限り、その議案に対する賛成の議決権数が決議に必要な議決権数に達したことが明白になった時に成立し、議長が改めて挙手・起立・投票等の採決の手続をとることは必ずしも必要ではない旨判示したものである。

事実関係　Y社が昭和33年5月14日に開催した臨時株主総会では営業譲渡の決議（以下「本件決議」）がなされた。

本件決議がなされる過程では激しい議論があったものの、最終的には、株主3名が反対し、その他の株主7名が賛成であることが明らかとなった。もっとも、その際に投票、起立、挙手等による採決の手続は行われなかった。

Y社の株主であるXは、議案について採決を行う旨の宣言もなく、何らの表決もされていないこと等を理由に、本件決議の不存在確認を求めて訴えを提起した。

第1審はXの請求を認めたが、原審はXの請求を棄却した。

判決要旨　上告棄却。「株主総会における議事の方式については、法律に特別の規定がないから、定款に別段の定めをしていないかぎり、総会の討議の過程を通じて、その最終段階にいたって、議案に対する各株主の確定的な賛否の態度がおのずから明らかとなって、その議案に対する賛成の議決権数がその総会の決議に必要な議決権数に達したことが明白になった以上、その時において表決が成立したものと解するのが相当であり、したがって、議長が改めてその議案について株主に対し挙手・起立・投票など採決の手続をとらなかったとしても、その総会の決議が成立しないということはいえない。

そして、原判決がその挙示の証拠により適法に認定した事実関係、とくに本件総会の最終段階において議事の対象となっている営業譲渡案について、Aら3名を除く株主7名が賛成であることが明らかになったという事実関係のもとにおいては、本件総会の決議が成立し、決議が不存在とはいえないとした原判決の判断は、肯認しえないわけではない。

なお、論旨中には、議案に対する賛否が何人に対して明らかになったかが明示

されていない旨をいう部分もあるが、原判決の判文によれば、右総会に出席した株主全員がこれを了知していた趣旨であることは明らかである。」

本判決の位置づけ・射程範囲

会社法上、株主総会の採決の方法については特段の定めはないため、どのような場合に決議が成立するかが問題となる。本判決は、株主総会の決議は、定款に別段の定めのない限り、その議案に対する賛成の議決権数が決議に必要な議決権数に達したことが明白になった時に成立するものと解すべきであり、必ずしも挙手・起立・投票等の採決の手続をとることは必要でないことを明らかにした。

この点、大判昭和 8・3・24 関連判例 は、「株主総会ニ於ケル議事ノ方式ニ付テハ……定款ニ別段ノ定メナキ限リ出席株主カ明認シ得ヘキ方法ニ於テ為シタル表決ノ結果会議ノ目的ト為レル議案ニ対スル賛成又ハ反対カ其議決権ノ過半数ニ達セルコト明ナルニ至リタル以上此ノ時ニ於テ其可決又ハ否決ノ決議成立シタルモノト謂フヘク」と判示しており、本判決は基本的には同大審院判決と同様の見解に立つ。もっとも、本判決は同大審院判決とは異なり「出席株主カ明認シ得ヘキ方法ニ於テ為シタル表決」という要件を明示的には要求していない。

実務上の対応

本判決によれば、定款に別段の定めのない限り、挙手・起立・投票等の採決の手続がとられなかったとしても、その議案に対する賛成の議決権数が決議に必要な議決権数に達したことが明白となっていれば、決議は成立することになる。しかし、採決の手続を省略することは、決議の成立について疑義が生じうるから、実務上は採決手続を実施することが多い。

いかなる採決方法を選択するかについては、議長がその裁量により決定することができる（会315条）。議決権行使書の行使状況や大株主の動向等をふまえ決議に必要な賛成を得られることが明らかな場合等には、実務上は、拍手による採決を選択することが多いといえよう。

また、総株主の議決権の10分の1（これを下回る割合を定款で定めた場合にあっては、その割合）以上の賛成を得られなかった議案については、3年経過までは株主が同一議案を提出することはできないこととされているため（会304条ただし書）、株主提案の議案が否決された場合、その賛成数を集計しておくことが考えられる。しかし、実務上は否決された株主提案と同一の株主提案がなされることは少ないため、わざわざ再提出を封じるためだけに賛成数を集計する必要はないとの指摘もある。なお、株主提案権に関する会社法改正の動向には継続して留意すべきであり、集計実務も同様である。

さらに理解を深める

最判解民事篇昭和42年度346頁〔奈良次郎〕。コンメ(7)153頁〔松尾健一〕。松井秀樹・商事1830号19頁 関連判例 大判昭和 8・3・24法學 2 巻1356頁

28 採決方法──つうけん平成7年株主総会事件

札幌高裁平成9年1月28日判決
　事件名等：平成8年（ネ）第148号株主総会決議取消請求控訴事件
　掲 載 誌：資料版商事155号107頁

概　要　本判決は、議長が会社提案議案について発声による採決方法を採用したこと、会社提案議案と株主提案議案とで異なる採決方法を採用したこと、および挙手による採決において挙手しなかった株主の意思を確認しなかったことはいずれも適法である旨を判示したものである。

事実関係　Y社は、平成7年6月29日、定時株主総会において、利益処分案承認決議および監査役選任決議を行った。当該定時株主総会では、会社提案議案については発声による採決方法がとられたが、株主提案議案については挙手による採決方法がとられた。

Y社の株主のXは、①議案の採決方法は記名投票方法によるべきことを提案したにもかかわらず、議長が議場に諮ることなく会社提案議案について発声による採決方法を選択したこと、②議案によって異なる採決方法を採用したこと、およびその旨を事前に株主に知らせ、承認を得なかったこと、ならびに、③株主提案議案について挙手しなかった株主が反対・棄権のいずれの意思かを確認しなかったことはそれぞれ違法であるなどとして、上記各決議の取消請求訴訟を提起した。原審はXの請求を棄却した。

判決要旨　控訴棄却。（上記①の主張について）「株主総会における表決の方式についての法律上の規定はなく、Y社の定款……にも規定はないから、挙手、起立、投票、その他いずれの方法によっても出席者の意思を算定しうる方法であれば差し支えないと解される。……発声による表決はその正確性について疑問なしとはしないが、出席者の意思を算定しうる場合であればこれを採用することも許されると解される。」

（上記②の主張について）「すべての議案について同一の表決方法をとるべき法律上の義務はなく、……議長が各議案によって異なる表決方法を採用したことをもって違法ということはできない」。また、議案ごとの表決方法をあらかじめ株主に知らせなかったとしても、「不合理、不公平が生じるとは考えられないので違法とはいえない。」

> （上記③の主張について）「議案について賛成の株主に挙手を求める表決方法を採用した場合には積極的に挙手をした株主の数が問題になるのであり、挙手しなかった株主の意思を確認しなかったからといって違法ということはできない。」

本判決の位置づけ・射程範囲

　定款等に別段の定めがない限り、議案に対する賛成の議決権数がその決議に必要な議決権数に達したことが明白になれば、その時点で決議が成立する（最判昭和42・7・25 本書27事件）。したがって、決議の成否が明らかになるのであれば、拍手、挙手、起立、投票等のいずれの採決方法によってもよく、いかなる採決方法を選択するかは議長がその裁量により決定することができる（岡山地決昭和34・8・22 本書26事件 も参照）。

　本判決は、上記を前提に、議長が、①会社提案議案について発声による採決方法を採用したこと、②会社提案議案と株主提案議案とで異なる採決方法を採用したこと、および③挙手による採決において挙手しなかった株主の意思を確認しなかったことはいずれも適法である旨を判示したものである。

実務上の対応　実務上は、議決権行使書の行使状況や大株主の動向等をふまえ決議に必要な賛成を得られることが明らかな場合等には、拍手による採決を選択することが多いであろう。他方、たとえば経営権争奪等のケースで賛否が拮抗し、決議に必要な賛成を得られるか明確でない場合には、投票等による全数集計を行うことも検討する必要がある。

　なお、仮に投票による採決を選択した場合には、たとえある株主が議案に賛成する意思を有している場合であっても、当該株主が実際に投票によって意思を表明しない限り賛成したものとして取り扱うことは許されないため（大阪地判平成16・2・4 関連判例 ）、留意が必要である（実務上は投票箱等に投票するなどの対応をすることがあるが、投票を実施する場合、投票方法の選択のみならず、休憩の時間をとるかなど、さまざまな論点がある）。

　また、臨時報告書の提出が義務づけられている会社については、臨時報告書において決議事項についての「賛成、反対及び棄権の意思の表示に係る議決権の数」の開示が求められる（開示府令19条2項9の2号ハ）。もっとも、臨時報告書に記載する議決権数に出席株主の議決権数の一部を加算しないことは可能であるから（ただし、その理由を記載する必要がある。同号ニ）、実務上は、議決権行使書の行使状況等をふまえて把握可能な範囲で議決権数を記載する例が多い。

さらに理解を深める　コンメ(7)153頁〔松尾健一〕 関連判例 最判昭和42・7・25 本書27事件 。岡山地決昭和34・8・22 本書26事件 。大阪地判平成16・2・4金判1191号38頁

29 議長による株主の発言（動議）時期の決定
──九州電力事件

福岡地裁平成3年5月14日判決
　事件名等：昭和59年（ワ）第1695号株主総会決議取消請求事件
　掲載誌：判時1392号126頁、判タ769号216頁、資料版商事87号69頁

概要　本判決は、議長は議事整理権に基づき株主の発言時期を決定する権限を有しており、これが議長としての善管注意義務の範囲内にとどまる限り、議事運営が不公正なものとなることはない旨を判示したものである。

事実関係　Y社は、昭和59年6月29日、定時株主総会において、利益処分案の承認決議および退任監査役に対する慰労金贈呈決議を行った。

当該定時株主総会では複数の動議が提出されたが、以下では「入場チェックについての説明を求める動議」（以下「本件動議」）に関する事実関係を取り上げる。

議長就任予定者であるY社の社長Aが冒頭の挨拶に立ったところ、X_1から本件動議の提出を求める発言がなされたが、Aはこれを受理しなかった。Aが議長に就任し、株主からの質問は報告事項の報告終了後に受ける旨を述べたところ、報告事項の報告中にX_1から本件動議の提出を求める発言がなされたが、Aはこれを受理しなかった。

Y社の株主であるXらは、かかる動議の取扱いは不公正であるなどとして、上記各決議の取消請求訴訟を提起した。

判決要旨　請求一部棄却、一部却下。「株主総会における議長は、総会の目的事項につき公正かつ円滑な審議が行われるように議事運営に関する一般的な権限と職責とを有しており、右議事整理権に基づき株主総会のいかなる段階で株主の発言を許し、また、発言を禁止するかを決定する権限を有している。そして、議長は、法令、定款及び会議体の本則に従い、自らの裁量により、右決定をすることができ、その裁量が議長としての善良なる管理者の注意義務の範囲内にとどまる限りは、議事運営が不公正なものとなることはないと解すべきである。……他方、……株主が動議を提出するに当たっては、議長が明認することのできる方法により、適式に、その提出を求めなければならないものと解される。」

「右動議提出の求めが議長の認識するところとならなかったから受理されなかったというべきである。また、議長は、株主の発言は報告事項の報告終了後にするよう求めて議事を進行していたところ、冒頭手続中や代表取締役による報告事

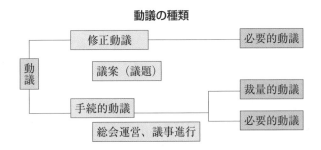

動議の種類

> 項の報告中に、これを中断してまで株主の発言を優先すべき理由はないのであって、右報告の間における株主の発言を禁止する旨の議事運営は、議長の善管注意義務に照らして、不当なものとはいえない。……Y社が冒頭手続及び報告事項の報告の段階において右動議を取り上げなかったことをもって、議事運営に不公正があったということはできない。」

本判決の位置づけ・射程範囲

株主総会の議長は、議事整理権（会315条1項）に基づき、自らの裁量により、株主総会のいかなる段階で株主の発言を許し、また、発言を禁止するかを決定することができる。

本判決は、上記を前提に、当該裁量が議長としての善管注意義務の範囲内にとどまる限り、議事運営が不公正なものとなることはないとの一般論を示したうえで、報告事項の報告中に株主の発言を禁止する議事運営は議長の善管注意義務に照らして不当なものとはいえないと判示した。

実務上の対応

議長が指定した発言時期以外のタイミングで株主から発言があったとしても、原則として株主の発言をただちに取り上げる必要はないが、動議については、次のような点に留意する必要がある。

動議とは、株主総会において株主から提出され、株主総会で討論・採決に付される提案で、修正動議と議事運営に関する手続的動議がある。動議を取り上げて議場に諮るか否かの判断については、議長に裁量があるが、例外的に議長の裁量が制限され、議場に諮らなければならない動議（必要的動議）として、①修正動議、②議長不信任動議、③株主総会提出資料等調査者の選任動議（会316条1項）、④株主総会の延期・続行の動議（会317条）、⑤会計監査人の出席要求動議（会398条2項）がある。

必要的動議を議場に諮らなかった場合には、決議が取り消されうるため、事務局としては、株主が発言をしているにもかかわらず議長がこれを認識していないような場合には、すみやかに議長に対し注意喚起を行うことが求められる。なお、動議と意見との差異については、東京高判昭和62・5・28 本書43事件 参照。

さらに理解を深める

コンメ(7)274～275頁〔中西敏和〕　関連判例 東京高判昭和62・5・28 本書43事件

30 株主の発言の時間制限――東京電力事件

東京地裁平成4年12月24日判決
　事件名等：平成2年（ワ）第11912号株主総会決議取消請求事件
　掲 載 誌：判時1452号127頁、判タ833号250頁、金判916号28頁

概要　本判決は、多数の株主に質問の機会を保障するために、あらかじめ株主の発言時間を合理的な範囲内に制限することは、議長の議事整理権の行使として適法であると判断したものである。

事実関係　Y社の定時株主総会（以下「本件総会」）に先立ち、原子力発電に反対するXらが、その大半が原子力発電事業に関する細かな事項または科学技術的な事項を内容とする、5500項目にも及ぶ事前質問状をY社に送付した。Y社は、事前質問状に対する一括説明を行い、その後質疑応答に移った。議長は、質問しようとする内容も確認しないまま株主の質問時間を3分以内に制限し、そのうえで多数の株主がさらに質問を求めている状況において、株主から提出された、すみやかに議事を進行させて議案の審議に入るべきである旨の動議を可決し質問の受付けを打ち切ったうえで、利益処分にかかる議案の審議に入った。その結果、同利益処分案を承認する決議（以下「本件決議」）が行われた。Xらは、事前質問に対する説明が尽くされていないこと、質問しようとする内容も確認しないまま質問時間を3分以内に制限したこと、質問を求める株主が多数いることを知りながら質問を打ち切ったこと等が説明義務に違反するため、決議方法が法令に違反するなどと主張し、本件決議の取消しを求めた。

判決要旨　請求棄却。「Xらは、議長が、X_1の質問に対して、質問しようとする内容も確認しないまま質問時間を3分以内に制限したことを、本件決議の瑕疵として主張する。しかし、株主総会において、議長は、議事を整理する権限を有するものであるところ（商法237条ノ4第2項〔会315条1項〕）、……本件総会では多数の株主が質問の機会を求めていたことが認められるのであるから、そのような場合には多数の株主の質問を聞く機会を保障する必要があり、議長が合理的な範囲内と認められる時間制限を質問者に課することは、議事の整理としてむしろ適切であるというべきであって、その際に質問事項の確認をする必要があると解すべき理由はない。」

本判決の位置づけ・射程範囲

本判決は、多数の株主に質問の機会を保障するために、あらかじめ株主の発言時間を合理的な範囲内に制限することは、議長の議事整理権の行使として適法であるとの一般論を示したうえで、制限時間を3分以内とした本総会における議長の議事整理を適法であると判断し、実務の運用に根拠を与えているといえる。質問者が多数いる場合に1人1問と制限することについて適切と判断した名古屋地判平成5・9・30 本書34事件 も参考になる重要裁判例である。

実務上の対応

株主との質疑応答の場面において、議長は、議場において発言を希望する株主に挙手を求め、指名された株主にのみ発言を許可し、議長から指名されない株主には発言を認めない、という運用を行うのが通常である。議長の指名なく発言する（一般に「不規則発言」といわれる）株主に対しては、議長は、注意や警告を発し、これに従わない株主には、最終的に退場を命ずることもある。議長の指名を受けた株主には、出席番号と氏名を名乗ったうえで発言を開始するよう求めるのが一般的であり、いずれも、議長の議事整理権（会315条1項）に由来する。ただし、議事録作成のためには発言内容が把握できれば足りるとして、発言者には、出席番号のみ明らかにさせ、氏名の名乗りは求めない運用もある。

そして、議長は、1株主の発言が長時間にわたる場合には、簡潔に質問を述べるよう注意し、それに従わない者の発言を制限することもできる。また、あらかじめ株主の発言時間を制限する運用を徹底すべく、質疑応答の冒頭の場面等で、発言を希望する株主の人数等の状況がいまだ明らかとなっていない状況において、あらかじめ発言時間を制限することも多い。かかる制限の性質は、株主に対して指定された発言時間に従うよう協力を求めるものであると思われる。そのため、議長が質疑応答の冒頭に発言時間の制限を行う場合には、決議取消しのリスクを可能な限り低減する目的で、発言時間の制限についてもあらかじめ議場に諮り、多数の株主の賛同を得て行うことも少なくないと思われる。さらに、議場の状況に照らして合理性がある場合には、議長の権限に基づいて発言時間を制限することも可能であると考えられるが、株主総会の審議の状況や挙手等を通じた場内株主の質問希望数等の諸事情を勘案し、事務局および弁護士とも連携のうえで判断することが重要である。

議長の議事整理権は、公正な議事を行うために行使される必要があり、議題の合理的な判断のために必要な審議が尽くされていないにもかかわらず、長時間の経過という理由のみで株主の発言を制限する場合は、決議取消事由となりうることに留意すべきである。

さらに理解を深める

福岡＝山田229〜230頁。コンメ(7)275頁〔中西敏和〕 関連判例
名古屋地判平成5・9・30 本書34事件

31 従業員株主を前列に座らせる運用
── 四国電力事件

最高裁平成8年11月12日第三小法廷判決
　事件名等：平成5年（オ）第1747号損害賠償請求事件
　掲 載 誌：判時1598号152頁、判タ936号216頁、金判1018号23頁、資料版商事
　　　　　　153号171頁

概　要　本判決は、合理的な理由のない限り出席する株主に対して同一の取扱いをすべきであり、議事進行の妨害等が発生するおそれがあるとしても、それをもって、従業員株主らを他の株主よりも先に会場に入場させて株主席の前方に着席させる措置をとることの合理的な理由にあたるとは解せないと判断したものである。

事実関係　Y社の株主であるXは、平成2年6月28日、Y社の第66回定時株主総会（以下「本件株主総会」）に出席するため、会場であるY社本社ビルの前で、開門前の早朝から、Y社の原子力発電所に関する経営方針に反対する他の株主とともに入場待ちの列に並び、午前8時の開門と同時に本社ビルに入り、受付手続を済ませて会場に入場した。Y社は、昭和63年1月および2月、原発反対派の者に本社ビルを取り囲まれたり占拠されたことや、さらに本件株主総会の前に1000項目を超える質問書の送付を受けていたこと等から、株主総会の議事進行が妨害されたり、議長席および役員席を取り囲まれたりする事態が発生することをおそれ、Y社の株主である従業員らにあらかじめ指示し、株主総会当日、従業員株主らをして午前8時の受付開始時刻前に会場に入場させ株主席のうち前方部分に着席させた。そのため、Xは、希望する座席を確保することができなかった。Xは、株主総会において、議長から指名を受けたうえで動議を1度提出した。

本件は、Xが、Y社から従業員株主らとの間で差別的取扱いを受けたことにより、希望する席を確保することができず、これによって精神的苦痛を被り、さらに宿泊料相当の財産の損害を被ったと主張して、Y社に対し、不法行為に基づく損害賠償を求めたものである。

判決要旨　上告棄却。「株式会社は、同じ株主総会に出席する株主に対しては合理的な理由のない限り、同一の取扱いをすべきである。本件において、Y社が……本件株主総会前の原発反対派の動向から本件株主総会の議事進行の妨害等の事態が発生するおそれがあると考えたことについては、やむを得ない面もあったということができるが、そのおそれのあることをもって、Y社が従業員株主らを他の株主よりも先に会場に入場させて株主席の前方に着席させる措置を採ることの合理的な理由に当たるものと解することはできず、Y社の右措置

は、適切なものではなかったといわざるを得ない。しかしながら、Xは、希望する席に座る機会を失ったとはいえ、本件株主総会において、会場の中央部付近に着席した上、現に議長からの指名を受けて動議を提出しているのであって、具体的に株主の権利の行使を妨げられたということはできず、Y社の本件株主総会に関する措置によってXの法的利益が侵害されたということはできない。そうすると、Y社が不法行為の責任を負わないとした原審の判断は、是認することができ〔る〕」。

本判決の位置づけ・射程範囲

議長は、秩序維持権および議事整理権を有し（会315条1項）、その一内容として、株主を退場させる権利までも有している。しかし、本判決は、反対派株主が議事進行を妨害するおそれがあることへの対応策として、従業員株主を受付開始前に入場させ、議場前方に着席させることについては、「適切なものではなかった」と判断した。判断の理由は、「同じ株主総会に出席する株主に対しては合理的な理由のない限り、同一の取扱いをすべきである」という点に求められる。これは、株主の頭数に応じた平等な取扱いを指しており、株式数に応じた株主平等原則（会109条1項）と厳密には異なるものであると理解される。そのため、本判決については、株式数に応じた株主平等原則が明文化された会社法のもとで、同一の解釈が導かれるかは必ずしも明確ではないとの指摘もある。

なお、本件は不法行為に基づく損害賠償請求事件であるため、特定の株主を優先的に入場させ、または優先的に座席を選択させるという議事整理が、決議取消事由に該当するかという問題については、本判決は判断を示していない。

実務上の対応

本判決は、本件において行われた議事整理上の差別的取扱いが「適切なものではなかった」と述べるにとどまり、それ自体の違法性には言及していない。とはいえ、本判決は、議事整理上の差別的取扱いが、場合によっては不法行為となることを示唆するものであると理解される。

実務上は、特定の株主による議事進行妨害のおそれがあると予想される場合であっても、当該株主の着席位置や入場順序について差別的な取扱いをするべきではなく、警備員の配置・議長席前への障壁の設置といった物理的な措置や、議場における議長の適切な議事整理権の行使によって、議事進行の妨害を防ぐことが望ましい。なお、株主総会事務局が大株主らの代理人の着席場所を指示することは、多数の株主を有する上場会社における株主総会において出席株主の総議決権数の過半数の賛否等を確認するための合理的な方策の1つと評価した裁判例（東京高判平成29・7・12 本書33事件）がある。

さらに理解を深める

会社法百選3版A8事件〔三宅新〕。会社法百選1版44事件〔大澤康孝〕。荻野187頁　関連判例　東京高判平成29・7・12 本書33事件

32 従業員株主による「議事進行！」「異議なし！」「了解！」の発声——住友商事従業員株主出席事件

大阪高裁平成10年11月10日判決
　事件名等：平成10年（ネ）第1273号株主総会決議取消等請求控訴事件
　掲　載　誌：資料版商事177号253頁

概要　本判決は、会社が、自ら意図する決議を成立させるために、従業員株主に命じて、他の一般株主の発言を封殺したり、質問する機会を奪うなど、一般株主の株主権行使を不当に阻害する行為を行わせた場合、決議取消事由となりうる旨を判示したものである。

事実関係　Y社が平成8年6月27日に開催した定時株主総会において、Y社の株主であるX社は、投資損失問題に関する取締役の責任を明らかにするため取締役の退任を求めた。また、X社の代表者は、これに対する議長の回答の途中で「あなたにはできない」などと発言した。しかし、別の株主から「了解」との発言があり、さらに、「議事進行」との発言もあったことから、議長が第4号議案（取締役43名選任の件）について付議したところ、従業員株主を中心として一斉に「異議なし」「了解」との声が上がり、第4号議案は承認可決された。その後、議長は第5議案（退任取締役への退職慰労金贈呈の件）を議場に付議したところ、従業員株主を中心として一斉に「異議なし」や「賛成」との声が上がり、同議案は承認可決された。X社は、Y社が、従業員株主らを第1会場の前半分の座席に着席させ、A議長の提案に対し、瞬時に「議事進行」「異議なし」「了解」等と大きな声を上げさせて、他の株主に質問する余裕を与えないで議事を進めたなどとして、決議取消請求訴訟を提起した。原審はX社の請求を棄却した。

判決要旨　控訴棄却。「従業員株主らの協力を得て株主総会の議事を進行させる場合、一般の株主の利益について配慮することが不可欠であり、株主総会招集者が、自ら意図する決議を成立させるために、右従業員株主に命じて、役員の発言に呼応して賛成の大声を上げたり、速やかな議事進行を促し、あるいは拍手するなどして、他の一般株主の発言を封殺したり、質問する機会を奪うなど、一般株主の株主権行使を不当に阻害する行為を行わせた場合は、取締役ないし取締役会に認められた業務執行権の範囲を越え、商法247条1項1号〔会社法831条1項1号〕にいう法令に違反し又は決議の方法が著しく不公正な場合に

該当するというべきである。」

「本件総会において、従業員株主約70名が、第1会場の前半分に着席し、A議長の報告や付議に対して、間髪を入れず一斉に『賛成』『異議なし』『了解』などと声をあげて、議事進行に協力していることが認められるが、他方、A議長は、各議案の審議に入る前に、全議案について一括して質問を受け付けることを議場に示し、暫時株主からの質問を待っていたのであり、また、各議案の審議に入った後も、株主からの質問があれば、質問を受け付ける態勢をとり、現に、X社代表者に質問の機会を与えたように、一般の株主に質問の機会を与えていることが認められる。……本件総会の議事進行及び決議方法は、議場の雰囲気とも相まって、一般の株主の質問の機会を事実上奪うおそれがあるなど、法が本来予定した株主総会のあり方に徴し、いささか疑問のあるところもないではないものの、……質問の受付け方等の事実からすると、本件総会における決議の方法が著しく不公正であるとはいえない。」

本判決の位置づけ・射程範囲

従業員株主も株主であるから、株主総会に出席し、株主としての権利を行使することができる。もっとも、会社が従業員株主の協力を得て株主総会の運営を行う場合、一般株主との関係でこれがどの程度許容されるかが問題となる。

この点について、本判決は、「株主総会招集者が、自ら意図する決議を成立させるために、右従業員株主に命じて、役員の発言に呼応して賛成の大声を上げたり、速やかな議事進行を促し、あるいは拍手するなどして、他の一般株主の発言を封殺したり、質問する機会を奪うなど、一般株主の株主権行使を不当に阻害する行為を行わせた場合」には決議取消事由となりうるとの一般論を示した。

なお、X社は、Y社が従業員株主をリハーサルに参加させたことにつき一般株主と取扱いを異にするもので不公正であるとも主張したが、本判決は、従業員株主がリハーサルに参加したことにより株主として何らかの利益を受けたわけではなく株主平等の原則を損なうものではないとの原審の判示を是認した。

実務上の対応

スムーズな議事運営や議事進行という観点からは、一般株主の発言機会の確保に十分に留意したうえで、従業員株主に対し、必要な限りでの議事進行への協力を求めることはありうるところであり、本判決もかかる協力自体を否定するものではないと考えられる。従業員株主による協力を得た場合、後刻、「議場の雰囲気とも相まって、一般の株主の質問の機会を事実上奪うおそれがあるなど、……いささか疑問のあるところもない」などという指摘を受けないような株主総会運営を行うことが、事務局としても重要であろう。進行への協力を求める従業員の人数やその参加形態（有給取得の有無等）の対応についても、留意すべきである。

さらに理解を深める

森鍵一・判夕1036号216頁

33 従業員株主によるサクラ質問
──フジ・メディア・ホールディングス事件

東京高裁平成29年7月12日判決
　事件名等：平成29年（ネ）第179号株主総会決議取消請求控訴事件
　掲　載　誌：金判1524号8頁

概要　本判決は、従業員株主によるいわゆるサクラ質問が行われ、かつ、質疑が打ち切られた事案について、議事運営の適切性に疑問を示しながらも、個別事情をふまえ、一般株主の質問権等の不当な制限にはあたらない旨を判示したものである。

事実関係　Y社は、平成26年6月27日、定時株主総会において、取締役選任決議および役員賞与支給決議を行った。

株主総会に先立つY社のリハーサルでは、株主総会を統括するA総務部長が、従業員株主に対し、事前に準備した質問事項を交付するとともに、株主総会への出席を依頼し、かつ、リハーサル時と同様のもので差し支えないのでできれば質問をするようにと依頼した。株主総会当日は、依頼を受けた従業員株主8名から質問がなされた。また、議長は質疑の途中で議場に諮ったうえで質疑を打ち切った。

Y社の株主であるXらは、従業員株主による質問および質疑打切りは一般株主の質問権または株主権の侵害にあたるなどとして、上記各決議の取消しおよび不法行為に基づく損害賠償を求める訴訟を提起した。原審はXらの請求を棄却した。

判決要旨　控訴棄却。①「現場で本件株主総会を統括する地位にあるA総務部長が、リハーサルに出席して質問をする株主役を務めた従業員株主に対し、本件株主総会への出席及び質問を依頼し、実際に、本件株主総会において、8人の従業員株主が会社に対して質問をしたことは、その人数及び質問した全株主数に占める従業員株主の割合（5割）に加え、リハーサル時と同旨ないし類似の質問が相当程度促される状況にあったことに徴し、上場会社であるY社の株主総会としては適切な議事運営方法といえるか疑問なしとしない」。

②しかし、「本件株主総会においては」、(i)「一般株主からの質疑応答のためにも相応の時間〔筆者注：約53分〕を充てたこと」、(ii)「一般株主の質問内容の多くは、質疑応答の時間が経過するに従い、本件株主総会の決議事項又は報告事項と関連性を有するとはいえない事項に関するものが続くようになっていたこと」、(iii)「質疑打切りの直前の時点において質問等を求めて挙手をしていた一般株主の

数〔筆者注：5人程度〕は出席株主の数に比して多いとはいえないこと」、(iv)「従業員株主のした質問が、一般株主が決議事項又は報告事項に関する質問をする誘引となっているとの側面をもおよそ否定することはできないこと」からすれば、「質疑の打切りに際し、一般株主の質問権又は株主権を不当に制限したものとまで断ずることはできない。」

本判決の位置づけ・射程範囲

会社が従業員株主に依頼して発言等を行わせる場合、一般株主との関係でこれがどの程度許容されるかが問題となる（事例としては、大阪高判平成10・11・10 本書32事件 がある）。本件は、従業員株主が会社の依頼に基づきいわゆるサクラ質問を行ったケースであった。

本判決は、従業員株主によるサクラ質問を行うこと自体の当否は論及しなかったが、一般株主の質疑応答の時間を減少させ、質問または意見を述べることを求めていた一般株主がそれを行うことができなくなるおそれを生じさせるような場合には、上場会社における適切な株主総会の議事運営とはいいがたいとの一般論を示した点で重要である。本判決は、質問した従業員株主の人数（8名）、質問した全株主数に占める割合（5割）等から、サクラ質問が行われたことについて、適切な議事運営方法といえるか疑問なしとしないと判示した（判決要旨①）。当該判示は、サクラ質問が行われた場合、個別事情によっては決議の取消事由となる可能性を示唆したものといえる。

もっとも、本判決は、判決要旨②(i)～(iv)の個別事情を指摘したうえで、結論としては本件では、Y社が質疑の打切りに際し、一般株主の質問権等を不当に制限したとまではいえないとして、決議の方法が著しく不公正であるとはいえないと判示した。

実務上の対応

実務上、会社が、決議事項または報告事項に関する一般株主の質問を誘因することを意図し、従業員株主に対してサクラ質問を依頼することは、事実としてある。かようなサクラ質問によって一般株主の質問権等が不当に制限された場合、決議の取消事由となる可能性があることから、仮に会社が従業員株主に依頼して誘導質問を行ってもらう場合は、あくまで試論であるが、①質問を依頼する従業員株主数および質問数を限定すること、②依頼する質問の内容は決議事項または報告事項に関係のあるものとすること、③一般株主の質疑応答のために相応の時間を充てること、④質疑打切りにあたっては、一般株主の質問状況（質問等を求める一般株主の数、質問の内容等）をふまえて慎重に判断することに留意すべきと考えられる。

さらに理解を深める

弥永真生・ジュリ1506号2頁。本村健＝冨田雄介＝斎藤誠・Business Law Journal2017年6月号62頁　関連判例　大阪高判平成10・11・10 本書32事件

34 質疑打切り（数・時間の観点）——中部電力事件

名古屋地裁平成5年9月30日判決
　事件名等：平成2年（ワ）第2818号株主総会決議取消請求事件
　掲 載 誌：資料版商事116号187頁

> **概　要**　本判決は、平均的な株主が客観的に見て会議の目的事項を理解し、合理的に判断することができる状況にあると議長が判断したときは、議長は質疑を打ち切ることができる旨を判示したものである。

事実関係　Y社は、平成2年6月28日、定時株主総会において、利益処分案の承認決議を行った。

当該定時株主総会では、議案上程後、事前質問書の質問事項に対する担当役員の一括回答が約1時間にわたって行われた。その後、議長が、株主1人あたり1問・1項目の質問に制限したうえで株主の質問を受け付けたところ、17名の株主から18項目について質問がなされた。なお、質問のうち11件は原子力発電に関するものであった。議長は、質疑応答を約50分行った後、質疑を打ち切り、議案の採決を行った。

Y社の株主であるXらは、質問要求があったにもかかわらず途中で質疑を打ち切ったことは株主の質問権の不当な制限・無視にあたるとして、上記決議の取消請求訴訟を提起した。

> **判決要旨**　X_1の訴え却下、その他のXらの請求棄却。「議長は、平均的な株主が客観的にみて会議の目的事項を理解し、合理的に判断することができる状況にあると判断したときは、まだ質問等を求める者がいても、そこで質疑を打ち切って議事進行を図ることができるものと解される」。
> 「約50分間にわたってなされた討議内容からみて、議長が質疑を打ち切った措置が不当であるとは認められない。したがって、本件決議には、Xら主張の説明義務違反の瑕疵はない」。

本判決の位置づけ・射程範囲

会社法314条本文は、株主が株主総会において質問権を有することを前提に、取締役等に対し、株主から特定の事項について説明を求められた場合における説明義務を課している。

もっとも、株主が質問権を有するとしても、株主に対し無制限に質問を認めた場合には、株主総会がいつまでたっても

終わらないことになりかねない。そこで、議長は、議事整理権（会315条）に基づき、質疑の打切り等により、合理的な範囲で株主の質問を制限することができると解されている。

問題はどのような場合に質疑の打切りが許容されるかであるが、本判決はこの点について、議長は「平均的な株主が客観的にみて会議の目的事項を理解し、合理的に判断することができる状況にあると判断したとき」は質疑を打ち切ることができると判示した。

当該判示は、株主の質問権はあくまでも議題について合理的な判断を行うために認められているにすぎず、取締役等の説明は、平均的な株主が議題について合理的な理解および判断をするために客観的に必要と認められる程度に行えばよいと解されていることをふまえたものといえる。

質疑打切りについて本判決と同様の判断基準を示す裁判例としては、大阪地判平成9・3・26 本書44事件 等がある。

実務上の対応　質疑打切りについては、発言を希望する株主がいる限り質疑応答に応じるというスタンスをとる会社も少なくない。他方で、明らかに議題と関連しない質問が延々と繰り返される場合のように、会社として質疑を打ち切らざるをえない場面も存在する。

本判決をふまえれば、客観的に見て平均的な株主が議題について合理的な理解および判断をすることができる状況にあるといえるときは、たとえ質問等を求める株主がいたとしても、議長は質疑を打ち切ることができることになる。もっとも、上記判断基準は抽象的な基準であるため、実際の株主総会において当該判断基準を満たす状況にあるといえるかを判断することは容易ではない。

仮に質疑打切りのタイミングを誤った場合には、決議取消事由に該当する可能性もある。そこで、実務上は、たとえば、①株主総会のこれまでの経過時間、②株主の質問状況、③株主の質問内容（特に、議題との関連性や既存質問との重複の有無）、④質疑応答に充てられた時間、⑤質問を求める株主の属性等、⑥（事前質問に対する一括回答を行った場合には）一括回答の回答内容等、株主総会における諸事情をふまえ、質疑打切りの可否を慎重に判断する必要がある。また、質疑打切りの判断は、事務局が弁護士と相談しながら最終的には議長がこれを行うことが実務上の対応といえる。

仮に質疑打切りを行うことになった場合も、一方的かつ突然に質疑を打ち切ることは好ましくない。出席株主の過半数の賛成を得られることが確実という状況であれば、質疑打切りの可否を議場に諮ったうえで質疑を打ち切るという運用も考えられることから、事務局は弁護士とともに対応を検討しておくことが望ましい。

さらに理解を深める　田中185頁。コンメ(7)265〜266頁〔松井秀征〕　関連判例 大阪地判平成9・3・26 本書44事件

35　質疑打切り（不公正な議事であるが著しい不公正はない）——東京スタイル事件

東京地裁平成16年5月13日判決
　事件名等：平成15年（ワ）第14133号株主総会決議取消請求事件
　掲　載　誌：金判1198号18頁、資料版商事243号110頁

概　要　本判決は、議長が株主の求めに応じて個別議案ごとに質問を受け付けることを了承したにもかかわらず、一部の議案の審議の際に一切質問を受けずに審議を一方的に打ち切るといった議事整理を行ったことについて、不公正であったと認めたうえで、本件に特有の事情（質問を行った株主が十分な知識・情報を有していたこと等）に基づき、決議の取消しを認めるほどの著しい不公正があったとまではいえないと判断したものである。

事実関係　Y社が平成15年5月22日に開催した定時株主総会では、取締役および監査役の選任決議、ならびに退任取締役および退任監査役に対する退職慰労金贈呈決議がなされた。X社は、Y社の取締役および監査役に説明義務違反があったとして、上記各決議の取消しの訴えを提起した。

判決要旨　請求棄却。「Y社の議長は、いったんはAの求めに応じて個別の議案ごとに質問を受け付けることを了承したにもかかわらず、第4号議案ないし第6号議案の審議の際には、各質問者の質問を受け付けないまま、審議を一方的に打ち切っていることが認められ、特に第5号議案については、多数の株主からの質問要求がなされたにもかかわらず、これを一切無視して採決を行っていることが明らかである。……当時議場内から、質問を求める発言とこれに反対して早期に採決をするよう求める複数の発言がなされ、議場内が一時的に騒然とした状況に陥っていたという事情は認められるものの、……Y社の議長がX社の関係者の発言ということでこれらの質問を受け付けなかったものと推認できることからしても、Y社の議長の議事の運営自体が不公正であったことは認めざるを得ない」。

　もっとも、「Y社の経営状況について既に十分な知識、情報を得ており、第4号議案ないし第7号議案に関する決議についても十分な情報を持っていると認められ、しかも事前に賛成の意向まで表明しているX社の関係者からの質問が繰り返しなされた結果、Y社の議長としては、一時的な混乱状態のもとで、既にX

社の関係者に対しては必要な説明はなされていると即断して、前記のようにX社の関係者からなされた質問を打ち切りあるいは無視するといった措置をとるに至ったものと認めるのが相当である。そうであるとすれば、X社の事前質問状に対しては、Y社の側から一応の回答がなされており、しかも、第4号ないし第7号議案についての実質的関連事項の説明はそれぞれの決議の際には既になされているものと認められることをも併せ考慮すると、……本件各決議に際してのY社の議長の議事運営方法が、決議の取消しを認めざるを得ないほどに著しく不公正なものであったとまで認定することはできない」。

本判決の位置づけ・射程範囲

本件は、議長がいったんは株主の求めに応じて個別の議案ごとに質問を受け付けることを了承したにもかかわらず、一部の議案の審議の際に各質問者の質問を受け付けずに、審議を一方的に打ち切り、採決を行うなどした事案である。

本判決は、まず、議事進行は議長の合理的な裁量に委ねられており、議事運営に関する問題はその方法が著しく不公正といえる場合に限って決議取消事由となるとの一般論を示した。そのうえで、議長の上記の議事運営方法が不公正であったこと自体は認めざるをえないものの、判決要旨記載の本件の事情にかんがみ、かかる議事運営方法は決議取消事由となるほどの著しい不公正なものではないと判示した。

決議取消事由の該当性を否定する当該判示は、質問を繰り返し行った株主ら（アクティビストファンドであるX社の関係者）がY社の経営状況についてすでに十分な知識・情報を得ているなど、本件に固有の事情から導かれているものであり、議長による一方的な審議打切りという場面一般に妥当するものではないであろう。

実務上の対応

本件では、議長が個別の議案ごとに質問を受け付けてほしいとの株主の求めに応じている。しかし、株主総会のいかなる段階で株主の質問を許すかは議長が自らの裁量により決定することができるのであり（福岡地判平成3・5・14 本書29事件）、議長としては株主のかかる求めに応じる必要はない。

また、本判決をふまえれば、議長が議場に諮ることなく一方的に審議を打ち切った場合、株主総会の状況次第で、裁判所から議事整理権の行使が著しく不公正であると判断される可能性があるから、質疑打切りについては対応をしっかり検討しておく必要がある（名古屋地判平成5・9・30 本書34事件 参照）。仮に質疑打切りを議場に諮らない場合も、「質問はあと○名」などと予告を行ったうえで質疑を打ち切った方が一般株主の納得を得られやすい側面があり、弁護士や証券代行機関とも相談のうえ、事前に株主総会運営の確認をしておくことが必要である。

さらに理解を深める　得津晶・ジュリ1312号164頁　関連判例 福岡地判平成3・5・14 本書29事件 。名古屋地判平成5・9・30 本書34事件

36 第二会場における質問の機会──住友商事事件

大阪高裁平成10年11月10日判決
　事件名等：平成10年（ネ）第1273号株主総会決議取消等請求控訴事件
　掲 載 誌：資料版商事177号253頁

概　要　本判決は、株主総会の会場が複数設けられた事案において、第2会場に出席した株主に対して質問の機会を確保するために講じられていた各種措置にかんがみ、株主の質問権が害されなかったと判断したものである。

事実関係　Y社が平成8年6月27日に開催した定時株主総会（以下「本件総会」）の会場は、第1会場と、それに隣接する第2会場とに分かれていた。株主X社は、本件総会の開催にあたり、①株主が会場に入場する前に、第1会場に出席して質問できることをあらかじめ文書、口頭で説明していなかったこと、②第2会場の株主から質問がなされた場合、ただちに第1会場へ誘導できるよう配慮し、その間議事を一時中断するなどして、第2会場の株主が発言できるよう両会場の一体性を確保しなかったこと、および、③各議案の審議に入った後も、各議案ごとに第1会場の株主のみならず、第2会場の株主にも質問がないかどうかを促し、発言の機会を与えるため相当の猶予を置かなかったことが、質問権を侵害したと主張し、本件総会の決議の取消しを求めて提訴した。原審はX社の請求を棄却した。

判決要旨　控訴棄却。（上記①の主張について）「会社としては、株主から質問の要求があれば、直ちにそれに対応できるような態勢を整えておけば足りるというべきところ……Y社は、第2会場の株主についても、質問の要求があれば、第1会場に誘導して質問ができるような態勢を整え、X社代表者もそれに従って実際に質問をしているのであるから、X社主張の説明等がないことをもって直ちに株主であるX社の質問権が侵害されたということはできない。」

　（上記②の主張について）「Y社は、第2会場に事務局係員であることが分かるように『株主総会事務局』と表示した名刺大のプレートを左胸に着用した係員3名を配置し、同会場の株主から質問の要求があった場合、直ちに第1会場の事務局席に直通電話でその旨を連絡するとともに、質問のある株主を同会場に誘導して質問ができるよう配慮し、X社代表者もそれに従って第1会場に案内されて質問をしたこと、A議長は、第2会場に質問者がいるとの連絡を受けるや直ちに議事を中断して、X社代表者が第1会場に入場するのを待って、X社代表者に質問の機会を与えたことを認めることができるから、第1会場と第2会場が分

断され、質問の機会を逸するような一体性に欠けていたとまで認めることはできない。」
　（上記③の主張について）「本件総会において、A議長は、各議案の審議に入った後、各議案ごとに第1会場及び第2会場の株主に質問がないかどうかを促していないが、議案の審議に入る前に、全議案について一括して質問を受け付けることを、第1会場又は第2会場と議場を区別することなく議場に示し、暫時株主からの質問を待っていたし、議案の審議に入った後も、株主からの質問があれば、質問を受け付ける態勢をとり、現に、質問を求めたX社代表者に質問の機会を与えていることが認められるから、Y社は、第1会場のみならず第2会場の株主にも質問する機会を与えたものということができる。」

本判決の位置づけ・射程範囲

　本判決は、株主総会が複数の会場で開催された事案について、株主から質問の要求があればただちにそれに対応できるような態勢が整えられていたこと、出席株主が質問の機会を逃すような一体性の欠如がなかったこと、出席株主に質問の機会が与えられていたことをふまえ、株主の質問権は害されなかったと判断した。
　なお、本件総会では、株主が第1会場に移動する間に第1会場で複数議案の審議が進められ終了するに至っていたが、本判決は、①議長が各議案の審議に入る前に全議案について一括して株主に質問の機会を与えていること、②X社代表者が第1会場に移動する時間もごくわずかであったこと、③第2会場の係員から議長への連絡にも多少の時間を要することを考慮すれば、これをもって、第1会場と第2会場の一体性が損なわれているとはいえないと判示した。

実務上の対応

　来場株主が多い会社においては、会場のキャパシティのため、複数会場により株主総会を開催する場合がしばし発生する。この場合、議長のいる第1会場の状況が第2会場においても問題なく認識できるよう、モニターや音響等の設備を整えるだけでなく、第2会場に出席した株主が第1会場と同様に質問等を行うことができるよう、質問株主への対応方法（第2会場における質問株主の有無の確認方法、質問株主がいる場合の第1会場の議長および場内事務局への連携、さらには、質問をどのように受け付けるのか〔第2会場で質疑を行うのか、第1会場へ移動して質疑を行うのか〕など）を事前に検討し、リハーサルを通じて訓練する。
　第2会場方式とは異なり、中継会場を設けて本会場での様相を投影等して、株主の参加の便宜等を図るケースもある。合併会社等で見られるケースであるが、この場合、中継会場からは質疑を受け付けないことが前提となっている。このようなケースは、今後は、ウェブ上での動画配信等に置き換わることになろう。

さらに理解を深める

コンメ(7)73頁〔青竹正一〕

37 議長不信任動議の不採決──大盛工業事件

東京高裁平成22年11月24日判決
　　事件名等：平成22年（ネ）第5350号株主総会決議取消等請求控訴事件
　　掲　載　誌：資料版商事322号180頁

概　要　本判決は、議長が議長不信任の動議を議場に諮らなかったことについて、議長の議事整理に関する裁量の逸脱、濫用にあたらないとして、決議の方法は著しく不公正なものとは認められない旨を判示したものである。

事実関係　Y社は、平成21年10月28日に開催した定時株主総会の質疑応答において、株主から「議長の交代を提案したい」、「議長不信任の動議である」旨の発言があったが、議長であるY社代表者は、議長不信任の動議を議場に諮ることなく議事を進行した。Y社の株主であるX社は、Y社代表者が議長不信任の動議を無視したことは議事整理（会315条1項）に関する裁量の範囲を逸脱するものであるから、取締役選任決議は決議の方法が著しく不公正であるとして、その取消しを求めて提訴したが、原審が請求を棄却したので控訴した。

判決要旨　控訴棄却。「議長不信任の動議については、議長としての適格性を問うというその動議の性質上、権利の濫用に当たるなどの合理性を欠いたものであることが、一見して明白なものであるといった事情のない限り、これを議場に諮る必要があるというべきであり、仮に合理性を欠くものであることが一見して明白であっても、1度はこれを議場に諮ることが望ましいことはいうまでもない。……議長不信任の動議が権利の濫用に当たるなどの合理性を欠いたものであることが一見して明白なものであるときに、自らに対する不信任動議を提出された議長において、当該動議が権利の濫用に当たるなどの合理性を欠いたものであることが一見して明白なものであると認め、それに故に当該動議を議場に諮らないとしても、裁量権の逸脱、濫用に当たらないと解すべきである。」
　「本件株主総会における議長不信任動議は、Y社代表者の議長としての能力や議事進行の不備その他の議長としての適格を疑わせる具体的事情を挙げて行われたものではなく、これを提出した株主は、単に、Y社代表者が本件株主総会の冒頭に議長を務める旨述べた際、拍手や了解の声がなかったことを指摘したにとどまり、それ以上に不信任の理由を具体的に述べるようなことは一切なかったもの

であり、上記株主の動議の提出について、『動議である』旨の発声をした者はいても、その発言者が不規則発言としてではなく、自ら正式に動議を提出したものではないし、その後の推移をみても、『社長代われ』、『経理責任者に交代』、『議長交代』等の不規則な発言が何度かあったものの、議長不信任の動議が明示的に提案されることはなかったというのであって、……議長不信任の動議は、合理的な理由に基づく動議ではないことが一見して明白なものであったと認められ、これを議場に諮る必要があったものとはいえないから、Y社代表者が議長不信任動議を議場にはかることなく議事を進行したことのみをもって、議長の議事整理に関する裁量の逸脱、濫用があったということはできず、また、本件決議の方法が著しく不公正なものであったとまでいうこともできない。」

本判決の位置づけ・射程範囲

株主総会の議長には議事整理権が認められているため（会315条1項）、株主総会運営および議事進行に関するいわゆる手続的動議が提出されたとしても、議長は必ずこれを議場に諮らなければならないわけではない（裁量的動機）。しかし、議長不信任の動議については、議長の適格性を問題とする性質上、議長の裁量に委ねることが妥当でないことから、原則として、議長は動議を議場に諮らなければならないと解されている（必要的動議）。

この点、原判決（東京地判平成22・7・29 関連判例）は、Y社代表者の議事進行には「いささか適切さを欠く点があったことは否めない」と判示しつつ、結論としては、この点のみをもって議長の裁量の逸脱、濫用があったとはいえないとした。これに対し、本判決は、議長不信任の動議が権利濫用にあたるなど合理性を欠くことが一見明白であるときには、議長が当該動議を議場に諮らなくても、裁量の逸脱、濫用にあたらないと述べたうえで、問題となった動議は合理的な理由に基づく動議でないことが一見明白であったと認めて、議長の裁量の逸脱、濫用を否定しており、原判決よりも踏み込んだ判断をしたといえる。ただし、本件の議長不信任動議が合理性を欠くことが一見明白であるとまでいいうるかには異論もありえよう。

実務上の対応

実際には、本判決が述べたような議長不信任の動議が合理性を欠くことが一見して明白であるか否かの判断は難しく、この判断を誤れば決議取消しのリスクを負わざるをえない。そこで、実務上は、会社等に対する嫌がらせや悪質なクレーマーによるいいがかりにすぎないなどきわめて例外的な場合や会議冒頭のもの等、議長不信任を基礎づける事情等が現出していない場合を除けば、議長不信任の動議を議場に諮る対応とすることが多いであろう。個別判断となるため、事務局や弁護士等による議場における対応や判断も問われている。

さらに理解を深める

関連判例 東京地判平成22・7・29資料版商事317号191頁

38 修正動議の採決順序——東北電力事件

仙台地裁平成5年3月24日判決
　　事件名等：平成2年（ワ）第935号株主総会決議取消等請求事件
　　掲載誌：資料版商事109号64頁

概要　本判決は、修正動議が提出された場合において議長が議場に諮って承認を得たうえで原案を修正動議より先に採決した議事運営は適法である旨を判示したものである。

事実関係　Y社が平成2年6月28日に開催した定時株主総会では、第1号議案として「平成元年度利益処分案の承認の件」が、第2号議案として「取締役1名補欠選任の件」が決議事項とされていた。

第1号議案の審議中、株主であるX₁より、第1号議案の準備金について修正動議の提案がなされた。議長は、修正動議より先に原案の採決をすることについて議場に諮ったところ、大多数の株主の賛成を得たため、原案の採否を求めた。しかるところ、議決権行使書を含めて大多数の株主が賛成したため、議長は、第1号議案が原案のとおり可決され、また、これによって修正案は否決された旨を宣言した。

その後、第2号議案の審議中、株主であるX₂より、取締役としてX₃を推薦する旨の修正動議が提出された。議長は、第1号議案同様に、修正動議より先に原案の採決をすることについて議場に諮ったところ、大多数の株主の賛成を得たため、原案の採否を求めた。しかるところ、議決権行使書を含めて大多数の株主が賛成したため、議長は、第2号議案が原案のとおり可決され、また、これによって修正案は否決された旨を告げた。

Xらは、動議先議の原則が無視されたこと等を理由に、上記各決議の取消等を求める訴訟を提起した。

判決要旨　請求棄却。「第1号議案と第2号議案の各修正動議より先にそれらの原案が採決された点については、……第1号議案について、議決権行使書面による賛成株主数が5万1141名でその所有株式数が2億2846万8400株であり、第2号議案について、議決権行使書面による賛成株主数が5万1078名でその所有株式数が2億2840万3600株であったことが認められ、……

> 議長がいずれも修正動議より先に原案について採決をすることにつき議場に諮ってその承認を得ていることから、議長の議事運営に何ら問題とすべき点はなく、決議方法に瑕疵があったとすることもできないというべきである。」

本判決の位置づけ・射程範囲

　株主は、議場において、招集通知に記載された議題および議案についての修正動議（いわゆる実質的動議）を提出することができる（会304条）。

　修正動議を無視して決議を行った場合、決議の取消事由となるため（最判昭和58・6・7 本書86事件）、株主から適法な修正動議が提出された場合には議長はこれを取り上げる必要がある。

　本件では株主から修正動議が提出された場合の原案と修正動議の採決順序が問題となり、この点について本判決は、議長が議場に諮って承認を得たうえで原案を修正動議より先に採決した議事運営は適法である旨を判示した。

　本判決は、議長が議場に諮らずに原案と修正動議の採決順序を決定することの可否については判示していない。この点に関し、東京地判平成19・10・31 関連判例 は、議長は議事整理権（会315条1項）に基づきかかる決定を行うことができる旨を判示している。

実務上の対応

　原案と論理的に両立しない修正動議（たとえば、議題が「取締役1名選任の件」とされている場合において、会社提案とは異なる候補者の選任を求める修正動議等）については、原案が可決された場合は修正動議が否決されることは明らかである。したがって、かかる修正動議が提出された場合、実務上は、原案と修正動議を一括して審議したうえで、原案を先に採決し（原案先議）、議長が原案の可決宣言をするとともに修正動議の否決宣言をすることで修正動議の採決を省略することが行われている。

　原案先議については、前掲・東京地判平成19・10・31 関連判例 のように議長がその決定権を有すると判示する裁判例もあるものの、実務上は、出席株主の納得感を得るという観点からも、本判決の事案のように、議長が議場に諮ったうえで原案先議とする対応がより望ましいと考えられる。

　なお、上場会社等の臨時報告書の提出を義務づけられている会社については、仮に修正動議を先に採決した場合、臨時報告書において当該修正動議に関する「賛成、反対および棄権の意思の表示に係る議決権の数」を記載する必要がある（開示府令19条2項9号の2ハ）。これに対し、原案を先に採決したうえで、原案の可決によって修正動議は否決されたものとして取り扱った場合には、かかる事情により議決権数は集計していない旨を臨時報告書に記載すれば足りる。

さらに理解を深める

関連判例 最判昭和58・6・7 本書86事件。東京地判平成19・10・31金判1281号64頁

39 退場命令——佐藤工業事件

東京地裁平成8年10月17日判決
　事件名等：平成7年（ワ）第23939号損害賠償請求事件
　掲 載 誌：判タ939号227頁

概要　本判決は、不規則発言を続ける株主に対して議長が行った退場命令について権限濫用等の違法な点は存在しない旨を判示したものである。

事実関係　平成7年6月29日に開催されたY社の定時株主総会において、議長は、冒頭、株主からの質問は報告事項および監査報告の終了後にしてもらうこと、発言者は議長からの承認を受けたうえで発言すべきこと等を明示し、出席株主の多数の承認を得て議事に入った。

報告事項の報告終了後、議長はA副社長にXの事前質問状に対する説明を委ね、A副社長は、当該質問事項はY社において返事をする性質のものではないとして回答を拒否した。Xはこれに納得せず、不規則発言を繰り返し、議長の発言中止命令にも従わず、悪口雑言を繰り返した。議長はXに対し、なお不規則発言を繰り返した場合には会場から退場させる旨申し渡したが、Xは議長の指示に従わず、不規則発言を繰り返し、その口調は激しく、内容も悪口雑言であって、それにより議場が混乱した。そこで、議長は、Xを退場させることの可否を議場に諮ったところ、可とする意見が多数であったため、退場命令を発し、Xを退場させた。

Xは、議長の当該退場命令は権限濫用であり違法であるとして、Y社に対して慰謝料90万円の支払いを求める訴訟を提起した。

判決要旨　請求棄却。「Y社の取締役にはXの質問事項について説明する義務はないというべきであり、A副社長が本件株主総会においてXの質問事項は本件株主総会の目的事項とは関係がないからY社において返事をする性格のものではない旨説明したことに何ら不当な点はない」。しかるに、「Xは右説明に納得せず、不平不満を言い、不規則発言を続け、議長の発言中止命令にも従わず、さらに不規則発言を継続したものであり、しかも、Xの言動は罵声、怒号、ヤジや悪口雑言を並べ立てるものであり、議長は、不規則発言を中止しないと退場を命ずる旨再三警告したが、それでもXは不規則発言を中止せず、その結果、本件株主総会を混乱に陥らせ、議事の進行を妨害したものである。そこで、議長は、Xが命令に従わず、本件株主総会の秩序を乱したものとして、商法237条ノ4第3項〔会社法315条2項〕に基づき、Xに対し退場を命じたものであり、本件退場命令に権限濫用等の違法な点は存在しないというべきである。」

不規則挙動への対応

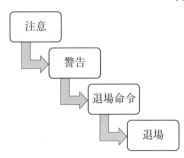

①注意 「議長の許可を得て発言してください」
　　　「発言時間を経過していますので、発言を中止してください」
②警告 「発言を中止しない場合は、退場を命じます」
③退場命令　注意・警告を無視する場合は退場を命ずる。ただし、他の者に暴力をふるうなどの犯罪行為に及んだ場合は上記手順を踏まず、ただちに退場を命ずる。
④退場　警備員または臨場した警察官によって会場外に連れ出す（相当な範囲の実力行使は可能）。

本判決の位置づけ・射程範囲

　会社法上、議長は「命令に従わない者」および「株主総会の秩序を乱す者」に対して退場命令を発令することができる（会315条2項）。もっとも、退場命令は株主の株主総会への出席権、発言権および議決権を奪うものであるから、これが濫用的に発令された場合には、決議取消事由となる可能性や、当該株主に対する不法行為責任が成立する可能性がある。

　本判決は、議長が冒頭で議事整理の方針と株主の発言方法を明示し、株主の多数の承認を得て議事に入ったにもかかわらず、事前質問状に対する役員の説明に納得しないXが不規則発言を繰り返したという事案において、役員の当該説明の内容には何ら不当な点はなかったことを判示したうえで、判決要旨記載の事情等をあげ、議長の退場命令には権限濫用等の違法な点は存在しない旨判示したものであり、退場命令の適法性についての事例判断を示した裁判例として参考になる。

実務上の対応

　罵詈雑言を吐いて株主総会を荒らすようなタイプの総会屋の姿はほとんど見られなくなったが、不規則発言を繰り返す株主は一定数存在する。そのため、議長が退場命令の発令を検討しなければならない場面が生じうる。

　議長としてはいきなり退場命令を発令するのではなく、まず不規則発言を制止し（注意）、株主がこれに従わない場合には退場命令を発令する旨の警告を行い、なお警告に株主が従わない場合には退場命令を発令するという3段階の手続を経るべきである。もっとも、株主が暴力をふるうような場合には、無注意・無警告で退場命令を発令することが可能である。

　本件においては、議長はXを退場させることの可否を議場に諮ったうえで退場命令を発令しているが、退場命令を発令する権限は議長に専属しているから、かかる対応は必須ではない。また、仮に株主が退場命令に従わない場合、議長は自力救済が認められる範囲内において実力をもって当該株主を退去せしめることができる。

さらに理解を深める

コンメ(7)276頁〔中西敏和〕。大隅健一郎=今井宏『会社法論中巻〔第3版〕』（有斐閣、1992）83頁

40 ビデオ撮影——大トー昭和63年総会事件

大阪地裁平成2年12月17日判決
　事件名等：平成元年（ワ）第3860号損害賠償請求事件
　掲 載 誌：資料版商事83号38頁

概　要　本判決は、株主総会の議場において会社が行ったビデオ撮影について、撮影の目的が相当で、撮影の必要性があり、撮影方法も相当で、かつ、社会的に相当な範囲内で行われたものと認められるとし、当該ビデオ撮影は株主の肖像権を違法に侵害するものではないと判断したものである。

事実関係　Y社は、昭和63年3月に開催された第120回定時株主総会、および、平成元年3月に開催された第121回定時株主総会の議場において、ビデオ撮影を行った。これらの株主総会に出席したXらは、Y社が、Xらの肖像をビデオカメラで撮影したこと、および、Xらが撮影されているビデオテープをA社に貸し出したことが、Xらの肖像権の侵害にあたり、これにより損害を被ったと主張して、Y社に対し、不法行為に基づく損害賠償を求めた（ただし、裁判所は、Xらが撮影されているビデオテープをY社がA社に貸し出した事実を認めなかった）。

判決要旨　請求棄却。「憲法13条等により、『何人も、その承諾なしに、みだりにその容貌・姿態を撮影されない自由を有する』（最高裁判所昭和44年12月24日大法廷判決、刑集23巻12号1625頁）。このように、いわゆる肖像権が憲法上の権利として認められるが、右判決は警察官による被疑者の写真撮影が問題になった事案であるのに対し、本件は私人間での肖像権侵害が問題になる場合であるから、右憲法規定の私人間での効力を検討しなければならない。」
　「本件は株主総会の議事録作成（商法244条〔会318条〕）のため、右総会場設置のビデオカメラにより、社内的な記録を前提としての撮影が行われた場合であり、右撮影が肖像権の侵害として違法性を具備し、損害賠償義務を負うか否かは、右撮影目的の相当性、撮影の必要性、撮影方法の相当性等の諸事情を考慮し、社会的に相当な撮影といえるかどうかによって決せられると解するのが相当である。」
　「Y社の第120回及び第121回株主総会におけるビデオ撮影は、撮影の目的が相当で、撮影の必要性があったものであり、撮影方法も相当で、かつ、社会的に

相当な範囲内で行われたものと認められ（商事法務臨時増刊号の株主総会白書……によれば、株主総会々場にビデオカメラを設置している会社は、昭和63年が回答会社中18.5パーセント、平成元年は21.2パーセントの割合に及んでいる。）、しかも、録画ビデオテープのA社に対する貸出の事実も認め得ない。……したがって、Xらの本件損害賠償請求は、いずれも理由がない」。

本判決の位置づけ・射程範囲

　本判決は、株主総会の議場におけるビデオ撮影が違法な肖像権の侵害に該当するか否かの判断について、「撮影目的の相当性、撮影の必要性、撮影方法の相当性等の諸事情を考慮し、社会的に相当な撮影といえるかどうか」を基準として行われると述べた。そのうえで、各要素について、次のように判断している。①「総会議事の正確な記録（議事録の作成等）と将来の総会決議取消訴訟等における証拠保全の目的」という撮影目的は相当性を有している。②「多数の不規則発言があり、総会が長時間にわたるなどの事態が十分予想され、正確な議事録作成や総会決議取消訴訟に備えるためには、速記や録音テープだけでは不十分な事情があったものと充分認め得る」こと、および「議場の混乱等不測の事態はいつ起きるか予測できないものであることを考えると、証拠保全のためには、総会の開会から閉会まで撮影しなければ、証拠保全の用をなさないと認められる」ことから、撮影の必要性の要件を充たす。③「特定の人物を対象にした撮影態様」ではなく、「発言者をズームアップで撮影している部分もあるが、発言者を特定するに必要な限度に止められているし、かつ、会場の後方からの撮影であることが認められ」、Xらについても「発言している場合にズームアップで撮影されることはあっても、そのほかの場合に特にXらを対象に撮影が行われているものではない」ことに加え、議事の正確な記録をとるためにビデオを撮っている旨の説明が株主総会の冒頭でなされていたことから、撮影の方法は相当と認められる。

実務上の対応

　本判決が、撮影の目的、撮影の必要性、および、撮影方法の相当性の各事情について示した上記の評価は、株主総会の議場におけるビデオ撮影に関しては、ある程度一般的に妥当するものと考えられるため、かかるビデオ撮影が株主の肖像権を違法に侵害するものとして不法行為に該当する場面は例外的であると考えられる。他方、株主を発言者の特定に必要な範囲を超えてズームアップし、または、アングルを変えて撮影するといったことを会社側がなすことも、不規則発言等を行う株主等との関係で想定もされるものの、このような対応は、相当性の認められる撮影方法の範囲を超える可能性があり、留意する必要があろう。また、株主総会当日の議場の様子をホームページ上で公開する場合等にも、別途の注意を要する。

さらに理解を深める

コンメ(7)274頁〔中西敏和〕

41 取締役の説明義務の範囲と程度
——東京スタイル事件

東京地裁平成16年5月13日判決
　事件名等：平成15年（ワ）第14133号株主総会決議取消請求事件
　掲載誌：金判1198号18頁、資料版商事243号110頁

概要　本判決は、①説明義務の範囲は、株主が会議の目的たる事項の合理的な理解および判断をするために客観的に必要と認められる事項に限定されること、②説明義務を尽くしたか否かの判断については、平均的な株主が議決権を行使するにあたり合理的な理解および判断をするのに必要な範囲で説明が尽くされたかどうかが判断基準となることを判示したものである。また、本判決は、③質問株主が平均的な株主よりも多くの知識ないしは判断資料を有していると認められるときには、そのことを前提として説明義務の内容を判断することも許されると判示したものである。

事実関係　Y社が平成15年5月22日に開催した定時株主総会では取締役選任決議等がなされた。Y社の株主であるX社は、Y社の取締役および監査役に説明義務違反があったとして、決議の方法についての法令違反の瑕疵を理由に上記各決議の取消しを求めて提訴した。

判決要旨　請求棄却。「商法237条の3第1項〔会社法314条〕……でいう説明義務の範囲と程度には自ずから限度があり、株主が会議の目的たる事項の合理的な理解及び判断をするために客観的に必要と認められる事項（以下『実質的関連事項』という）に限定されると解すべきである。」

「本件各決議に関し、Y社の取締役及び監査役が説明義務を尽くしたといえるか否かの問題は、本件株主総会における株主の質問に対して、取締役及び監査役が、本件各決議事項の実質的関連事項について、平均的な株主が決議事項について合理的な理解及び判断を行い得る程度の説明を本件株主総会で行ったと評価できるか否かに帰するというべきである。……そして、平均的な株主が決議事項について合理的な理解及び判断を行い得る程度の説明がなされたかどうかの判断に当たっては、質問事項が本件各決議事項の実質的関連事項に該当することを前提に、当該決議事項の内容、質問事項と当該決議事項との関連性の程度、質問がされるまでに行われた説明（事前質問状が提出された場合における一括回答など）の内容及び質問事項に対する説明の内容に加えて、質問株主が既に保有する知識ない

しは判断資料の有無、内容等をも総合的に考慮して、審議全体の経過に照らし、平均的な株主が議決権行使の前提としての合理的な理解及び判断を行い得る状態に達しているか否かが検討されるべきである。」

本判決の位置づけ・射程範囲

　本判決は、説明義務の範囲について、株主が会議の目的たる事項の合理的な理解および判断をするために客観的に必要と認められる事項（実質的関連事項）に限定されると判示した。また、本判決は、説明義務を尽くしたか否かの判断基準について、平均的な株主が決議事項について合理的な理解および判断を行いうる程度の説明がなされたか否かを基準とする、いわゆる平均的株主基準を採用した。これらは従来の裁判例・通説の立場を踏襲した判断であるといえる。

　さらに、本判決は、説明義務違反の有無を判断するにあたり考慮すべき要素を列挙したうえで、「質問株主が平均的な株主よりも多くの知識ないしは判断資料を有していると認められるときには、そのことを前提として、説明義務の内容を判断することも許される」と判示している（同様の見解を示す裁判例として、東京地判平成24・7・19 関連判例、東京地判平成25・2・21 本書42事件）。かかる見解については、質問株主がたまたま質問事項に深い理解があるからといって説明を必要以上に簡略化することは許されないとの批判がある。

　なお、本判決は結論としてY社の取締役および監査役の説明義務違反を否定している（本判決と同一の裁判例である 本書50事件 参照）。

実務上の対応

　株主総会の現場においては、どこまで説明を尽くせば説明義務を果たしたことになるかを即時に判断することが困難な局面もある。実務上は、決議事項については株主総会参考書類の記載事項、計算書類にかかる報告事項については法定の計算書類附属明細書の記載事項が、それぞれ一応の目安とされる。これらの記載事項を補足・敷衍する程度の説明を行うことにより、通常は、説明義務は果たされるものと考えられる。

　しかし、本判決も述べるとおり、説明義務の程度については、諸状況を総合的に考慮することによって判断されるため、質問内容等の個別具体的な事情によっては、より詳細な説明が必要となることもありうる。

　さらに、今日では、CGコードや対話ガイドライン等の要請もあるため、厳密に説明義務の範囲内の回答のみを行うという方針ではなく、より具体的・実質的な回答を行うことにより株主との「対話」を実現するという方針で質疑応答に臨むことが望まれよう。

さらに理解を深める

コンメ(7)261頁〔松井秀征〕　関連判例 東京地判平成24・7・19 判時2171号123頁。東京地判平成25・2・21 本書42事件。本判決と同一の裁判例である 本書50事件

42 取締役の説明義務の範囲
―― 三井住友トラスト・ホールディングス事件

東京地裁平成25年2月21日判決
　事件名等：平成24年（ワ）第27395号株主総会決議取消請求事件
　掲載誌：公刊物未登載（LEX/DB25510791）

概　要　本判決は、取締役等の説明義務の程度につき東京地判平成16・5・13 本書41事件 等と同様の判断基準をとったうえで、質問株主が質問事項について十分な知識や資料を有していたこと等をふまえて説明義務違反を認めなかったものである。

事実関係　Y社の株主であり、A社（Y社の子会社）の元従業員であったXは、Y社の株主総会において、①A社では海外駐在員の給料に関して本邦税金分が徴収されておらず、その金額がA社の損失となっているのではないか（以下「質問1」）、②Bが残業時間の削減という労働基準法違反行為を行っていたことはメールから明らかであるのに、Bを執行役員に任命するのはどういうことか（以下「質問2」）、③手数料の過払いについてどのように適正に対応したのか、過払金は全部回収したのか（以下「質問3」）について質問した。

その後、Xは、質問1～3に対するY社の取締役の説明義務違反を理由として、上記株主総会における取締役選任決議の取消しの訴えを提起した。

判決要旨　請求棄却。「取締役等は、会社法314条に基づき、株主総会において、決議事項の内容、株主の質問事項と当該決議事項との関連性の程度、質問がされるまでに行われた説明の内容及び質問事項に対する説明の内容に加えて、質問株主が保有する資料等も総合的に考慮して、平均的な株主が議決権行使の前提として合理的な理解及び判断を行い得る程度の説明をする義務を負うものと解するのが相当である。」

「C常務執行役員が、Xが指摘する問題についてはいずれも関係各部で調査した上で対応を完了したか、そもそもXが指摘するような事実がなかったことを確認していると述べ、D議長が既に過去にY社としての対応を完了しており、これ以上個別事案についての回答は差し控えたいと述べたことが不合理であったと認めることはできない。また、平均的な株主としても、C常務執行役員及びD議長の上記説明により、A銀行においてXが指摘する問題については、いずれも関係

> 各部で調査した上で対応を完了したか、そもそもXが指摘するような事実がなかったことが確認されたものと理解することが可能であり、本件議案との関係において、議決権行使の前提として合理的な理解及び判断を行い得る程度の説明があったものと認めることができる。」
> 「質問1ないし3に対する説明義務は尽くされたといえる」。

本判決の位置づけ・射程範囲

取締役等の説明義務の程度について、東京地判平成16・5・13 本書41事件 は、①決議事項の内容、②質問事項と当該決議事項との関連性の程度、③質問がされるまでに行われた説明(事前質問状が提出された場合における一括回答等)の内容、および、④質問事項に対する説明の内容に加えて、⑤質問株主がすでに保有する知識ないしは判断資料の有無、内容等をも総合的に考慮したうえで、審議全体の経過に照らし、平均的な株主が議決権行使の前提としての合理的な理解および判断を行いうる程度の説明が行われているか否かにより判断する旨を判示しており、本判決も同様の判断基準を示した。

そのうえで、本判決は、①Xは、質問1〜3にかかる事項について、内部通報制度等を利用して複数回にわたりA社のコンプライアンス委員会に通報を行っており、質問事項について十分な知識や資料を有していたうえ、A社は通報を受けて調査および対応を行いXにも回答をしていたこと、②質問1〜3にかかる事項は取締役選任議案との関連性が希薄であること、③他の株主は質問1〜3にかかる事項を問題にしていなかったこと、④Xの質問は客観性のある資料を示して行われたものではなかったこと等をふまえ、本件では、判決要旨記載の取締役の説明により、平均的な株主が議決権行使の前提としての合理的な理解および判断を行いうる程度の説明が行われており、説明義務違反は認められないと判示した。

実務上の対応

取締役等が説明義務に違反した場合、決議方法の法令違反として決議取消事由となりうる。もっとも、実際の株主総会においては、どこまで説明を尽くせば説明義務を果たしたことになるかの判断が困難な局面もある。説明義務の範囲、程度等については、具体的な質問の内容や、質問の文脈、株主の属性(その有する知識や判断資料の程度等)、さらには株主提案や事前質問の有無等も考慮されることになる。裁判例が一貫して示す「平均的な株主が議決権行使の前提として合理的な理解及び判断を行い得る程度の説明」の有無が問われることになる。もっとも、今日では、CGコードや対話ガイドライン等をふまえ、より具体的・実質的に踏み込んだ「対話」となるような意識に基づき回答ないし説明をする姿勢がいっそう求められているといえよう。

さらに理解を深める

田中185頁 関連判例 東京地判平成16・5・13 本書41事件

43 意見表明と説明義務
——日立製作所事件

東京高裁昭和62年5月28日判決
　事件名等：昭和62年（ネ）第201号株主総会決議取消請求控訴事件
　掲 載 誌：資料版商事39号86頁

概　要　本判決は、株主の発言が意見表明に近いものであり、かつ、株主総会の目的事項に関連しないものである場合において、取締役には説明義務は発生しない旨を判示したものである。

事実関係　Y社が昭和61年6月26日に開催した定時株主総会において、株主であるXが「株主総会のあり方についてお伺いします。会社に関係する質問には、すべて説明をするようにしてもらいたい。」などと発言したところ、Y社の取締役は「会社といたしましては、皆様からご質問があれば、誠実にお答えしたいと思っておる次第でございますが、ご意見だと思いますので、今後ご参考にさせていただきたいということでよろしゅうございますか。」と回答した。また、Xが「去年の総会を思い出してもらいたい。提案に対して耳を傾けようとしないばかりか、現状さえ把握できず、その場逃れの説明をする始末であった。」、「取締役としての責任問題と無関係ではありえないが、改めるつもりはないか。」などと発言したところ、Y社の取締役は「具体的な内容がよくわかりませんが、株主様からの会社の運営その他について、よくしようというご意見だというふうにお伺いしましたので、そのようにしたいと存じ……」と回答した。

　Xは、Y社の取締役には説明義務違反があるなどとして、利益処分案の承認決議等についての取消請求訴訟を提起した。原審はXの請求を棄却した。

判決要旨　控訴棄却。「Xのいわゆる『総会のあり方』及び『取締役の責任問題について』の点に関する発言は、要するに、取締役はY社に関係する質問についてはすべて説明をすべきこと及びY社の事業運営について株主から提案がされた場合には、これに耳を傾けるべきことをいうものであって、株主総会において取締役に説明を求める事項としては具体性を欠き、むしろX自らの意見表明に近いものであったと解されるうえ、……本件総会の会議の目的事項は、第1号議題が第117回営業年度に関する営業報告書、貸借対照表及び損益計算書報告の件、第2号議題が第117回営業年度に関する利益処分の件、第3号議題が故A氏に慰労金及び弔意金贈呈の件であり、……右議題に照らせば、Xの前記発言は、いずれも会議の目的事項に関しないものというべきであるから、……

2 説明義務の発生要件　87

> Y社取締役には、Xの発言に対する説明義務は発生しない。
> Xは「株主総会のあり方及び取締役の責任問題についての質問に対しては、それが株主総会の会議の目的たる事項とされていない場合においても、取締役に説明義務が生ずる旨を主張するが、右主張が、これらの事項についての質問に対しては、それが会議の目的たる事項に関しない場合であっても常に取締役に説明義務を生ずるという趣旨だとすれば、商法237条ノ3〔会社法314条〕の規定の趣旨に照らして到底これを採用することができない。」

本判決の位置づけ・射程範囲

　取締役等の説明義務（会314条）は、あくまでも株主が特定の事項について「説明」を求めた場合に発生するものであり、株主から意見表明がなされたにすぎない場合には説明義務は発生しない。
　本判決は、取締役の説明義務の発生を否定し、その理由として、①「総会のあり方」および「取締役の責任問題について」に関するXの発言は自らの意見表明に近いものであったこと、ならびに、②Xの当該発言は株主総会の目的事項に関連しないものであることをあげている。本判決が①に加えて②も理由にあげているのは、Xの発言を質問と解する余地もないではないことを一応考慮したものと思われる。

実務上の対応

　株主の発言が意見表明にすぎない場合には、取締役等に説明義務は発生しない。もっとも、実務上は、株主の発言が質問であるか、動議であるか、それとも意見表明であるかが明確ではないケースも少なくない。仮に株主の発言が質問である場合、これに回答しなければ説明義務違反の問題が生じうるから、議長としては、かかるケースにおいて安易に株主の発言が意見表明であると判断して回答を控えることは避けるべきである。場合によっては、株主に対し、発言が質問・動議・意見表明のいずれの趣旨であるかを確認することも考えられる。
　また、仮に株主の発言が意見表明にすぎない場合であっても、発言の対象のトピックに関して議長または役員から何らかの説明を行うことが望ましい場合もあることから、議長と事務局との連携は重要である。

さらに理解を深める

コンメ(7)249頁〔松井秀征〕

44 議題との関連性を欠く質問（資産の評価方法に関する質問）と説明義務──高島屋説明義務事件

大阪地裁平成9年3月26日判決
　事件名等：平成8年（ワ）第8580号株主総会決議取消請求事件
　掲 載 誌：資料版商事158号40頁

概　要　本判決は、会社の採用していない資産の評価方法に関する質問等は議題と関連性を有していないとして、取締役の説明義務を否定したものである。

事実関係　Y社が平成8年5月23日に開催した定時株主総会では、営業報告書等の報告および利益処分案の承認決議がなされた。

　Y社の株主であるXは、①Y社の資産の算出方法について、標準原価計算制度、実際原価計算制度のいずれを採用して算出しているのかと質問したのに、Y社は、棚卸資産の評価について説明しただけであり、また、Y社の今決算の資産について、実際原価計算制度による単純総合計算原価、等級別総合計算原価、組別総合計算原価、個別計算原価がそれぞれいくらになるのか、標準原価計算制度による単純総合計算原価、等級別総合計算原価、組別総合計算原価、個別計算原価がそれぞれいくらになるのかと質問したのに、Y社は何ら説明しなかったこと、②棚卸資産の評価につき、原価法と低価法の双方について、個別法・先入先出法・後入先出法・総平均法・移動平均法・単純平均法・売価還元法・最終仕入原価法による棚卸資産の評価額がそれぞれいくらになるのかと質問したのに、Y社は、棚卸資産の一部を個別法で評価し、他は売価還元原価法で評価していると回答しただけであること、③税務申告するにあたり自己否認して使途不明金扱いにして納税した金額について質問したにもかかわらず、Y社が使途不明金はないと虚偽の説明をしたこと等を理由に上記決議の取消訴訟を提起した。

判決要旨　請求棄却。「商法237条ノ3第1項〔会社法314条〕は、株主総会における議案について、取締役・監査役に説明義務を認めることによって、株主が議案について判断するのに必要な具体的情報を提供し、もって株主総会の活性化を図ろうとする趣旨の規定であるから、取締役・監査役の説明義務も、議案の合理的な判断のために必要な事項について説明すれば足り、そのような説明がなされれば、説明義務を尽くしたものということができる。」

（上記①の主張について）「Xの質問は、Y社が採用していない評価方法について回答を求めるもので、本件総会の議案にかかわるものではないから、取締役には、Xの右質問について説明する義務はないというべきである。また、A専務は、Y社が採用している評価方法について説明しているのであるから、議案の合理的な判断のために必要な説明をしたというべきである。」

　（上記②の主張について）「棚卸資産の評価は、いずれかの方法によって行えば足りるのであるから、Y社が採用している評価方法について説明すれば足り、A専務は、右のように回答して適切な説明を行っている。また、本件総会の議案からしても、取締役にはXの右質問すべてについて説明する義務はない。」

　（上記③の主張について）「このようなY社の税務処理に関する質問は、本件総会の議案と何ら関係がないから、取締役に説明義務が生じるものではないし、A専務の『使途不明金はない。』との回答も、商法の計算書類上『使途不明金』という概念がないことからすれば、適切な回答であって、他に右回答が虚偽であると認めるに足りる証拠もない。」

本判決の位置づけ・射程範囲

　会社法314条本文において取締役等に説明義務が課されている趣旨は、株主が議題を理解し、議決権行使の判断をするために必要な情報を提供することにある。したがって、株主の質問が議題と関連性を有しない場合には、取締役等は説明を拒絶することができる（会314条ただし書）。

　本判決は、会社が採用していない資産の評価方法に関する質問等は議題（営業報告書等の報告および利益処分案の承認）と関連性を有しない旨を判示しており、いかなる質問が議題と関連性を有しないといえるかについての事例判断を示した裁判例といえる。

　なお、ほかに裁判例において議題との関連性を有しないとされた質問として、会社が開発に関与していたゴルフ場のオーナー間の問題に関する質問（東京地判平成8・10・17 本書39事件）、委託したビルの設計監理の仕事に関する不満（東京高判昭和61・2・19 本書45事件）等がある。

実務上の対応

　実務上は、議題と関連性を直接的に有しないことが明らかな質問であっても、その内容によっては積極的に説明を行うという対応をとる会社が多い。仮に質問が議題と関連性を有しないことを理由に説明を拒絶する場合には（なお、他の拒絶事由の有無の検討も――その場の即断とはなるが――有益である）、説明義務違反となるリスクを回避するという観点から、事務局や弁護士と相談のうえ、説明を拒絶することが望ましい。

さらに理解を深める

コンメ(7)250〜251頁〔松井秀征〕　　関連判例 東京地判平成8・10・17 本書39事件、東京高判昭和61・2・19 本書45事件

45 事前質問に対する一括回答と説明義務
──東京建物事件

東京高裁昭和61年2月19日判決
　事件名等：昭和60年（ネ）第2697号株主総会決議取消請求控訴事件
　掲 載 誌：判時1207号120頁、判タ588号96頁、金法1134号44頁、資料版商事24
　　　　　　　号25頁

概　要　本判決は、株主が事前質問を行った場合も実際に株主総会で株主から質問がなされない限り取締役等の説明義務は生じず、本件で会社が事前質問に対して一括回答を行ったことは説明義務に違反しない旨を判示したものである。

事実関係　Y社は、昭和60年3月29日、定時株主総会において、利益処分案の承認決議等を行った。Y社の株主であるXは、①株主総会のあり方に関する事項と、②Xが代表者である会社がY社に委託したビルの設計監理の仕事に関する不満を記載した事前質問状をY社に送付していた。

Xは、Y社の取締役が事前質問状に対して行った一括回答は説明義務違反であるなどとして、上記決議等の取消訴訟を提起した。原審はXの請求を棄却した。

判決要旨　控訴棄却。「商法237条の3第1項〔会社法314条〕の規定する取締役等の説明義務は総会において説明を求められて始めて生ずるものであることは右規定の文言から明らかであり、右規定の上からは、予め会社に質問状を提出しても、総会で質問をしない限り、取締役等がこれについて説明をしなければならないものではない。ただ、総会の運営を円滑に行うため、予め質問状の提出があったものについて、総会で改めて質問をまつことなく説明することは総会の運営方法の当否の問題として会社に委ねられているところというべきである。そしてまた、説明の方法について商法は特に規定を設けていないのであって、要は前記条項の趣旨に照らし、株主が会議の目的事項を合理的に判断するのに客観的に必要な範囲の説明であれば足りるのであり、一括説明が直ちに違法となるものではない。更に、たとい一括説明によっては右必要な範囲に不十分な点があったとすれば、それを補充する説明を求めれば足りることである。」

「質問状に対する説明に際し、質問者を明らかにしなかったことは当事者間に争いないが、質問者がその氏名を明らかにすることの要否と説明の範囲とは異別の問題であるとともに、説明は質問者に対しその求めた事項について行われるの

> であるから、説明の対象に質問者の氏名が含まれると解すべき余地のないことは明らかである。もっとも、多数の質問状に対し、質問者の氏名を明らかにすることなく一括説明をする場合は、個々の質問者において自己の質問状に対し説明があったかどうか必ずしも判然としないことが生じ得ないとも限らないが、そのときは前述のように改めて質問するのが相当であり、かつすれば足りることであり、本件において質問状の質問者を明らかにしなかったことは何ら説明義務を尽さなかったこととならない。」

本判決の位置づけ・射程範囲

本判決は、質問の事前通知は質問そのものではないため、実際に株主総会で株主から質問がなされない限り取締役等の説明義務は生じないことを明らかにした。

また、実務上、株主から事前質問状が送付された場合、会社が株主総会の運営の円滑を図るため、事前質問の内容を整理したうえで、株主総会の議場において株主からの質問を受ける前に一括回答を行うことがある。本判決は、かかる一括回答の実施も株主総会の運営方法の当否の問題として会社の判断に委ねられていること、および一括回答において事前質問者の氏名を明示する必要はないことを明らかにした。

なお、一括回答の法的性質について、一括回答は説明義務の先履行ではなく一般的説明としてなされるものにすぎない旨を判示した裁判例として、東京地判平成元・9・29 [関連判例] 等がある。

実務上の対応

事前質問を受領した場合、①議決権のある株主として株主名簿に登録されているか否か、②説明義務のある事項か否か（そうでないとしても任意の回答を行うか否か）、③一括回答を行うか否かなどについて検討を行う必要がある。一括回答を行う場合、その後株主から同様の質問があった場合も回答済みであることを理由に再度の重複説明を省略できるため、一括回答を行うことも株主総会運営の観点からは有効な方法である。なお、事前質問状の送付自体は取締役等の説明義務を生じさせないが、会日より相当の期間前に事前質問状が送付されている場合には、取締役等は説明のために調査が必要となることを理由として説明を拒むことができなくなる（会314条ただし書、施71条1号イ）。

前述のとおり事前質問状を提出した株主が現実に株主総会で質問してはじめて説明義務が生じるものの、実務上は、当該株主が出席していることが確認されれば、（当該株主から質問がなされる前に）議長または答弁担当役員から一括回答する運営がなされることも多い。なお、株主提案権が行使された場合の提案株主に対する対応として、山形地判平成元・4・18 [本書100事件] は提案理由説明の機会を付与すべきとしており、本判決と対比して整理しておくことが大切である。

さらに理解を深める

会社法百選3版35事件〔小林俊明〕。田中185頁　[関連判例] 東京地判平成元・9・29判時1344号163頁。山形地判平成元・4・18 [本書100事件]

46 議決権行使数等に関する質問に対する説明義務：①出席者の内訳、②議場における賛否の票数
── ①つうけん平成7年総会事件、②つうけん平成8年総会事件

札幌高裁平成9年1月28日判決（本判決①）
  事件名等：平成8年（ネ）第148号株主総会決議取消請求控訴事件
  掲 載 誌：資料版商事155号107頁
札幌高裁平成9年6月26日判決（本判決②）
  事件名等：平成9年（ネ）第73号株主総会決議取消請求控訴事件
  掲 載 誌：資料版商事163号262頁

概 要　本判決①は、株主総会の出席者の内訳（本人出席、委任状出席、議決権行使書面提出の人数とその議決権を有する株数）に関する質問に回答しないことは取締役の説明義務違反とならないと判断したものである。本判決②は、本件事情のもとでは、議長は議場における賛否の票数を正確に計算し答える必要はないと判断したものである。

事実関係　本判決①は、Y社が平成7年6月29日に開催した定時株主総会において、同社の株主として株主提案権を行使したXが、その招集手続および決議方法に瑕疵があったとして決議の取消しを求めたところ、原判決が請求を棄却したので、これを不服として控訴した事件にかかるものである。Xの主張する手続および決議方法の瑕疵は14項目にわたるものであったが、本稿では、取締役の説明義務違反に関する主張に対する判示部分を取り上げる。本判決②は、Xが、平成8年6月27日に開催されたY社定時株主総会の招集手続および決議方法に瑕疵があったとして決議の取消しを求めた訴訟で、原判決が請求を棄却したので、これを不服として控訴した事件にかかるものである。Xは、やはり多くの瑕疵を主張したが、本稿では、議決権行使書の賛否の数を問う質問に議長が答えなかったことに関する判示部分を取り上げる。

判決要旨　（本判決①）控訴棄却。「株主数、議決権を有する株式数の報告は、株主総会が議決に必要な定足数を満たしているかどうかの判断のために必要と解されるところ、……本件総会においては、開会時に、『総会事務局から』基準日現在の発行済株式数、株式分割により増加した株式数、議決権行使書面を提出した株主及び出席した株主が有する議決権を有する株式数の報告がなされていること、Xは本件総会において出席者の人数の内訳（委任状出席）の報告を求めたが、議長は委任状、議決権行使書の確認は議長の権限になっているので、詳細の回答は不要であると拒否したことを認めることができ、総会事務局の

株式数等の右報告は総会の定足数を判断するための情報として合理的な内容であったということができるから、議長が総会事務局のした前記報告を超えて出席者の内訳（本人出席、委任状出席、議決権行使書面提出の人数とその議決権を有する株数）を報告することまでしなかったとしても違法ということはできない。なお、Xが会場出席者によってXらの株主提案がどのくらい影響を受けるかを知るために会場出席者の保有議決権数を質問したとしても、右質問は総会の成立や議事の運営に関する質問ということはできず、これに対する応答が前記のとおりであったとしても違法な説明拒否であるということはできない。」

（本判決②）原判決一部取消し。「第5号議案が圧倒的多数で否決されたことは、議長のみならず、株主総会に出席していた誰の目にも明らかであったものであり、このような場合、議長としては議場における賛成及び反対の票数を正確に計算したり、答えたりする必要はないと言うべきである。」

本判決の位置づけ・射程範囲

本判決①は、株主数および議決権を有する株式数の報告は、定足数を満たしているかどうかの判断を行うための情報を提供することに目的があり、かかる目的に照らして合理的に必要な範囲を超える程度に詳細な報告を行う必要はないと判断し、出席者の内訳（本人出席、委任状出席、議決権行使書面提出の人数とその議決権を有する株数）まで明らかにすることは不要とした。

また、本判決②では、会社提案にかかる1号議案および2号議案と、株主提案にかかる5号議案とが一括して審議されたところ、採決の方法について、1号議案および2号議案は発声により採決されたのに対し、5号議案は、正確を期するため、賛成・反対それぞれが挙手により採決され、その結果、賛成に挙手をする者はおらず、株主の多数は反対の方に挙手した。さらに、議長は、議決権行使書で5号議案に賛成の意を表明した株主の株式数をも明らかにしたうえで、5号議案の否決を宣言したという事情があったことには留意すべきであろう。

実務上の対応

定足数の報告に関する現在の実務は、本判決①と整合的であり、議長または事務局より、定足数を満たしているかどうかの判断を行うために必要な情報、すなわち、(i)議決権を行使することのできる株主数、(ii)その有する議決権の個数、(iii)出席株主数（議決権行使書および電子投票を含む）、および、(iv)その有する議決権の個数についての報告が行われる（その報告のタイミングは1つの論点とはなる）。本判決①の事案のように、株主出席状況に関する詳細な情報を求める質問がなされることはまれであろうが、本判決①は、出席者の内訳等に関する説明義務の内容を考えるうえで実務の参考となる。一方、プロキシーファイト等が行われるような事案で、賛否が拮抗する場合にまで、本判決②が述べるように票数の計算・集計が必要ないとまではいえないであろう。

さらに理解を深める

秋田量正・判タ1048号166頁

47 役員の実質的保有株式の数に関する質問に対する説明義務──大トー昭和62年総会事件

大阪地裁平成元年4月5日判決
　事件名等：昭和62年（ワ）第5821号株主総会決議取消請求事件
　掲　載　誌：資料版商事61号15頁

概　要　本判決は、旧「上場株式の議決権の代理行使の勧誘に関する規則」（昭和23年証券取引委員会規則第13号〔現在は廃止〕。以下「委任状勧誘規則」）に基づく参考書類に記載された取締役および監査役の各候補者の保有株式数のなかに借用株式の数が含まれていた場合に、議長が個々の役員が実質的に保有する株式数を回答せずとも、説明義務に違反しないとしたものである。

事実関係　Y社が昭和62年3月30日に開催した第119回定時株主総会において、株主であったXが株主提案権を行使したが、当該株主提案にかかる議案は否決された。Xは、本件株主総会決議は、決議の方法が著しく不公正であったと主張して、その取消しを求めて提訴した。

判決要旨　請求棄却。「Y社が参考書類に各候補者の有するY社株式数を記載しているのは、Y社がいわゆる上場会社であるので、委任状勧誘規則の定めに従っているからであるが、同規則2条3号で『株主総会の目的たる事項が取締役の選任に関するものである場合』に、『取締役候補者について、その有する当該会社の発行する株式の数』を記載しなければならないと定めている趣旨は、その有する株式数が会社への関与の程度を明らかにする資料の1つとなるからであり、これによって被勧誘者に対し主として当該取締役がオーナー経営者であるかどうかを判断する資料を提供するためのものと解される。したがって、他人の有する株式を名義のみ移転してその者の保有株式と表示すべきでないことは明らかであるが、本件についてみれば、参考書類に記載の取締役候補者及び監査役候補者のうち、A社からの借用株式数は、多い者でもY社の発行済株式総数1,000万株の0.12％にすぎず、Y社の大株主……の持株割合……に比し、この程度の微量の借用株式であれば被勧誘者が判断を誤るおそれがあるものとは到底えない」。

「本件株主総会において、株主からの質問に対し、議長代表取締役Bは、参考書類に記載されている自己の所有株式数1万3,000株のうち、いわゆる借用株式数を除外した株式数は1,000株である旨の説明をし、他の候補者については、株主の『これはまあほとんどの役員さんがそういう状態になっておると推察していいわけですね。』との質問に対し、『これは役員さん個々のお話でございますので

ひとつご勘弁をお願いしたいと思います。』と答えたが、その質問をしていたC株主は右答弁を一応は了解してそれ以上追及することなく他の質問に移った」。

「本件では参考書類に記載されている各候補者の有する株式数のうちにはX主張のとおりのA社からの借用株式が含まれていたけれども、それは被勧誘者に判断を誤らせるおそれがあるとは到底認められない程度のものであると認められること、及び質問株主も右答弁を一応了承してそれ以上追及せずに他の質問に移ったというやりとりの経緯に照らして考えると、右答弁をもってY社取締役の株主に対する説明義務違反とも、決議の方法が著しく不公正であったとも認めることはできない。」

本判決の位置づけ・射程範囲

かつて上場株式に適用され、平成15年に廃止された委任状勧誘規則は、参考書類において、取締役または監査役の選任に関する議案につき、役員候補者の有する株式の数を記載することを求めていたが、この点は後述のとおり現行法下でも異ならない。本件では、参考書類に記載された各役員候補者の保有株式数のなかに、他人の有する株式を名義のみ移転したにすぎない借用株式が含まれていた。Xは、役員が実質的に保有する株式数を尋ねる株主の質問に対し、議長が、自らの実質的に保有する株式数のみを回答し、その他の役員のものを回答しなかったことをもって、説明義務違反であると主張した。本判決は、役員の保有株式数を参考書類に記載すべき趣旨は、その有する株式数をもって会社への関与の程度を明らかにし、当該取締役がオーナー経営者であるかなどにかかる資料を提供することにあるとした。そのうえで、本件では、実際の借用株式数が他の大株主の保有する株式数に比して微量にすぎないため、借用株式数を算入したとしても、上記の点に関する株主の判断を誤らせるおそれがあるとはいえないと判断した。加えて、質問した株主が更問を行わなかったことにも照らし、説明義務違反はないとの結論が導かれている。

実務上の対応

現行法下でも、公開会社における取締役または監査役の選任に関する議案を提出する場合には、取締役候補者または監査役候補者の保有する株式の数を、株主総会参考書類（施74条2項1号、76条2項1号）または参考書類（上場株式の議決権の代理行使の勧誘に関する内閣府令2条1項5号、4条1項7号）に記載しなければならない。その趣旨は、本判決が示すところと同様であるから、本判決の考え方は現行法下でも妥当すると考えられる。しかし、本判決は、借用株式数が株主の判断を誤らせるおそれがない程度に微量であったことや、質問株主が更問を行わなかったことに基づいて会社を救済した事例判断といえる。借用株式数を回答しないことが取締役の説明義務違反を構成しない、との一般論を述べたものではないことに留意が必要である。

さらに理解を深める

弥永376頁

48 貸借対照表における預金先・預金種類・預金金額に関する質問に対する説明義務
　　──つうけん平成7年総会事件

札幌高裁平成9年1月28日判決
　事件名等：平成8年（ネ）第148号株主総会決議取消請求控訴事件
　掲　載　誌：資料版商事155号107頁

概　要　本判決は、貸借対照表における預金の預金先、預金種類および預金金額については、特別の事情がなければ説明義務はないと判断したものである。

事実関係　本書46事件の判決①の事案のもと、Y社の株主Xが、Y社定時株主総会において、Y社の貸借対照表上の現金預金41億円の預金先、預金種類および預金金額について質問をしたところ、Y社側が説明を拒否したため、Xが取締役の説明義務違反を主張した。

判決要旨　控訴棄却。「(1)……Xから資産の安全性の観点から右……の質問がなされ、取締役が銀行の株主もいるのでこの場で数値をいうことはできない旨答弁し、代表取締役が銀行の固有名詞を出さなくても道内の4行とか都市銀行とかあるいは信託銀行とか我々が安全と思っているところに出しておりますので株主の皆さんの不安はないと確信しております、ある固有名詞を公表すると、今後の商売の関係で不都合をきたすこともあるので控えたいという趣旨の回答したこと〔ママ〕を認めることができる。……(2)確かに、質問の意図あるいは預金先についての報告を求める客観的必要が認められる特別の事情があるような場合には回答しなければならないこともあると思われるが、Xの質問事項は基本的にはY社の執行機関の経営判断に委ねられるべき事項と考えられ、本件においては、Xが資産の安全性の観点以外にどのような必要性があって質問をしたのか個別具体的な事情は明らかでなく、右の観点からは取締役の回答により目的を達したものと考えられるから右の質問に対し、取締役が銀行と今後も円滑な取引を図るうえから右(1)で認定したとおりの回答をしたからといって、右回答を一概に違法なものということはできず、直ちに、取締役が説明を拒否したとまでいうことはできない。」

3 説明義務の具体例

> 会社法314条ただし書、会社法施行規則71条
>
> 1　株主総会の目的事項に関しない質問
> 2　説明をすることで株主共同の利益を著しく害する質問
> 3　調査が必要な質問
> 4　説明をすることで会社やその他の者の権利を侵害する質問
> 5　実質的に同一の事項について繰り返して説明を求める質問
> 6　その他説明をしないことにつき正当な理由がある場合

本判決の位置づけ・射程範囲

本判決は、株主が、株主総会において、会社の貸借対照表上の現金預金41億円について、その預金先、預金種類および預金金額について質問をしたところ、取締役側が、具体的な金融機関名や金額等こそ回答しなかったものの、一切の回答を拒否したものではなく、経営陣として安全と思っている金融機関に預けている旨、特定の金融機関との取引内容を具体的につまびらかにすることは、今後円滑な取引を進めるうえで不都合である旨説明したという事情のもとで説明義務違反を認めなかったものであり、その結論は首肯できるところであろう。

むしろ、本判決のポイントとしては、預金先等についての回答を求める客観的必要性が認められる特別の事情があるような場合には、回答しなければならないことのあることを示した点にあろう。

特別の事情については、たとえば、金融機関の経営破たん等が頻繁に起きうる社会情勢等のもとで資産の安全性の観点から認められることになるのか、あるいは、その他の個別具体的な事情等により認められることになるのか、その判断には幅があることが考えられる。

実務上の対応　実務上、計算関係の詳細な質問がなされることは多く見られるところ、回答を行うために調査を要する場合や詳細な回答をすること自体が株主共同の利益を著しく害する場合も出てきうるところである（会314条ただし書、施71条）。

本件で問題となった預金（取引）の事例を離れて、取引にかかわる質疑につき、種類・重要度を問わず一律に「個別の取引に関する質問であるため回答を差し控える」旨の通り一遍の回答を行うことは、対話型総会が進展している昨今においては、説明義務違反として決議取消事由を構成することとなる場合があるか否かはともかく、少なくとも経営側の望ましい態度とはいえないであろう。質疑の内容、質問の文脈等に応じた対応が求められる。なお、法令が定める説明義務の例外は上記の図のとおりである。

さらに理解を深める　会社法百選2版33事件〔小林俊明〕。会社法百選初版40事件〔正井章筰〕　**関連判例**　本判決と同一の裁判例である　本書46事件①。
札幌高判平成9・6・26　本書46事件②

49 損益計算書中の販売費および一般管理費に関する質問に対する説明義務──大トー昭和62年総会事件

大阪地裁平成元年4月5日判決
事件名等：昭和62年（ワ）第5821号株主総会決議取消請求事件
掲載誌：資料版商事61号15頁

概要　本判決は、株主総会当日にはじめてなされた交際費および会費の内訳を問う質問に対し、議長が、交際費、会費の総額を明らかにし、主だった支出先を説明したこと等により、説明義務を尽くしていると判断したものである。

事実関係　本書47事件の事案のもと、Xは、Y社の損益計算書中の販売費および一般管理費の額が、Y社の規模およびA（Y社の最大の株主であり、かつ売上げの60％の買受人）との特殊な関係にかんがみ不相当に多額であることを前提に、Xがその内訳、特に交際費および会費の内訳について質問したにもかかわらず、Y社取締役がこれに答えず、昭和62年4月上旬までに別途回答するとの虚言を弄して、説明義務を回避し承認決議を強行したから、説明義務違反の違法があるとして、決議取消訴訟を提起した。

判決要旨　請求棄却。「(1)Y社が各株主にあらかじめ送付した『第119回定時株主総会招集ご通知』と題する書面中に、利益処分案及び附属明細書につきいずれも適正、適法と認める旨の会計監査法人並びに監査役の監査を既に経ている旨の記載がなされていること、(2)交際費及び会費の内訳の明示を求めるXの質問は、本件株主総会において初めてなされたものであり」、Y社は、「交際費の総額を明らかにした上、それが営業目的に正当に使われたものであること、交際費は各部門別に割り振って管理しているため役員使用分とそうでないものとの区分できないことなどを説明し、会費については、準備していた資料に基づき、雑費中における会費の総額を明らかにするとともに、さらにY社の業総管理部部長B及び議長代表取締役Cから、会費の主だった支出関係先として、商工会議所、労働基準協会、防犯協会、ニューセラミックス協会、交通安全協会などの名をあげて説明したこと、(3)そして、議長代表取締役CはXの代理人Dに対し、それ以上の具体的内容の開示を求めるのであれば同年4月上旬にはX方に赴いてそれを説明する旨言明し、Y社総務部長E及び業務管理部長Bが同月9日X方に赴き交際費及び会費の内訳を記載した書面……を示してXに説明したことが認められ、右

> (1)及び(2)の事実によると、Y社取締役は株主においてY社提出の利益処分案を正確に把握しその賛否を決することができる程度に必要な説明義務を尽くしたものと認めざるをえない……また前記認定のとおり、Y社は本件株主総会後の昭和62年4月9日に交際費及び会費の内訳を記載した書面をXに示して説明しており……Y社は本件株主総会において株主らの質問に誠実に、鋭意応答していることが認められ、Xが主張する如く虚言を弄して説明義務を回避し、承認決議を強行した事実は認められない。」

本判決の位置づけ・射程範囲

本件は、株主が、株主総会において、Y社の損益計算書中の販売費および一般管理費の額が不相当に多額であるとして、特に交際費および会費の内訳について質問した事案である。Y社は、当該質問に対し、①交際費の総額を明らかにし、その使途を明確にし（営業目的に正当に使用）、②交際費は各部門別に割り振って管理しているため役員使用分とそうでないものとには区分できないこと、③会費については、雑費中における会費の総額を明らかにするとともに、主だった支出関係先も説明したうえで、④それ以上の具体的内容の開示を求めるのであれば別途説明する旨株主総会の場で回答し、実際、後日、Y社部長らが説明に赴いている。かような状況に照らせば、説明義務違反という認定には至らないであろう。

また、本件では、これらの詳細な質問が、本件株主総会当日においてはじめてなされた、という状況にもあった。相当の期間前に書面で説明を求める旨通知することなく当日出された質問で、会計帳簿等を調査しなければ答えられないような事項は、原則として説明義務の対象外（会314条、施71条1号参照）と解されることからも、本判決は当然の判断といえよう。

札幌高判平成9・1・28 本書48事件 では計算書類のうち貸借対照表に関する質問が、本件では損益計算書に関する質問がそれぞれ問題となっているところ、実務上、計数に関する細かい質疑が株主総会当日にされることは比較的多いから、各事案における会社側の対応は、参考になる。

実務上の対応

当日はじめて出された質問で、調査を要するような事項は、原則として説明義務の対象外であるから、損益計算書中の販売費や一般管理費の詳細を説明義務の対象としなかった本判決は当然の判断であろう。しかし、実務上は、事前質問（状）のようなかたちで問われることも予想されることから、そのような場合は回答を拒絶することが困難となることも念頭に置く必要がある。

また、本件では、株主に対して個別に詳細な説明を行っており、その点も判決で考慮されているが、個別の株主にどこまで説明をするか（程度、時期等）については、慎重な検討が必要であることはいうまでもない。

さらに理解を深める

弥永354〜355頁　関連判例 本判決と同一の裁判例である 本書47事件。札幌高判平成9・1・28 本書48事件

50 取締役選任議案に関する説明義務
──東京スタイル事件

東京地裁平成16年5月13日判決
　事件名等：平成15年（ワ）第14133号株主総会決議取消請求事件
　掲　載　誌：金判1198号18頁、資料版商事243号110頁

概　要　　本判決は、取締役選任議案に関する取締役等の説明義務について、取締役候補者の適格性判断に必要な事項、具体的には、通常、法務省令が定める株主総会参考書類の必要的記載事項を説明しなければならず、株主が再任・新任取締役候補者の適格性について質問をした場合には、同事項を敷衍して当該候補者の業績や従来の職務執行状況等、平均的な株主が議決権行使の前提としての合理的な理解および判断を行うために必要な事項を付加的に明らかにしなければならないとしたうえで、本件事情のもとで、Y社の取締役および監査役の説明義務違反を否定したものである。

事実関係　　Y社は、平成15年5月22日に定時株主総会を開催し、この株主総会において取締役選任議案等を承認する決議がなされた。Y社の株主であるX社は、Y社の取締役および監査役に説明義務違反があったとして、決議の方法についての法令違反を理由に上記決議の取消しを求めて提訴した。

判決要旨　　請求棄却。「第4号議案は、取締役の選任に関する決議事項であるから、同決議事項についての実質的関連事項は、再任取締役候補者あるいは新任取締役候補者の適格性の判断に必要な事項である。そして、具体的には、通常、商法施行規則13条1項1号〔会社法施行規則74条〕所定の『候補者の氏名、生年月日、略歴、その有する会社の株式の数、他の会社の代表者であるときはその事実』等に関する事項であり、同事項に関する説明が行われなければならず……また、株主が再任取締役候補者あるいは新任取締役候補者の適格性について質問をした場合には、同規則所定の事項にふえんして、それらの者の業績、再任取締役候補者の従来の職務執行の状況など、平均的な株主が議決権行使の前提としての合理的な理解及び判断を行うために必要な事項を付加的に明らかにしなければならないと解すべきである。……Z株主は、取締役選任候補者の監視義務の履行状況を確認するため、①有価証券投資に係る取締役会決議の要否の基準、②同基準に係る取締役会規程の存否、③本件投資時点における取締役会決議の要否の基準の存否及び④本件投資に関する取締役会決議の存否について質問してお

り、この点に関しては、実質的関連事項として代表取締役による投資判断の内容及びこれに対する各取締役による代表取締役の職務執行に対する監視状況を説明する必要があったというべきである。そして、この点については、Z株主による質問がされる前に、Y社の専務による一括回答として、……有価証券投資は総資産の一部であること、有価証券に係る損失について今後のチェック体制を一層充実させること、社外の専門家によるチェックに加えて、社内においても複数の担当者による稟申制度を採用したこと、さらに一定金額を超える投資案件について取締役会決議を要する旨定めたことを説明している。また、……Y社の議長は、第1号議案に入る前の一般質問の際には、Y社の保有する有価証券800億円に係る損失の有無、額等を明らかにしてほしいとの質問に対し、流動資産項目の有価証券の含み損額が30億円であり、固定資産項目の投資有価証券の含み損が70億円に達することを説明し、また、含み損30億円については時間をかけてなくしていくことを説明している。さらに、……Y社の議長は、Z株主の質問①については、10億円を超える投資案件について取締役会決議を要すること、同質問②については、現在取締役会規程が存在すること、同質問③については、当時投資案件に係る取締役会決議の要否の基準に関する取締役会規程が存在しなかったこと、同質問④については、本件投資の一部を除き取締役会の決議を経ていなかったことを説明している。……これらの事実によれば、取締役候補者の適格性の一部を構成すると考えられる本件投資に関するY社の議長を含めた取締役候補者の判断の是非や監視義務履行の状況等経営責任の有無を判断するために必要な事項の具体的な内容は明らかにされており、平均的な株主を前提とする限り、第4号議案の決議について合理的な理解及び判断をするために必要な事項の説明はされていたと評価することができるというべきである。」

本判決の位置づけ・射程範囲

本判決は、Y社が行った有価証券投資で損失が生じていたところ、再任取締役候補者の適格性判断に必要な取締役候補者の従来の職務執行の状況等を明らかにする必要があったとしつつ、Y社取締役等の説明義務違反を否定した。説明義務違反の有無に関する事例判断として実務上参考となる（本件は、旧村上ファンドが株主提案等を行ったことで注目されたケースに関連した事件である）。

実務上の対応

株主から再任取締役候補者の適格性について質問があった場合には、会社法施行規則74条所定の事項を敷衍して当該候補者の業績や従来の職務執行の状況についても説明する必要があり、この点は再任監査役候補者等にも同様に妥当すると思われるから、取締役に限らず役員選任議案においては、本判決も参考にして十分な説明を行うよう留意する必要がある。

さらに理解を深める

田中185頁

51 事前質問に対する一括回答の誤り
―― フジ・メディア・ホールディングス事件

東京高裁平成29年7月12日判決
　事件名等：平成29年（ネ）第179号株主総会決議取消請求控訴事件
　掲　載　誌：金判1524号8頁

概　要　本判決は、事前質問に対する一括回答が虚偽のものであり、決議の内容が影響を受けたような場合には、株主総会の決議方法が著しく不公正なときに該当しうるとの一般論を示したうえで、本件は個別事情にかんがみ決議方法が著しく不公正とまではいえないと判示したものである。

事実関係　平成26年6月27日に開催されたY社の定時株主総会では、Y社の取締役より、役員賞与の個人別支給額を明らかにするよう求める事前質問状に対する一括回答として、役員賞与には業績連動の側面があるので、結果にかんがみ、個々の支給額は前年度と比較して約15％減額している旨の説明（以下「本件回答②」）がなされた。

しかし、実際には、支給額が前年度比15％減額となるのは役員2名の連結役員賞与支給額についてのみであり、Y社単体の役員賞与支給額は役員全体で前年度比130万円増額されていた。

Y社の株主であるXらは、本件回答②は虚偽であるとして、上記株主総会の取締役選任決議および役員賞与支給決議の取消し、ならびに不法行為に基づく損害賠償を求める訴訟を提起した。原審はXらの請求を棄却した。

判決要旨　控訴棄却。「株主のした事前質問に対して会社がした回答の内容が虚偽のものであり、その結果、決議の内容が影響を受けたような場合には、株主総会の議事運営が著しく不公正であることによって決議の方法が著しく不公正なときに当たる場合があり得るものと解するのが相当である。」

「本件回答②は、本件株主総会における役員賞与の支給に関する第4号議案の審議に際し、役員2名に限定した連結役員報酬（賞与）支給額について言及していることを明示しないまま、Y社単体ではなくA社を加えた連結ベースで支給される同役員らの賞与の合計額の前年度比の水準を説明するものであって、株主に対する説明としては甚だ分かりにくいものであったというべきである。……本件回答②を聞いた株主は、第4号議案に係る役員賞与の支給対象である役員全員に対する個々の支給額が前年度比15パーセント減額されていると誤解する可

能性があり、本件回答②は株主に対する説明として適切なものであったとは言い難い。したがって、このような本件回答②により、株主は、そのような誤解をしたまま、本件株主総会における第4号議案（さらには役員の選任に関する第2号議案）について議決権を行使した可能性が否定できないから、本件各決議の方法には不公正な点があったというべきである。」

　もっとも、「本件株主総会の第4号議案においては、Y社の役員賞与支給額の総額及び支給の対象となる取締役及び監査役の数は明らかにされており、……株主は、そのこと自体は認識した上で同議案を承認可決したものであって、本件回答②により、いわば支給の理由ないし根拠につき誤解する可能性があったにとどまる」。また、「本件回答②においては、役員賞与の支給額に言及するよりも前に、Y社の業績を連結ベースで評価した説明がされていることも認められる」。さらに、（議決権の事前行使の状況をふまえると）「本件回答②は、第4号議案及び第2号議案の決議の成否に影響を与えなかったものである。」

　「これらの事情を勘案すると、本件回答②は本件株主総会における説明として適切さを欠くものであり、本件各決議の方法には不公正な点があったというべきであるものの……決議を取り消さなければならないほどの重大な瑕疵であるということはでき」ず、「本件各決議の方法が著しく不公正であるとまでいうことはできない」。

本判決の位置づけ・射程範囲

　事前質問状の送付だけでは取締役等の説明義務は生じないから（東京高判昭和61・2・19 本書45事件）、事前質問に対する一括回答に誤りがあったとしても説明義務違反となるものではない。もっとも、本判決は、事前質問に対する一括回答が虚偽のものであり、その結果、決議の内容が影響を受けたような場合には、決議方法が著しく不公正なとき（会831条1項1号）に該当しうると判示した。

　そのうえで、本判決は、本件回答②は役員全員に対する個々の支給額が前年度比15％減額されているとの誤解を株主に与える可能性があり、決議方法には不公正な点があったものの、①招集通知や議案上程時の説明に照らせば出席株主は議案の内容自体は認識していたこと、②業績は連結ベースで評価した旨の説明がなされていたこと、③議決権の事前行使分によりすでに過半数の賛成票を得ていたことから、決議方法が著しく不公正であるとまではいえないと判示した。

実務上の対応

　本判決をふまえれば、事前質問に対する一括回答に誤りがある場合、決議取消事由に該当する可能性がある。一括回答を行う場合は、その内容を十分に検討し、株主に誤解を与える可能性のある表現は使用しないように留意する必要がある。

さらに理解を深める

弥永真生・ジュリ1506号2頁　 関連判例 東京高判昭和61・2・19 本書45事件

52 退職慰労金に関する説明義務(1)
──ブリヂストン事件

東京地裁昭和63年1月28日判決
　事件名等：昭和62年（ワ）第4930号株主総会決議取消請求事件
　掲載誌：判時1263号3頁、判タ658号52頁、金法1181号42頁、金判787号26頁、資料版商事47号76頁

概要　本判決は、株主総会において、退任役員に対して会社所定の基準に従い相当の範囲内で退職慰労金を贈呈することとし、具体的金額・支給期日・支給方法は、退任取締役については取締役会に、退任監査役については監査役の協議にそれぞれ一任する旨の決議をなす場合、取締役は、①会社に現実に一定の確定された基準が存在すること、②その基準は株主に公開されており周知のものであるかまたは株主が容易に知りうること、③その内容が支給額を一意的に算出できるものであること等について説明すべき義務を負う旨を判示したものである。

事実関係　Y社は、昭和62年3月30日の定時株主総会において、退任役員に対して会社所定の基準に従い相当の範囲内で退職慰労金を贈呈することとし、その金額・時期・方法等は、退任取締役については取締役会に、退任監査役については監査役の協議にそれぞれ一任する旨の決議等を行った。

Y社の株主であるXらは、Y社所定基準の内容、取締役と監査役の金額の割り振りとその基準、退職慰労金の総額さえ明示しない慣行の内容とその合法性等について説明を求めたにもかかわらず、議長はこれを説明しておらず、説明義務違反があるなどとして、上記決議等の取消訴訟を提起した。

判決要旨　X₁およびX₂の請求一部認容（退職慰労金贈呈決議取消し）、一部棄却、その他のXらの訴え却下。「株主にとっては、利益処分は重大な利害関係を有する事項であり、取締役及び監査役への報酬額は株主への配当額に直接影響するのであるから、株主総会決議において個別の額や総額を決定しない場合、支給基準によって具体的な金額を知りうるのでなければ、本来利益処分の承認決議について賛否を決しがたいというべく、支給基準について説明を求めうるのは当然というべきである。……商法269条〔会社法361条〕、279条1項〔会社法387条1項〕との関係からも、支給基準を定めて取締役会等に一任することがお手盛り防止の趣旨に反せず、したがって株主の利益に反しない理由を説明する必要があるというべきであり、具体的には、……会社に現実に一定の確定された基準が存在すること、その基準は株主に公開されており周知のものであるか又は株主が容易に知り得ること、及びその内容が……支給額を一意的に算出できるも

のであること等について説明する必要があるというべきである。」
「議長は、取締役や監査役に説明するよう指示しないばかりでなく、自らが取締役らに代わって、一切の説明を拒否していることが認められる。……本件慰労金決議は、商法237条ノ3第1項〔会社法314条〕に違反するものというべきであり、決議の方法が法令に違反したものであるから、決議取消事由がある。」

本判決の位置づけ・射程範囲

役員退職慰労金の支給議案については、個人別の金額が明確になることを避ける趣旨で、株主総会ではその総額を明示せず、具体的金額・支給期日・支給方法を、退任取締役については取締役会、退任監査役については監査役の協議に一任する旨の決議（以下「一任決議」）がなされることが多い。かかる一任決議の方法も、当該会社の取締役会規則や慣行によって一定の支給基準が確定していること、および当該基準が株主にも推知しうるものになっていることを充たす場合には適法であると解されている（最判昭和39・12・11 関連判例）。

また、一任決議を行う場合、原則として支給基準を株主総会参考書類に記載しなければならないものの、「各株主が当該基準を知ることができるようにするための適切な措置を講じている場合」には当該記載を省略できる（施82条2項）。そこで、実務上は株主総会前から本店に当該基準を記した書面を備え置き、株主の閲覧に供することで対応する例が多い。

本判決は、一任決議を行う場合における支給基準に関する取締役の説明義務について、取締役は、①会社に現実に一定の確定された基準が存在すること、②その基準は株主に公開されており周知のものであるかまたは株主が容易に知りうること、③その内容が支給額を一意的に算出できるものであること等について説明すべき義務を負う旨を判示したものである。

実務上の対応

上場会社においては、役員退職慰労金の支給議案は総額が明示されないこと、業績との関連が薄いこと等から不透明感が強いこと、議決権行使助言機関等の影響もあり、役員退職慰労金支給制度を廃止する会社が増加傾向にある。

支給決議を上程する場合において株主から支給基準に関する質問がなされた場合、取締役は上記①～③の事項について説明をする必要がある。また、支給基準を適用した場合の具体的な金額について質問があった場合、当該金額は株主総会終了後に取締役会等により決定されるものであるから説明を拒絶することも考えられるが、算出の方法、基礎となる報酬月額等を説明するか、または概算金額を説明することが無難であるとの指摘もある。

さらに理解を深める

江頭464頁。田中253～254頁。コンメ(7)263～264頁〔松井秀征〕。河村貢ほか『株主総会想定問答集平成30年版（別冊商事428号）』（商事法務、2018）126頁　関連判例 最判昭和39・12・11民集18巻10号2143頁

53 退職慰労金に関する説明義務(2)――南都銀行事件

奈良地裁平成12年3月29日判決
　事件名等：平成11年（ワ）第502号株主総会決議取消請求事件
　掲載誌：判タ1029号299頁、金法1578号88頁、金判1090号20頁、資料版商事
　　　　　193号198頁

概要　本判決は、東京地判昭和63・1・28 本書52事件 の判旨を踏襲しつつ、取締役の回答からは退職慰労金の算出基準が存することはうかがえるものの、①支給額を一義的に算出できる基準が存することは説明されていないこと、②役員退職慰労金規程を定めてその書面を本店に備え置き、株主の閲覧に供しているのであれば、その事実を各株主に対する通知に記載するか、少なくとも、株主総会において株主から質問がされたときに、本店に役員退職慰労金規程が備えられ、これを閲覧することで退任取締役らの退職慰労金を算出することができる旨説明すべきであったことを指摘して、決議取消しを認めたものである。

事実関係　Y社は、平成11年6月29日に株主総会を開催し、「第4号議案　退任取締役及び退任監査役に対し退職慰労金贈呈の件」を付議した。同議案について、株主であるXらが、基準ではなく金額を明確に公表せよとの質問を行った。これに対し、取締役らは、「算出基準は基礎額と乗数と在位年数を乗じて計算しており、それぞれについては役員会で決定させていただきたい」、「受給者のプライバシーの問題にも関わってまいりますので、金額の公表を差し控えさせていただきたい」、「取締役会及び監査役の協議によりまして具体的金額を決定することになりますので、金額の公表については差し控えさせていただきたい」、「差し控えるということは、今後、金額については公表しないということでご理解いただきたい」などと回答した。その後、議長は、質疑の打切りを議場に諮ったところ、賛成多数であったため、同議案の承認を諮り、同議案は承認可決された。Xらは、上記の回答は取締役の説明義務に違反すると主張し、当該決議の取消しを求めて提訴した。

判決要旨　請求認容。「事前に各株主に送付された本件総会の招集通知、本件総会における議長及び取締役の説明のいずれにおいても、退職慰労金の算出基準が存することはうかがえるものの、右基準の内容については明らかではない。すなわち、右通知は、一定の基準に従い相当額の範囲内で退職慰労金を贈呈するが、その具体的金額は取締役会又は監査役の協議に一任されたいとの内容であり、取締役の説明も、算出方法については基礎額と乗数と在位年数を乗

じて計算するというだけで、結局は取締役会及び監査役の協議によって具体的金額を決定するとの説明に終始しているにすぎない。株主としては、このような説明を受けたとしても、本件議案とされた退職慰労金の具体的金額がどの程度になるのか全く想定できないばかりか、その額が一義的に算出されうるものかどうか判断し得ないといわざるを得ず、本件総会において、退職慰労金の贈呈に関して議決をするのに十分な説明がされたと認めることは困難である。」

「Y社は、役員退職慰労金規程を定めてその書面を本店に備え置き、株主の閲覧に供していると主張するが、仮に右規程を本店に備え置いて株主の閲覧に供していたというのであれば、その事実を各株主に対する通知に記載するか、少なくとも、本件総会においてXから質問がされたときに、Y社本店に役員退職慰労金規程が備えられ、これを閲覧することで退任取締役らの退職慰労金を算出することができる旨説明すべきであったというべきである。したがって、仮にY社の主張どおり、Xらにおいて役員退職慰労金規程を閲覧できる状態であったとしても、本件総会におけるY社取締役の説明が前認定のとおり本来の説明とはなっていないことを正当化するものではない。」

本判決の位置づけ・射程範囲

本判決は、退職慰労金と取締役の説明義務の範囲については、東京地判昭和63・1・28 本書52事件 の判旨を踏襲している。しかし、本判決の事案においては、株主が支給基準ではなく金額を明確に公表せよと要求したのに対し、取締役は、支給基準の存在については、退職慰労金額は「基礎額と乗数と在位年数を乗じて計算」する旨の一応の回答を行っており（下記①）、退職慰労金の金額に関する一切の説明を拒否した東京地判昭和63・1・28 本書52事件 の事案とは異なる。しかし、本判決は、かかる回答では、当該支給基準が閲覧可能であることが明確でなく（下記②）、また、支給額を一義的に算出できるものであることについての説明として十分ではないと判断し（下記③）、決議を取り消した。

実務上の対応

本判決の文言上は、①確定された基準が存在すること、②当該基準が周知のものであるか閲覧可能であること、③その内容は支給額を一意的に定めうることを説明すれば説明義務を果たしたことになり、支給基準の内容そのものについてまで説明する必要がない旨判断しているようである。その一方、退職慰労金の支給基準について質問がなされた場合には、支給基準の存在のみならず、その内容（具体的な計算式）についても説明すべきであるとの指摘もあることには留意すべきである。

さらに理解を深める

江頭464頁。コンメ(7)263～264頁〔松井秀征〕。福岡＝山田254～255頁。大阪株式懇談会編・前田雅弘＝北村雅史著『会社法実務問答集Ⅰ(上)』(商事法務、2017) 279～280頁　関連判例 東京地判昭和63・1・28 本書52事件

54 全部取得条項付種類株式を用いたキャッシュ・アウトに関する説明義務
——インターネットナンバー株価算定書等説明義務事件

東京地裁平成22年9月6日判決
　　事件名等：平成21年（ワ）第26121号株主総会決議取消請求事件
　　掲載誌：判タ1334号117頁、金判1352号43頁、資料版商事319号231頁

概要　本判決は、全部取得条項付種類株式の取得に関する議案について、第三者機関の株価算定書およびその基礎資料を開示することは、取締役の説明義務の範囲に含まれない旨判示したものである。

事実関係　A社は、Y社の大株主であった。Y社は、A社を完全親会社、Y社を完全子会社とすることを目的として、全部取得条項付種類株式を用いて少数株主をキャッシュ・アウトするための議案を臨時株主総会に上程し、これらの議案はいずれも承認可決された。

上記株主総会に際しては、議長は、①第三者機関2社による評価額の上限金額を平均したこと等を説明したうえで、複数の株主から、少数株主に交付される予定の金銭の額の算出方法等について質問されたのに対し、②株価算定のために一般的に提出すべき資料を第三者機関に提出し、ヒアリングを受けたこと、③第三者機関は帳簿純資産に修正を加えた純資産法を採用したこと、および、④事業環境が不透明であるため将来キャッシュフローの算定が困難であること等を回答した。

また、第三者機関の株価算定書および第三者機関に交付した算定基礎資料の開示を求める株主の質問に対して、議長は、第三者機関から非開示を要請されていることを理由として開示を拒否した。

そこで、Y社の株主であるXらが、取締役の説明義務違反があると主張して、上記株主総会決議の取消しを求めて提訴した。

判決要旨　請求棄却。「株主総会における取締役の説明義務は、株主が、会議の目的たる事項を合理的に判断するのに客観的に必要な範囲の説明で足りると解すべきである」、「取締役が上記説明をしたか否かを判断するに当たっては、平均的な株主が基準とされるべきである。」

「Y社は、A社がY社に対し中長期的な観点で継続的かつ実質的なサポートないし迅速かつ効率的な経営資源の提供を行う能力があることを、完全子会社化を必要とする理由の1つとして説明しているから……、A社の財務状況は、同社

完全親会社とすることを目的として提案された4号議案ないし6号議案を合理的に判断するのに客観的に必要な範囲というべきである」。「議長が、各株主に交付される普通株式1株当たり70円という金額の算出方法ないし根拠について、具体的に説明している以上……、第三者機関による株価算定書及び第三者機関に交付した算定の基礎資料を開示することは、平均的な株主が会議の目的たる事項を合理的に判断するのに客観的に必要な範囲に含まれないと解される。」

「上記……のとおり、本件臨時株主総会において、議長にはA社の親会社としての適格性〔筆者注：A社の財務状況〕を説明すべきであるのにこれをしなかったという義務違反があるものの、……議長は、それ以外の点について、Y社がA社の完全子会社となる理由、完全子会社化のために全部取得条項付種類株式を用いること及びその具体的手続、完全子会社化によりY社から排除される株主が受ける金員の額並びにその根拠について、平均的な株主が会議の目的たる事項を合理的に判断するのに客観的に必要な範囲の説明はなされていたものと認められる。……そうすると、本件において、決議の方法が法令に違反する点があるものの、その違反事実は重大といえず、かつ、決議に影響を及ぼさないと認められるから、会社法831条1項1号に基づく取消請求は棄却すべきである。」

本判決の位置づけ・射程範囲

本判決は、株主資格の喪失に関する全部取得条項付種類株式の取得の場面における取締役の説明義務について、その他の場面で用いられるのと同一の基準を採用したが、この点は学説上異論の多いところである。また、本判決当時、全部取得条項付種類株式を用いたキャッシュ・アウトは、組織再編の方法で行う場合に比して事前開示手続が不十分であったこともあり、説明義務によって事前開示手続の不備を補完すべきであるとも指摘されていた。ただし、この点については、平成26年会社法改正により、全部取得条項付種類株式の取得においても、組織再編の場合と同様の事前開示手続（会171条の2）が設けられた。

実務上の対応

全部取得条項付種類株式を利用する場合に限らず、キャッシュ・アウトを行う際には、実務上、第三者機関に対象会社の株価算定を依頼することが多い。株主からも、キャッシュ・アウトの決議を行う株主総会の議場において、当該株価算定にかかる算定書およびその基礎資料の開示が求められることが多い。株主の求めに応じて開示される例もあるが、逆に会社が開示を望まない例もある。本判決は、全部取得条項付種類株式の取得対価の金額の算出方法および根拠について具体的に説明がなされている以上、算定書およびその基礎資料を開示することは説明義務の範囲に含まれないと判示した。会社が開示を望まない場合において、株主総会の議場で行うべき説明の具体的内容を検討する際に参考となる。

さらに理解を深める

福島洋尚・金判1359号16頁。前田修志・ジュリ1438号102頁。久保田安彦・商事2032号107頁

55 株式発行に関する決議の取消しの訴えと訴えの利益——東亜石油事件

最高裁昭和37年1月19日第二小法廷判決
　事件名等：昭和33年（オ）第1097号株主総会決議一部取消請求事件
　掲載誌：民集16巻1号76頁

概要　本判決は、株式の発行に関する株主総会決議の取消しの訴えの係属中に当該決議に基づき新株発行が行われた場合、当該訴えは訴えの利益を欠く旨を判示したものである。

事実関係　Y社は、昭和32年3月19日の臨時株主総会において、新たに発行する額面および発行価格がいずれも1株50円である記名式額面普通株式1560万株のうち120万株について、その引受権を同社の役員および従業員に付与する旨の決議（以下「本件決議」）を行った。

Y社の株主であるXは、本件決議に先立ち開示された「会社の役員及び従業員の功績労苦に報いるため」という発行理由が理由開示として不十分であり、また、発行価額は市場価格179円に比べて著しく低いと主張して、本件決議の取消しの訴えを提起した。

第1審は、訴訟係属中に新株発行が行われたため訴えの利益を欠くとして、訴えを却下した。原審も、①株主総会決議が取り消されても新株発行の効力には影響がないこと、および、②取締役または新株引受人に対する責任追及の前提として株主総会決議の取消しが必要となるわけではないことを理由として、第1審の判断を維持した。

判決要旨　上告棄却。「形成の訴は、法律に規定のある場合に限って許される訴であるから、法律の規定する要件を充たす場合には訴の利益の存するのが通常であるけれども、その後の事情の変化により右利益を欠くに至る場合がないわけではない〔最大判昭和28・12・23 関連判例 参照〕。株主以外の者に新株引受権を与えるための株主総会特別決議につき決議取消の訴が係属する間に、右決議に基き新株の発行が行われてしまった本件の如きもまたこの場合にあたると解すべきである。そして原判決が本件株主総会の決議取消の請求につき訴の利益を欠くものとして説示するところは、すべて是認できる。」

本判決の位置づけ・射程範囲

　株主総会決議の取消しの訴えは形成の訴えである。形成の訴えは、必要に応じて実体法上明文で規定されている場合に限って認められる訴えであるから、法律の規定する要件を充たす場合には訴えの利益が肯定されるのが原則である。もっとも、本判決が示すとおり、訴えの係属後の事情の変化により訴えの利益を欠く場合がある。

　本判決は、株式の発行に関する株主総会決議の取消しの訴えの係属中に当該決議に基づき新株発行が行われた場合、当該訴えは訴えの利益を欠く旨を判示したものであり、決議取消しの訴えが事後的な事情変化により訴えの利益を欠く一事例を示したものといえる。

　なお、株式の発行に関する株主総会決議の無効確認の訴えが提起されている場合も、当該決議に基づき新株発行が行われた場合、当該訴えは訴えの利益を欠くことになる（最判昭和40・6・29 関連判例 ）。

実務上の対応

　本判決をふまえれば、株式の発行に関する株主総会決議の取消しの訴えの係属中に当該決議に基づき新株発行が行われた場合、当該訴えは訴えの利益を欠くことになるため、当該訴えを提起していた株主等は、新株発行の無効の訴え（会828条1項2号）により新株発行の効力について争うことになる。

　新株発行の無効事由は法定されておらず、解釈に委ねられている。たとえば、非公開会社の募集株式の発行に必要な株主総会決議（会199条2項、202条3項4号、309条2項5号）に瑕疵があることは、当該発行の無効事由に該当すると解されている（最判平成24・4・24 関連判例 ）。他方、募集株式の引受人に特に有利な払込金額による発行であるために株主総会の特別決議を要する場合（会201条1項、199条2項・3項）においてその決議を欠くことは当該発行の無効事由には該当しないと解されている（最判昭和46・7・16 関連判例 ）。

　また、違法な株式発行に関与した役員等については、会社法423条1項の任務懈怠責任、会社法429条1項の対第三者責任、民法709条の不法行為責任等を負う可能性がある。さらに、取締役と通謀して著しく不公正な払込金額で募集株式を引き受けた者は、当該払込金額と当該募集株式の公正な価額との差額に相当する金額を株式会社に対して支払う責任を負う（会212条1項1号）。もっとも、原審が判示し、本判決がこれを是認しているとおり、これらの責任を追及するために株式の発行に関する株主総会決議を取り消すことは必要とされない。

さらに理解を深める

江頭372頁。最判解民事篇昭和37年度1頁〔川添利起〕。類型別会社訴訟Ⅰ382〜383頁　関連判例 最大判昭和28・12・23民集7巻13号1561頁。最判昭和40・6・29民集19巻4号1045頁。最判平成24・4・24民集66巻6号2908頁。最判昭和46・7・16判時641号97頁

56 役員選任決議に瑕疵がある場合と訴えの利益
──甘木中央青果事件

最高裁昭和45年4月2日第一小法廷判決
　　事件名等：昭和44年（オ）第1112号株主総会決議取消、株主総会決議無効確認
　　　　　　　請求事件
　　掲載誌：民集24巻4号223頁、判時592号86頁、判タ248号126頁、金法582号
　　　　　　24頁

概要　本判決は、役員選任決議取消しの訴えの係属中にその決議に基づき選任された役員がすべて任期満了により退任し、その後の株主総会の決議によって役員が新たに選任された場合、特別の事情のない限り、当該訴えは訴えの利益を欠く旨を判示したものである。

事実関係　Y社が昭和40年5月28日に開催した定時株主総会では、取締役7名の選任決議および監査役2名の選任決議（以下「本件決議」）がなされたが、Y社の株主であり創立以来の取締役であったXは再選されなかった。

Xが本件決議の取消しの訴えを提起したところ、第1審はXの請求を認容した。

これに対し、原審は、本件決議により選任された取締役および監査役はいずれも定款で定めた任期の満了により退任しており、昭和42年5月21日開催の定時株主総会において新たに同一の取締役および監査役が選任されていることから当該訴えは訴えの利益を欠くとして、請求を却下した。

判決要旨　上告棄却。「形成の訴は、法律の規定する要件を充たすかぎり、訴の利益の存するのが通常であるけれども、その後の事情の変化により、その利益を欠くに至る場合がある〔最判昭和37・1・19 本書55事件参照〕。しかして、株主総会決議取消の訴は形成の訴であるが、役員選任の総会決議取消の訴が係属中、その決議に基づいて選任された取締役ら役員がすべて任期満了により退任し、その後の株主総会の決議によって取締役ら役員が新たに選任され、その結果、取消を求める選任決議に基づく取締役ら役員がもはや現存しなくなったときは、右の場合に該当するものとして、特別の事情のないかぎり、決議取消の訴は実益なきに帰し、訴の利益を欠くに至るものと解するを相当とする。」

「株主総会決議取消の訴は、単にその訴を提起した者の個人的利益のためのみのものでなく、会社企業自体の利益のためにするものであるが、Xは、……本件取消の訴が会社のためにすることについて何等の立証をしない以上、本件について特別事情を認めるに由なく、結局本件の訴は、訴の利益を欠くに至ったものと

認める外はない。」

本判決の位置づけ・射程範囲

　株主総会決議の取消しの訴えは形成の訴えである。本判決が引用する最判昭和37・1・19 本書55事件 が判示するとおり、形成の訴えについては、法律の規定する要件を充たす場合には訴えの利益が肯定されるのが原則であるが、訴えの係属後の事情の変化により訴えの利益を欠く場合があるとされる。本判決は、役員選任決議取消しの訴えについて、当該決議に基づいて選任された役員全員が任期満了により退任し、その後の株主総会の決議によって新たに役員が選任された場合（以下「本件ケース」）、原則として訴えの利益を欠く旨を判示したものであり、決議取消しの訴えが事後的な事情変化により訴えの利益を欠く一事例を示したものといえる。

　もっとも、本判決は、本件ケースに該当する場合であっても「特別の事情」がある場合には訴えの利益は認められると判示しているため、具体的にいかなる事情が「特別の事情」に該当するかが問題となる。

　この点、東京高判昭和57・10・14 関連判例 は、役員に報酬、交際費等が支給されたことまたは取締役により選出された代表取締役が借入金の利率を改定したことにより会社に損害が生じたという事情がある場合について、役員選任決議を取り消す以外の方法による損害回復の途がないわけではないから、これらの事実は「特別の事情」にはあたらないと判示した。

　他方、東京高判昭和60・10・30 関連判例 は、支払済みの役員報酬について不当利得返還請求等を行う意図があることは「特別の事情」に該当すると判示した。しかし、当該裁判例については、実際に役員として職務を執行した以上、報酬を不当利得として返還させうると考えるべきではないとの批判がある。

　また、先行する取締役選任決議が不存在の場合の後行決議への瑕疵連鎖を認める最判平成2・4・17 本書66事件 や、後行決議の不存在の確認の訴えと併合して提起された先行する取締役選任決議の不存在の確認の訴えについて確認の利益を認めた最判平成11・3・25 本書58事件 をふまえ、仮に先行決議が取り消されれば、後行決議の招集決議に瑕疵があるとされる結果、後行決議の効力ひいては現任の取締役の地位に影響が及ぶ場合には、「特別の事情」に該当すると解する見解もある。

実務上の対応

役員選任決議取消しの訴えの係属中にその決議に基づき選任された役員がすべて任期満了により退任した場合も、「特別の事情」がある場合には訴えの利益が認められることは留意が必要である。

さらに理解を深める

会社法百選3版38事件〔野田博〕。民訴法百選4版30事件〔田頭章一〕。田中202～205頁。最判解民事篇昭和45年度721頁〔後藤静思〕。 関連判例 最判昭和37・1・19 本書55事件。東京高判昭和57・10・14判タ487号159頁。東京高判昭和60・10・30判時1173号140頁。最判平成2・4・17 本書66事件。最判平成11・3・25 本書58事件。

57 キャッシュ・アウト目的の決議後の会社組織再編行為と決議無効確認等訴訟の訴えの利益
　　──吉本興業事件

大阪地裁平成24年6月29日判決
　事件名等：平成21年（ワ）第16029号違法行為差止等請求事件（甲事件）、平成22年（ワ）第5553号株主総会決議無効確認等請求事件（乙事件）
　掲載誌：判タ1390号309頁、金判1399号52頁

概要　本判決は、全部取得条項付種類株式の全部取得に必要な一連の株主総会・種類株主総会の決議についての無効確認等の訴えの係属中に、当該決議を行った会社が吸収合併により消滅した場合、当該訴えは訴えの利益を欠く旨を判示したものである。

事実関係　Y_1社は、平成21年9月11日、A社が所有する自己株式を除くA社の全株式を取得することを目的として、公開買付を行う旨を発表し、その買付期間までに、A社の普通株式の買付けを行った。

A社の株主であったXらは、平成21年10月19日、A社、Y_1社、ならびに当時、A社およびY_1社の取締役であったY_2～Y_4を被告として、全部取得条項付種類株式に関する議案を株主総会に付議することの差止めおよび慰謝料を求める甲事件を提起した（その後、差止請求については取下げがなされた）。

A社は、平成22年1月28日、全部取得条項付種類株式の全部取得に必要な一連の株主総会・種類株主総会の決議を行った。

Xらは、平成22年4月15日、A社を被告として、主位的に当該決議の無効確認を、予備的に当該決議の取消しを求める乙事件を提起した。

Y_1社は、平成22年6月1日、自らを吸収合併存続会社、A社を吸収合併消滅会社として、A社を吸収合併した。

判決要旨　甲事件請求棄却、乙事件訴え却下。「全部取得条項付種類株式に関する株主総会決議の無効確認（以下、取消しの場合を含めて「無効確認等」という。）判決が確定すると、株主たる地位を奪われた者の地位を回復させ、これを内容とする定款変更等も無効となる。したがって、全部取得条項付種類株式の取得によって株主たる地位を奪われた者には、基本的に株主総会決議無効確認等の訴えを提起する訴えの利益がある。」

> しかし、「A社のY社への吸収合併について合併無効の訴えが法定の期間内に提起されていない。したがって、この吸収合併は、もはやその効力を争うことはできず、有効な合併として扱われるべきことが対世的に確定している（会社法828条、838条参照）。すなわち、この吸収合併により、A社が解散したことが対世的に確定しており、Xらは、もはや株主たる地位の前提となるA社の消滅を争うことができないのである」。しかも、A社の株主は、「何らの合併対価の交付も受けないことになっているから、Xらは、本件株主総会決議の無効が確認等されても、Y社に対し、合併対価の請求権を有するものでもない。」
>
> 「以上によれば、本件株主総会決議の無効確認等を求める訴えは、訴えの利益を欠くものとして不適法である。」

本判決の位置づけ・射程範囲

全部取得条項付種類株式の全部取得によるキャッシュ・アウトがなされた場合において、キャッシュ・アウトされた株主等が当該キャッシュ・アウトの効力を争うためには、全部取得条項付種類株式の全部取得に必要な一連の株主総会・種類株主総会の決議の効力を争う必要がある。

本件では、キャッシュ・アウトの対象会社であるA社における当該決議の無効確認ないし取消しを求める訴えが提起されたものの、これらの訴訟係属中に、A社が吸収合併され、かつ、当該吸収合併について法定の提訴期間である6か月以内（会828条1項7号）に合併無効の訴えは提起されなかった。

本判決は、上記の状況において、提訴期間経過によりA社が解散したことが対世的に確定しておりXらは株主の地位の前提であるA社の消滅を争うことができないこと等を理由に、当該訴えは訴えの利益を欠く旨を判示した。

東京高判平成22・7・7 本書62事件 は、本件と同様の状況において、キャッシュ・アウトされた株主の原告適格を認めたうえで、訴えの利益を欠く旨判示したが、本判決も訴えの利益について同様の判示をしたものと評しうる。

なお、本判決については、株主総会決議の効力が失われれば株主の地位に変化を及ぼすから訴えの利益は消滅しないと解すべきであるとの有力な批判がある。

実務上の対応

本判決をふまえれば、キャッシュ・アウトの対象会社がその後に吸収合併された場合、キャッシュ・アウトされた株主が株主たる地位を回復させ、キャッシュ・アウトの効力を争うためには、キャッシュ・アウトのための株主総会決議の無効確認の訴えないし取消しの訴えと併合して、吸収合併の無効の訴えをも提起する必要がある。すなわち、後者の訴えを併合して提起しないと、前者の訴えも却下される危険があることから留意が必要である。

さらに理解を深める

江頭854頁。田中201～202頁、616～617頁　関連判例 東京高判平成22・7・7 本書62事件

58 先行決議の瑕疵が後行決議に連鎖すると主張されているケースにおける先行決議の不存在確認の利益の有無──泉北ビル事件

最高裁平成11年3月25日第一小法廷判決
  事件名等：平成10年（オ）第1183号株主総会決議不存在確認等請求事件
  掲 載 誌：民集53巻3号580頁、判時1672号136頁、判タ999号221頁、金判1068号22頁

概 要　本判決は、取締役等を選任する先行株主総会決議の不存在確認請求に、同決議が存在しないことを理由とする後行株主総会決議の不存在確認請求が併合された事案において、後行株主総会決議の不存在にかかる確認の利益のみならず、先行株主総会決議の不存在にかかる確認の利益をも認めたものである。

事実関係　昭和59年5月12日に開催されたY社の株主総会において、取締役および監査役の任期満了に伴い後任者を選任する決議（以下「本件先行決議」）が行われた。本件先行決議において取締役に選任されなかった株主Xは、本件先行決議には、取締役会決議を経ずに開催されたなどの著しい瑕疵があるから不存在であると主張し、その不存在確認を求める訴えを提起した（以下「本件訴訟」）。本件訴訟の提起後、本件訴訟にかかる原審の口頭弁論終結までに、本件先行決議において選任された取締役および監査役の任期満了時または途中において、その選任のために、順次、株主総会決議が行われた（以下総称して「本件後行決議」）。Xは、本件先行決議が不存在である以上、本件後行決議はいずれも招集権を有しない役員によって招集されたものであるから、不存在であると主張し、これらの不存在確認を求める請求を、本件訴訟における当初の請求に追加した。

判決要旨　上告棄却。「取締役及び監査役を選任する株主総会決議が存在しないことの確認を求める訴訟の係属中に、後の株主総会決議が適法に行われ、新たに取締役等が選任されたときは、特別の事情のない限り、先の株主総会決議の不存在確認を求める訴えの利益は消滅すると解される。
　しかし、取締役を選任する先の株主総会の決議が存在するものとはいえない場合においては、その総会で選任されたと称する取締役によって構成される取締役会の招集決定に基づき右取締役会で選任された代表取締役が招集した後の株主総会において新たに取締役を選任する決議がされたとしても、その決議は、いわゆる全員出席総会においてされたなどの特段の事情がない限り、法律上存在しないものといわざるを得ず、この瑕疵が継続する限り、以後の株主総会において新た

に取締役を選任することはできないこととなる……。右は、後にされた決議が監査役を選任するものであっても、同様である。

　そうすると、右のような事情の下で瑕疵が継続すると主張されている場合においては、後行決議の存否を決するためには先行決議の存否が先決問題となり、その判断をすることが不可欠である。先行決議と後行決議がこのような関係にある場合において、先行決議の不存在確認を求める訴えに後行決議の不存在確認を求める訴えが併合されているときは、後者について確認の利益があることはもとより、前者についても、民訴法145条1項の法意に照らし、当然に確認の利益が存するものとして、決議の存否の判断に既判力を及ぼし、紛争の根源を絶つことができるものと解すべきである。」

本判決の位置づけ・射程範囲

　最判平成2・4・17 本書66事件 は、取締役を選任する先行決議が不存在である場合には、その者が招集手続に関与した後行決議は、全員出席総会においてなされたなど特段の事情がない限り、不存在であるとの考え方（瑕疵連鎖説）を採用した。瑕疵連鎖説を前提とすると、本判決の判示するとおり、特段の事情がない限り、後行決議の存否を決するためには先行決議の存否が先決問題となるから、先行決議についても不存在確認の利益が認められることとなる。なお、調査官解説によれば、本判決は、先行決議の不存在確認の利益が認められるための要件として、必ずしも、後任者選任にかかる後行決議の不存在確認請求の追加を要求していないようである。

実務上の対応

本判決を前提とすると、先行決議に瑕疵がある場合においては、先行決議の瑕疵が後行決議に伝播しないよう、いいかえれば、先行決議の存否のいかんにかかわらず後行決議が「適法に」行われたと評価されるよう、後行決議の手続を工夫する必要がある。たとえば、判旨において言及のある、後行決議が全員出席総会においてなされたという事情は、後行決議が「適法に」行われたとの評価を導く事情となりうるものと考えられる。

さらに理解を深める

江頭378頁。田中202～205頁。最判解民事篇平成11年度（上）294頁〔八木一洋〕。平成11年度重判101～102頁〔野田博〕　関連判例

最判平成2・4・17 本書66事件

59 後行決議が不存在であるケースにおける先行決議の不存在確認の利益の有無
　　——あいえぬえすシステム開発事件

最高裁平成13年7月10日第三小法廷判決
　事件名等　平成9年（オ）第2112号臨時株主総会決議不存在確認、取締役会決
　　　　　　　議不存在確認、定時株主総会決議不存在確認請求事件
　掲載誌　金法1638号42頁

概要　本判決は、取締役を選任する先行株主総会決議の不存在確認請求に、同決議が存在しないことを理由とする同取締役の重任等にかかる後行株主総会決議の不存在確認請求が併合された事案において、後行株主総会決議が不存在である場合にも、先行株主総会決議の不存在にかかる確認の利益が欠けるものではないと判断したものである。

事実関係　Y社においては、平成元年5月29日に株主総会が開催され、取締役選任にかかる決議（以下「第1決議」）が行われたとして、同年6月5日付でその旨の登記がなされたが、実際には同株主総会は開催されていなかった。また、Y社においては、平成2年6月8日に株主総会が開催され、取締役選任にかかる決議（以下「第2決議」）が行われたとして、同月13日付でその旨の登記がなされたが、実際には同株主総会は開催されていなかった。Y社の株主Xは、第1決議および第2決議がいずれも存在しないことの確認を求めて提訴した。

　原審は、第2決議に関する請求は認容したが、第1決議に関する訴えについては、それが現在の法律関係に直接かかる事情を認めるに足りないから、訴えの利益を欠くというべきであるとして、訴えを却下した。Xが上告。

判決要旨　X敗訴部分破棄、請求認容。「第2決議が不存在である以上、特段の事情が認められない本件においては、先行する第1決議の不存在の確認を求める訴えの利益が欠けるものではないと解される。したがって、その利益を否定し、第1決議に関する訴えを却下した原審の上記判断には、法令の解釈適用を誤った違法があり、上記違法は原判決の結論に影響を及ぼすことが明らかである。論旨は理由があり、原判決は破棄を免れない。」

　「ところで、原審は、第1決議の存否について十分な実体審理を遂げている

ことが記録上明らかであり、第1決議の不存在確認請求について、更に原審において格別の審理判断を経なければならない実質上の必要はない。このような場合には、当裁判所において、原審のした認定に基づいて、上記決議に係る本件の請求の当否について直ちに判断することが許されるものと解される。そして、前記……のとおり、第1決議はされていないのであるから、その不存在の確認を求めるXの本件請求は理由があり、これを認容すべきである。」

本判決の位置づけ・射程範囲

最判平成11・3・25 本書58事件 は、取締役を選任する先行決議が不存在である場合には、その者が招集手続に関与した後行決議は、全員出席総会においてなされたなど特段の事情がない限り、不存在であるとの考え方（瑕疵連鎖説。最判平成2・4・17 本書66事件 参照）を前提に、特段の事情がない限り、後行決議の存否を決するためには先行決議の存否が先決問題となるから、先行決議についても不存在確認の利益が認められることとなると判示した。

本判決は、この最判平成11・3・25 本書58事件 の判断を踏襲し、同一の法理に基づく処理を行ったものであると評価されている。すなわち、本件においては第2決議が不存在であることが前提のようではあるものの、本件も第1決議の瑕疵が第2決議に影響を及ぼす可能性がある事案であるため、原則として、第1決議の不存在にかかる確認の利益が認められるという解釈になるのであろう。

実務上の対応 株主総会決議不存在の典型例は、株主総会の決議が事実として行われていないにもかかわらず、決議があったかのように議事録が作成され、登記がなされる場合である。そのほか、①一部の株主が勝手に会合して決議した場合、②取締役会の決議に基づかずに一部の取締役により株主総会が招集された場合、③招集通知漏れが著しい場合等、何らかの決議自体は行われているが、法的に株主総会決議があったとは評価できない場合も、株主総会決議不存在に該当するとされる。

本判決の事案は、株主総会決議が事実として行われていなかったという前者のケースに該当するのに対し、最判平成11・3・25 本書58事件 は、招集権を有しない取締役により株主総会が招集されたという後者のケースに該当するといえるが、本判決はこの点を区別していないと解されるため、先行決議の確認の利益との関係では特段の違いはないことになろう。

なお、先行する取締役選任決議の瑕疵が決議取消事由にとどまるのであれば、当該取締役の任期満了により、原則として訴えの利益が消滅することとなると解されており（最判昭和45・4・2 本書56事件）、異なる実務上の対応をとりうると思われる。

さらに理解を深める 最判解民事篇平成11年度〔上〕294頁〔八木一洋〕。会社法百選3版41事件〔受川環大〕 **関連判例** 最判昭和45・4・2 本書56事件。最判平成2・4・17 本書66事件。最判平成11・3・25 本書58事件

60 勧告的決議と決議無効確認の利益
―― セゾン情報システムズ事件

東京地裁平成26年11月20日判決
　事件名等：平成24年（ワ）第33014号株主総会決議無効確認請求事件
　掲載誌：判時2266号115頁、金判1457号52頁、資料版商事370号148頁

概要　本判決は、勧告的決議についても、ただちに決議の無効確認の利益がないとはいえず、確認の利益があると認められる場合もありうるとしたものである。

事実関係　Y社は、平成23年6月10日に開催した定時株主総会において、平成22年12月27日付の取締役会により導入した大規模公開買付ルールを更新する旨の議案を付議し、同議案は、同株主総会に出席した株主の過半数の賛成をもって可決された（以下、可決された大規模買付ルールを「本件大規模買付ルール」）。

X₁社は、平成23年9月6日付でY社に対し、主として市場内取引により、X₁社の議決権割合を最大33％とするY社株式の買付行為（以下「本件大規模買付行為」）を行う可能性があることおよび当該買付行為に際しては本件大規模買付ルールに定められた手続を遵守することを誓約することを記載した意向表明書を提出した。

これに対して、Y社は、平成24年6月12日に開催した定時株主総会において、本件大規模買付ルールに基づき、X₁社が提案している本件大規模買付行為に反対し、X₁社に対して本件大規模買付行為の中止を要請すること（以下「本件中止要請」）について、株主の承認を求める旨の議案を付議し、同議案を承認する旨の決議（以下「本件決議」）がなされた。

そこで、X₁社およびX₂社（X₁社が運用するファンドの受託者）は、本件決議の内容が法令に違反するとして、本件決議の無効確認の訴えを提起した。

判決要旨　請求却下。「株主総会の決議が無効であることの確認を求める訴えは、当該決議が会社法295条2項所定の事項に関してされたものであるかどうかにかかわりなく、当該決議の法的効力に関して疑義があり、これが前提となって、当該決議から派生した法律上の紛争が現に存在する場合において、当該決議の法的効力を確定することが、上記紛争を解決し、当事者の法律上の地位ないし利益が害される危険を除去するために必要かつ適切であるときは、

確認の利益があるものとして許容されると解するのが相当である。」

「多数のY社株主が本件中止要請をすることについて承認を求める旨の議案に賛成した本件決議の無効確認を求める本件においては、本件決議の法的効力がないことを確定したとしても、Y社が対抗措置を発動する可能性は消滅しないし、その可能性が減少するものでもないから、Y社株式の買増しが妨げられているという状況を除去することはできない。したがって、多数のY社株主が株主意思を表明したにとどまる本件決議の無効確認を求める訴えは、本件決議の法的効力を確定することが、当該決議から派生した現在の法律上の紛争を解決し、X₁社らの法律上の地位ないし利益が害される危険を除去するために必要かつ適切であるとはいえないから、確認の利益を欠くものというべきである」。

本判決の位置づけ・射程範囲

取締役会設置会社においては、株主総会は、会社法および定款に定められた事項についてのみ決議をすることができるとされている（会295条2項）が、Y社の定款において、本件決議に関する事項は定められていなかった。すなわち、本件決議は、会社法および定款に基づかない、いわゆる勧告的決議と呼ばれるものであり、法的効力を有しないものである。本判決は、このような勧告的決議についても、法人の意思決定機関である会議体の決議の無効確認の訴えにおける確認の利益について判断した判例（最判昭和47・11・9 関連判例 等参照）を踏襲し、ただちに確認の利益がないとはいえず、確認の利益があると認められる場合もありうることを示したものとして、重要な意義を有する。

なお、確認の利益があると認められる場合もありうるという判断枠組みを示したことに照らして、本判決は、株主総会において、いわゆる勧告的決議をすることも可能であることを示唆するものと思料されよう。

実務上の対応

買収防衛策の導入やその発動等にあたっては、株主の承認の有無がその適法性に影響を与えうるため、勧告的決議が行われることがある。あえてこのような決議を行う場合、慎重な検討を行ったうえで付議することが通例であろうが、具体的な決議の内容によっては、当該決議が無効とされる可能性があることに留意する必要がある。また、決議無効確認の訴えとの関係では、本判決の指摘する理由づけに加え、会社が対抗措置を発動した際に新株予約権の無償割当ての差止め等の仮処分を行い、そのなかで勧告的決議の瑕疵を争えば足りるとの理由で、確認の利益が否定されるという考え方もありうるが、いずれにせよ、勧告的決議の瑕疵が争われうることに変わりはないため、通常の決議と同様の注意をもって対応する必要がある。

さらに理解を深める

江頭799頁。神田173、203頁。コンメ(7)42〜43頁〔松井秀征〕。会社法百選3版A39事件〔山下徹哉〕。伊藤靖史・商事2175号32〜34頁　関連判例　最判昭和47・11・9民集26巻9号1513頁

61 会社法831条の「株主総会等の決議」に否決決議は含まれない──ARS VIVENDI事件

最高裁平成28年3月4日第二小法廷判決
　事件名等：平成27年（受）第1431号株主総会決議取消請求事件
　掲載誌：民集70巻3号827頁、判時2305号140頁、判タ1425号142頁、金法2047号93頁、金判1498号48頁、資料版商事385号93頁

概　要　本判決は、ある議案を否決する株主総会等の決議の取消しを請求する訴えは不適法である旨を判示したものである。

事実関係　Y社の株主はA、X_1およびX_2であり、かつ、同人らはいずれもY社の取締役であった。

　Aの招集により平成26年5月26日に開催されたY社の臨時株主総会では、Xらを取締役から解任する旨の議案が上程されたものの、これを否決する決議（以下「本件決議」）がなされた。

　そこで、Aが、会社法854条に基づき、Xらについて取締役解任の訴えを提起したところ、Xらは、本件決議が取り消されれば同条1項の「役員を解任する旨の議案が株主総会において否決されたとき」の要件を欠き当該訴えは不適法となると主張して、本件決議の取消しを求める訴えを提起した。

　第1審はXらの請求を認容したが、原審は訴えを却下した。

判決要旨　上告棄却。「会社法は、会社の組織に関する訴えについての諸規定を置き（同法828条以下）、瑕疵のある株主総会等の決議についても、その決議の日から3箇月以内に限って訴えをもって取消しを請求できる旨規定して法律関係の早期安定を図り（同法831条）、併せて、当該訴えにおける被告、認容判決の効力が及ぶ者の範囲、判決の効力等も規定している（同法834条から839条まで）。このような規定は、株主総会等の決議によって、新たな法律関係が生ずることを前提とするものである。

　しかるところ、一般に、ある議案を否決する株主総会等の決議によって新たな法律関係が生ずることはないし、当該決議を取り消すことによって新たな法律関係が生ずるものでもないから、ある議案を否決する株主総会等の決議の取消しを請求する訴えは不適法であると解するのが相当である。このことは、当該議案が役員を解任する旨のものであった場合でも異なるものではない。」

　「以上によれば、本件否決決議の取消しを請求する本件訴えは不適法であって、

これを却下した原判決は、正当として是認することができる。」

（千葉勝美裁判官の補足意見）「否決の決議がされたことが何らかの法律効果の発生の要件とされているような事例は、……否決の決議それ自体から当該法律効果が発生するのではなく、他の法的な定めにおいて議案が否決されることを要件として法的効果を発生させるという制度を作ったものであって、効果の発生を争うのであれば、否決の決議を取り消すのではなく、当該定めの適用においては、取消事由となるような手続上の瑕疵のある否決の決議がされても、それは効果発生要件としての否決の決議には当たらない、あるいは否決されたとみるべきではない等といった合理的で柔軟な解釈をして適用を否定し、法律効果の発生を否定するといった処理が可能であろう。」

本判決の位置づけ・射程範囲

ある議案を否決する株主総会等の決議の取消しを請求する訴えを提起することができるか否かについて、従前の下級審の判断は分かれていた。かかる訴えについて適法説に立つものとしては山形地判平成元・4・18 本書100事件 等があり、不適法説に立つものとしては東京高判平成23・9・27 関連判例 等があった。

本判決は、当該論点について最高裁が不適法説に立つことを明らかにし、その理由として、①一般に、ある議案を否決する株主総会等の決議によって新たな法律関係が生じることはないこと、および、②当該決議を取り消すことによって新たな法律関係を生じるものではないことをあげている。なお、本判決は、訴えの利益の有無という観点から訴えの適法性を個別に判断するものではなく、端的に会社法831条に規定する「株主総会等の決議」に否決の決議が含まれるかという観点からこれを否定したものと解されている。

会社法上、否決の決議が存在することが一定の要件として定められている例として、本件で問題となった役員解任の訴え（会854条1項）のほかに、少数株主による議案の再提案の制限（会304条ただし書）があるが、本判決によれば、後者の再提案が行われる場合も、否決の決議の取消しを請求する訴えは不適法となる。

なお、本判決の上記①の理由づけからすれば、仮に否決の決議によって直接新たな法律関係が生じる場合には、本判決の射程が及ぶものではないと考えられる。

実務上の対応

本判決によれば、役員解任の訴えが提起された場合や少数株主による議案の再提案が行われた場合において否決の決議に瑕疵があることについて争おうとする者は、決議取消しの訴えによらず、決議を前提とする法律効果の発生を個別に争うことになると考えられる。

さらに理解を深める

田中192頁。大森直哉・曹時69巻9号236頁　関連判例 山形地判平成元・4・18 本書100事件。東京高判平成23・9・27資料版商事333号39頁

62 決議により株主の地位を奪われた株主の当該決議の原告適格──日本高速物流事件

東京高裁平成22年7月7日判決
　事件名等：平成21年（ネ）第5903号株主総会決議取消請求控訴事件
　掲載誌：判時2095号128頁、金判1347号18頁、資料版商事318号170頁

概要　本判決は、株主総会決議により株主の地位を奪われた株主は、当該決議の取消訴訟の原告適格を有する旨を判示したものである（平成26年会社法改正によりこの点が明文化された）。

事実関係　A社は、平成20年9月26日、全部取得条項付種類株式の全部取得に必要な一連の株主総会・種類株主総会の決議を行った。Xらは、同年12月24日、当該決議の取消しの訴えを提起した。なお、A社は、平成21年1月1日、B社と吸収合併して解散し、さらにB社は、同年2月1日、Y社と吸収合併して解散した。

　原審は、Xらは当該決議の効力発生によりA社の普通株式につき1株に満たない端数の交付を受けており、また、A社はB社との吸収合併により解散しているから、XらはA社の株主ではなく、原告適格を有しないとして訴えを却下した。

判決要旨　控訴棄却。「株主総会決議により株主の地位を奪われた株主は、当該決議の取消訴訟の原告適格を有する。当該決議が取り消されない限り、その者は株主としての地位を有しないことになるが、これは決議の効力を否定する取消訴訟を形成訴訟として構成したという法技術の結果にすぎないのであって、決議が取り消されれば株主の地位を回復する可能性を有している以上、会社法831条1項の関係では、株主として扱ってよいと考えられるからである。……商法旧247条は株主総会決議取消訴訟の原告適格について『株主、取締役又ハ監査役』と定めていたが、会社法831条1項後段では決議の取消しにより取締役となる者等も原告適格を有することが新たに明文化された。しかしながら、同項後段の規定を限定列挙の趣旨と解するのは、適当ではない。……すなわち、会社法の条文中には、商法旧規定における明文の規定も最高裁判所の判例もないが、下級審裁判例の大勢を占め、学説及び会社実務において有力な異論のない解釈を明文化したものがあり、会社法831条1項後段も、商法旧規定下における

取締役解任決議取消訴訟における解任取締役の原告適格を認める多数の下級審裁判例の蓄積とこれを支持する学説及び会社実務を受けて、明文化されたものである。他方において、商法旧規定の時代には、株主総会決議により株主の地位を強制的に奪われる局面はほとんどなく、下級審裁判例の蓄積も乏しかったため、会社法立案の際には、株主総会決議により株主の地位を強制的に奪われた株主の原告適格の明文化が見送られたにすぎず、このような株主の原告適格を否定する趣旨で立法がされたものとはみられない。株主総会決議により株主が強制的に株主の地位を奪われるという現象は、全部取得条項付種類株式の制度が会社法制定時に新設されたことにより、同法施行後に著しく増加したものであることは、公知の事実である。そうすると、明文化されなかったものについては、その原告適格を否定するという立法者意思があったものとみることはできず、会社法831条1項後段を限定列挙の趣旨の規定と解することには無理がある。」

「株主総会決議により株主の地位を奪われた株主が当該決議の取消訴訟の原告適格を有しないという解釈は、当該株主の権利保障にあまりにも乏しく、条理上もあり得ないものである。」

本判決の位置づけ・射程範囲

平成26年会社法改正前の会社法831条1項では、株主総会等の決議の取消しの訴えを提起することができる者として、当該決議の取消しにより取締役等になる者が規定されていたが、当該決議の取消しにより株主となる者は規定されていなかった。そのため、株主総会決議により株主の地位を奪われた株主が当該決議の取消訴訟の原告適格を有するかについては争いがあった。本判決はかかる株主について当該決議の取消訴訟の原告適格を有する旨を判示した。

実務上の対応

本判決後、平成26年会社法改正により、株主総会等の決議の取消しにより株主となる者も当該決議の取消訴訟について原告適格を有するという本判決の立場が明文化された（会831条1項）。これにより、キャッシュ・アウトされた株主が取消訴訟により株主たる地位を回復させ、キャッシュ・アウトの効力を争うことができることがより明確になったといえる。

なお、実務上はキャッシュ・アウト後に組織再編行為が行われることが多いところ、キャッシュ・アウトのための株主総会決議の無効確認の訴えまたは決議取消しの訴えと、当該組織再編行為に関する訴えとの関係については、大阪地判平成24・6・29 本書57事件 を確認されたい。

さらに理解を深める

坂本三郎編著『一問一答　平成26年改正会社法〔第2版〕』（商事法務、2015）310頁　関連判例 大阪地判平成24・6・29 本書57事件

63 他の株主に対する招集手続の瑕疵
　　——国際交通事件

最高裁昭和42年9月28日第一小法廷判決
　事件名等：昭和41年（オ）第664号株主総会決議取消請求事件
　掲載誌：民集21巻7号1970頁、判時498号61頁、判タ213号103頁、金法494号40頁、金判80号6頁

概　要　本判決は、自己に対する招集手続に瑕疵がない場合であっても、他の株主に対する招集手続に瑕疵がある場合には、当該他の株主に対する招集手続の瑕疵を理由に決議取消しの訴えを提起することができるとしたものである。

事実関係　Xは、Y社の株主であるが、その保有するY社の記名株式の一部を、Aらに対して記名を欠いた捺印のみの裏書で譲渡した（昭和41年商法改正前の制度である。現行法下では、記名株式の譲渡は株券の交付で足りる〔会128条1項〕）。新株主であるAらは、Y社に対し、譲り受けた株券を提出して株主名簿の名義書換を請求したが、Y社は正当な理由がないのに株主名簿の名義書換に応じなかった。そうしたなか、Y社は、Aらに対して招集通知を送付しないまま株主総会を開催したため、Xは、招集手続に法令違反があるとして、決議取消しの訴えを提起した。第1審はXの請求を認容し、原審もY社の控訴を棄却したため、Y社が上告。

判決要旨　上告棄却。「Y社は、正当な理由がないのに、株主名簿の名義書換に応じないことは、論旨第1点において説示したとおりであるから、新株主であるAらが株主名簿に記載されていないという事由を主張することは許されず、かかる新株主Aらに招集通知を欠く株主総会の招集手続は違法である」。

「株主は自己に対する株主総会招集手続に瑕疵がなくとも、他の株主に対する招集手続に瑕疵のある場合には、決議取消の訴を提起し得るのであるから、Xが株主たるAらに対する招集手続の瑕疵を理由として本件決議取消の訴を提起したのは正当であ」る。

本判決の位置づけ・射程範囲

決議取消しの訴えを提起できるのは、株主、取締役、執行役、監査役および清算人に限られる（会831条1項、828条2項1号）。本判決は、このうちの株主に関

して、自己に対する招集手続に瑕疵がない場合であっても、他の株主に対する招集手続に瑕疵がある場合には、当該他の株主に対する招集手続の瑕疵を理由に決議取消しの訴えを提起することができる旨判示したものである。その後も、最高裁は、特定の株主に対する招集通知の欠如が認められた明星自動車事件（最判平成9・9・9 本書4事件 ）において、「株主総会開催に当たり株主に招集の通知を行うことが必要とされるのは、会社の最高の意思決定機関である株主総会における公正な意思形成を保障するとの目的に出るものであるから、」特定の株主に対する招集「通知の欠如はすべての株主に対する関係において取締役……の職務上の義務違反を構成する」と判示しており、本判決と同様の立場を踏襲しているといえる。

決議取消しの訴えは、株主個人の利益を保護するためのものであるから、その利益を害された当該株主のみがその瑕疵を主張しうると解すべきであるとして、判例の見解に反対する学説も存在する。

これに対して、通説は、株主は、株主総会の手続が全体として適正に行われることについて正当な利益を有しており、条文上も当該株主自身に関する手続の瑕疵に限定されていないとして、判例の見解に賛成している。

もっとも、不利益を受けたすべての株主が当該手続の瑕疵を承認した場合、瑕疵は治癒されたと考えるべきであり、他の株主ももはや当該手続の瑕疵を理由に、決議取消しの訴えを提起することはできないと解されている。

なお、本判決は、一部の株主に対して招集通知を送付しなかった場合、招集手続に法令違反があるものとして、すべての株主との関係で株主総会決議の取消事由となりうることを示した事例としても重要な意義を有する（本判決と同一の裁判例である 本書1事件 参照）。

また、本判決は、決議に影響を及ぼさないことを認めるべき証拠はないとして、裁量棄却（会831条2項）を認めなかった事例としても重要な意義を有する（最判平成7・3・9 本書73事件 参照）。

実務上の対応　一部の株主に対する招集手続に瑕疵があった場合、当該株主が決議取消しの訴えの提起に積極的でない場合であっても、他の株主から提起される可能性があることに留意しなければならない（たとえば、不利益を受けた株主の一部と不起訴の合意をしても奏功しない可能性がある）。もっとも、不利益を受けたすべての株主が、その瑕疵を承認し、当該株主が有していた利益を放棄したと認められる場合、他の株主はその瑕疵を理由に決議取消しの訴えを提起することはできないと解されているため、招集手続に瑕疵があると認められる株主が一部にとどまる場合、書面によりかかる承認を得るという対応をとることも検討に値するであろう。

さらに理解を深める　江頭370頁。神田200頁。田中195～196頁。最判解民事篇昭和42年度453頁〔瀬戸正二〕。会社法百選3版36事件〔周劍龍〕

関連判例　大判明治42・3・25民録15輯250頁。最判平成9・9・9 本書4事件 。本判決と同一の裁判例である 本書1事件 。最判平成7・3・9 本書73事件

64 決議取消訴訟にかかる二重起訴
―― 山根標板製作所決議取消請求控訴事件

広島高裁松江支部平成30年3月14日判決
　事件名等：平成29年（ネ）第78号株主総会決議取消請求控訴事件
　掲　載　誌：金判1542号22頁、資料版商事409号81頁

概要　本判決は、株主として株主総会決議の取消しの訴えを提起した者が、その後に取締役として同一の訴えを提起することは、二重起訴にあたるとしたものである。

事実関係　X_1は、Y社（特例有限会社）の平成28年12月19日付株主総会においてなされた株主の相続人らに対する株式売渡請求にかかる決議について、当該決議は特別決議の要件を充たさないものであったとして、Y社の株主として決議取消しの訴えを提起した（以下「190号事件」）。その後、X_1は、Y社の取締役に選任されたことから、Y社の取締役としても当該決議の取消しの訴えを提起した（以下「34号事件」）。

原審はXらの請求を認容した。

判決要旨　原判決中、34号事件に関する部分取消し・同部分にかかる訴え却下、その余の控訴棄却。（34号事件にかかる訴えが二重起訴に該当するかについて）「190号事件及び34号事件の当事者は同一である。また、190号事件及び34号事件は、いずれも本件決議の取消しを求める株主総会決議取消訴訟であるから、190号事件及び34号事件の訴訟物も同一である。よって、190号事件に係る訴えが提起された後に提起された34号事件に係る訴えは民訴法142条に規定する二重起訴に該当し、不適法である」。「株主総会決議取消訴訟の原告適格の有無は、弁論終結時を基準として判断されるのであるから、190号事件においても、X_1が訴え提起後にY社の取締役に就任した事実は、X_1の原告適格を基礎づけるものになることに照らせば、X_1が取締役としての地位に基づいてY社を被告として新たに訴えを提起する必要はないといえる。また、190号事件と34号事件の弁論及び裁判の併合が必要的であり、矛盾する判決が生じることはないとしても、190号事件に係る訴えの提起後に必要性の乏しい34号事件に係る訴えが提起されて新たな事務が生じることによる訴訟上の不経済は不可避であって、二重訴訟禁止の趣旨が及ばない事案であるとはいえない。」

（190号事件についてX_1に原告適格が認められるかについて）「X_1は、平成29年1月29日にY社の取締役に選任されているから、……190号事件についてX_1に取

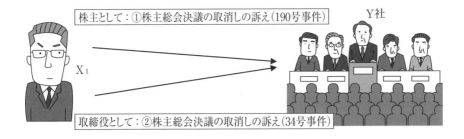

締役として原告適格があることは明らかである。」

本判決の位置づけ・射程範囲

二重起訴を禁止する民事訴訟法142条の趣旨は、審理の重複による無駄を避けることと複数の判決において互いに矛盾した既判力ある判断がされるのを防止することにある（最判平成3・12・17 関連判例 ）。

同一の決議の取消しの訴えについては弁論等が必要的に併合されるため（会837条）、矛盾した判断が生じることは避けられるものの、当事者および訴訟物が同一である場合には、審理の重複による無駄は避けられない。本判決は、かかる観点から、34号事件にかかる訴えについて二重起訴の禁止に該当するとして訴えの利益を認めなかったものであり、その結論に異論はないと思われる。

また、X_1が株主として提起した190号事件については、X_1は議決権を行使できない株主として原告適格を有さないのではないかが争点となった。この点について本判決は、X_1は190号事件にかかる訴えを提起後にY社の取締役に選任されているから原告適格を有することは明らかであると判示した。訴訟要件は訴訟の成立要件ではなく、原則として口頭弁論終結時に具備されていれば足りると解されており、本判決もこれを前提に、190号事件の口頭弁論終結時にX_1が取締役であったことをふまえて原告適格を認めたものと考えられる。

実務上の対応

会社法の施行に伴う関係法律の整備等に関する法律14条3項は、特例有限会社の特別決議について、「総株主の半数以上」という頭数要件および「当該株主の議決権の4分の3以上に当たる多数」という多数決要件を求めている。本判決は、旧有限会社法との文言の差異等をふまえ、議決権を行使できない株主（たとえば、本件のように、会175条2項本文により、売渡しの請求の対象となる株式を有するとしてその範囲で議決権を行使できない株主）であっても、頭数および議決権数に含める旨を判示しているため、この点も念のため紹介しておく。

さらに理解を深める

兼子一原著・松浦馨ほか著『条解民事訴訟法〔第2版〕』（弘文堂、2011）728頁〔竹下守夫〕　関連判例　最判平成3・12・17民集45巻9号1435頁

65 キャッシュ・アウトの目的と決議取消事由 ——インターネットナンバー事件

東京地裁平成22年9月6日判決
　事件名等：平成21年（ワ）第26121号株主総会決議取消請求事件
　掲載誌：判タ1334号117頁、金判1352号43頁、資料版商事319号231頁

概　要　本判決は、全部取得条項付種類株式制度を利用したキャッシュ・アウトにかかる株主総会決議が「著しく不当」（会831条1項3号）であるとするには、単に会社側に少数株主を排除する目的があるというだけでは足りず、少数株主に交付される予定の金員が、対象会社の株式の公正な価格に比して著しく低廉であることを必要とするとしたものである。

事実関係　Y社は、Y社をA社の完全子会社とすることを目的として、平成21年6月25日開催の臨時株主総会および普通株主による種類株主総会において、それぞれ全部取得条項付種類株式制度を利用したキャッシュ・アウトにかかる議案を決議したところ、Y社の株主であったX社らが、上記各決議と特別の利害関係のあるA社の議決権行使により著しく不当な決議がされた（会831条1項3号）などとして、上記各決議の取消し等を求めた。

判決要旨　請求棄却。「会社法831条1項3号による取消事由があるというためには、①『決議につき特別の利害関係を有する者が議決権を行使したことにより決議が成立した』という特別利害関係の要件及び②『決議が著しく不当である』という不当性の要件を必要とする。……上記②の不当性の要件について検討するに、全部取得条項付種類株式制度を規定した会社法108条1項7号、2項7号、171条ないし173条が、多数決により公正な対価をもって株主資格を失わせることを予定していることに照らせば、単に会社側に少数株主を排除する目的があるというだけでは足りず、同要件を満たすためには、少なくとも、少数株主に交付される予定の金員が、対象会社の株式の公正な価格に比して著しく低廉であることを必要とすると解すべきである。……本件各決議において少数株主に交付することが予定されている普通株式1株当たり70円という金額が著しく低廉であると認められるかについて検討するに、Y社は平成19年及び平成20年と2期連続して純損失を計上し、純資産も急激に低下し、本件各株主総会の直前の平成21年5月31日時点では、純資産がわずかに381万3000円となっていたこと……、同金額を発行済株式総数……6万1635株で除した額は61.86円であること、Y社の有力な事業の1つである数字等を入力することでウ

4 決議取消事由・無効事由・不存在事由

> ェブサイトへのアクセスを容易にするサービスについて、同サービスの中核技術といえる882号特許について無効の審決がなされており、IT業界ではQRコードなど新しい技術が次々と生み出されていくことから、その他の特許からの収益も上がっていなかったこと……などに照らすと、著しく低廉であるとまではいえず、他にこの点を認めるに足りる証拠はない。」
>
> 「全部取得条項付種類株式制度については、……現に成立した会社法の文言上、同制度の利用に何らの理由も必要とされていないこと、取得決議に反対した株主に公正な価格の決定の申立てが認められていること（会社法172条1項）に照らせば、多数決により公正な対価をもって株主資格を失わせること自体は会社法が予定しているというべきであるから、Y社に少数株主を排除する目的があるというのみでは、同制度を規定した会社法108条1項7号、2項7号、171条ないし173条の趣旨に違反するとはいえない。……そうすると、A社及びY社の経営陣に、少数株主を排除する目的があったとしても、そのことをもって、本件各決議が、全部取得条項付種類株式制度を規定した会社法の趣旨に違反するということはできない。」

本判決の位置づけ・射程範囲

キャッシュ・アウトの方法として全部取得条項付種類株式制度を利用する場合については、少数株主を強制的に締め出すこと以外の正当な理由（正当な事業目的）を必要とし、これを欠くことを当該キャッシュ・アウトにかかる株主総会決議の瑕疵とする見解（必要説）も主張されているところであるが、本判決はこの点についてはじめて判断を示し、不要説をとることを明らかにした。

ただし、本判決が目的の正当性をまったく問題にしない趣旨まで述べるものとは解されず、濫用的な目的でキャッシュ・アウトが行われる場合等には、締出し目的に照らして不当決議に該当する余地を残すべきだとする見解が多数と思われる。

また、本判決は、少数株主に交付する対価が対象会社の株式の公正な価格に比して著しく低廉であるか否かについてあてはめを行っており、その内容には議論がありうるかもしれないが、純資産額との比較や中核技術にかかる特許の有効性、対象会社の属する業界の動向等をふまえて結論を導いており、実務の参考となろう。

実務上の対応

本判決によれば、少数株主の締出しを目的としているというだけでは、全部取得条項付種類株式制度を利用したキャッシュ・アウトにかかる株主総会決議の取消事由を構成することにはならないから、通常は公正な対価を交付するよう留意すれば足りることになる。もっとも、濫用目的でキャッシュ・アウトを行う場合には決議が取り消される余地もあるから、会社側は、キャッシュ・アウトを行う理由が濫用的なものでないかをあらかじめ確認・検討しておく必要がある。

さらに理解を深める

田中621頁

66 先行の取締役選任決議の不存在と後行の取締役選任決議の不存在──向陽マンション事件

最高裁平成 2 年 4 月17日第三小法廷判決
　事件名等：昭和60年（オ）第1529号地位確認等請求事件
　掲 載 誌：民集44巻 3 号526頁、判時1354号151頁、判タ732号190頁、金法1264号37頁、金判850号 3 頁

概　要　本判決は、取締役選任決議が不存在である場合、特段の事情がない限りその後の取締役選任決議も連鎖的に不存在になる旨判示したものである。

事実関係　昭和49年 6 月30日当時、Y社の取締役にはX、A、BおよびCが、代表取締役にはXが、それぞれ就任していた。その後、Y社については、Xが取締役を辞任した旨の昭和49年 7 月 1 日付辞任届、Dを後任の取締役に選任する旨の同日付株主総会決議（以下「本件先行取締役選任決議」）がなされたとの株主総会議事録、およびAを代表取締役に選任する旨の同日付取締役会決議がなされたとの取締役会議事録が存在し、これらに沿った登記もなされていたところ、実際にはXの辞任の事実はなく、これらの決議も存在しなかった。

そこで、Xは、XがY社の取締役および代表取締役の地位にあることの確認等を求める訴えを提起した。第 1 審はXの請求を認容し、原審はY社の控訴を棄却した。

判決要旨　一部（Xが代表取締役の地位にあることおよびAが代表取締役の地位にないことの確認請求に関する部分）破棄差戻し、一部（Xが取締役の地位にあることの確認請求に関する部分）上告棄却、その余の上告却下。「昭和49年 7 月 1 日付けの株主総会におけるDを取締役に選任する旨の決議が存在するものとはいえない……ところ、このように取締役を選任する旨の株主総会の決議が存在するものとはいえない場合においては、当該取締役によって構成される取締役会は正当な取締役会とはいえず、かつ、その取締役会で選任された代表取締役も正当に選任されたものではなく……、株主総会の招集権限を有しないから、このような取締役会の招集決定に基づき、このような代表取締役が招集した株主総会において新たに取締役を選任する旨の決議がされたとしても、その決議は、いわゆる全員出席総会においてされたなど特段の事情がない限り〔最判昭和60・12・20

4　決議取消事由・無効事由・不存在事由　133

本書8事件参照）、法律上存在しないものといわざるを得ない。したがって、この瑕疵が継続する限り、以後の株主総会において新たに取締役を選任することはできないものと解される。」

本判決の位置づけ・射程範囲

本件では、実際にはDを取締役として選任する旨の本件先行取締役選任決議は不存在であるにもかかわらず、Dが取締役として関与した取締役会によりAが代表取締役として選任され、当該取締役会の決議に基づきAが招集した株主総会において新たに取締役の選任決議（以下「本件後行取締役選任決議」）がなされた。

この点、取締役会の決議を経ることなく、代表取締役以外の取締役が株主総会を招集して決議をした場合、株主総会決議は不存在となる（最判昭和45・8・20 本書3事件）。これを前提とすると、仮に先行決議が不存在である場合には、そこで選任された取締役によって構成される取締役会は正当な取締役会とはいえず、そこで選任された代表取締役もしかりとなり、株主総会の招集権限を有しないこととなるから、本件後行取締役選任決議も不存在となるはずである。しかし、先行の取締役選任決議が不存在である場合も、法的安定性を重視し、取締役の資格を欠く者が取締役就任の登記を受けているなどの所定の要件を充たす場合には、後行の取締役選任決議は有効に成立すると判示する下級審裁判例があった（大阪高判昭和46・11・30 関連判例）。本判決は、かかる状況下において、先行の取締役選任決議が不存在である場合、本件後行取締役選任決議は、全員出席総会においてされたなど特段の事情がない限り（最判昭和60・12・20 本書8事件）、連鎖的に不存在となる旨示した。

なお、最判平成11・3・25 本書58事件は、本判決を前提に、先行の取締役選任決議の不存在確認の訴えと後行の取締役選任決議の不存在確認の訴えとが併合されている場合、後行の株主総会が全員出席総会であるなどの特段の事情がない限り、前者の訴えについても確認の利益が認められると判示した。

実務上の対応

本判決によれば、先行の取締役選任決議が不存在である場合、後行の取締役選任決議も連鎖的に不存在となる可能性がある。そこで、かかる場合には、①取締役としての権利義務を有する者により構成される取締役会によって代表取締役を選定し、当該取締役会の決議に基づき当該代表取締役が招集する株主総会において新たに取締役選任決議を行うか、または、②全員出席総会において新たに取締役選任決議を行うべきである。

さらに理解を深める

会社法百選3版41事件〔受川環大〕。最判解民事篇平成2年度145頁〔倉吉敬〕 関連判例 最判昭和45・8・20 本書3事件。大阪高判昭和46・11・30下民集22巻11=12号1163頁。最判昭和60・12・20 本書8事件。最判平成11・3・25 本書58事件

67 議長資格のない者による採決
──インスタイル事件

東京地裁平成23年1月26日判決
　　事件名等：平成21年（ワ）第5675号株主総会決議不存在確認等請求事件
　　掲載誌：判タ1361号218頁、資料版商事324号70頁

概要　本判決は、①議長としての資格のない者（株主からの動議に基づき議長に就任した者）のもとで採決が行われたこと、および、②取締役会設置会社において招集通知に記載のない事項について決議がなされたことを理由に株主総会決議が不存在である旨を判示したものである。

事実関係　Y社が平成20年12月5日に開催した臨時株主総会では、X、AおよびBを取締役から解任し、CおよびDを取締役に選任する旨の決議（以下「本件決議」）がなされた。

Xは、上記株主総会はY社の代表取締役ではないEが議長を務めており、また、招集通知に記載のない事項について決議がなされているとして、本件決議の不存在確認等を求める訴えを提起した。なお、Y社は取締役会設置会社であり、その定款には、「株主総会は、法令に別段の定めがある場合を除き、取締役会の決議により、取締役社長がこれを招集し、その議長となる」、「取締役社長に事故があるときは、あらかじめ取締役会で定めた順序により、他の取締役がこれを招集し、その議長となる」との規定がある。

判決要旨　請求一部（本件決議の不存在確認請求に関する部分等）認容、一部棄却。「議長は、議案が議長の不信任案であったとしても、定款に別段の定めがない限り、その地位を回避することを要しないというべきであり、……Y社の定款には上記別段の定めがないことが認められるから、CがXに対する議長不信任の動議を提出したとしても、Xにおいてこの動議についての審議及び採決を行うべきことになる。しかるに、Cは、……仮議長として選任されたEは、新議長の選任について議場に諮り、採決の結果、CとFが賛成し、株主全員一致をもってEが議長に就任したが、この動議についてのFの賛成の意思表示は、Cが隣の席にいるFに確認し、Fがうなずいたことによってなされた旨の記載及び証言をしており、この事実を前提としたとしても、Eを議長に選任するとの決議については、本件株主総会における議長としての資格のないEの下で採決が行われたものといわざるを得ず、しかも、Fの賛成の意思表示は、Y社が議長と主

4　決議取消事由・無効事由・不存在事由

> 張しているEではないCによって確認されたというのであるから、そもそも上記決議に係る採決があったということもできない。そうだとすれば、上記決議後に行われた本件決議についても、議長ではないEの下で採決が行われたことになるから、本件決議は決議としての外観があるとしても、法的には不存在といわざるを得ない。」
>
> 「しかも、取締役会設置会社においては、株主総会は、株主総会を招集するに当たり定められた目的である事項以外の事項については決議することができない（会社法309条5項、298条1項2号）ところ、……Y社は取締役会設置会社であり、……本件決議に係る議題は、本件株主総会の目的である事項以外の事項であることになるから、このような観点からしても、本件決議は、法的には不存在というべきである。」

本判決の位置づけ・射程範囲

株主総会決議の不存在事由には、何らかの決議はあってもそれが法的に株主総会決議と評価できない場合も含まれるところ、本判決は、①議長としての資格のない者（株主からの動議に基づき議長に就任した者）のもとで採決が行われたこと、および②取締役会設置会社において招集通知に記載のない事項について決議がなされたことを株主総会決議の不存在事由に該当する旨を判示した。

上記①については、定款上議長と定められた者以外の者が正当な理由なくして議長を務めたことは、決議の方法の定款違反として決議の取消事由にとどまると解する見解が有力である（大判昭和6・9・29 関連判例〔監査役が定款に違反して議長として決議に関与したケース〕参照）。

また、②についても、取締役会設置会社において招集通知に記載のない事項が決議されたことは、決議の方法の法令違反として決議の取消事由にとどまると解されている（最判昭和31・11・15 関連判例）。

なお、本件では、本件決議後に本件決議を追認する臨時株主総会決議がなされたが、本判決は、「追認決議の効力を遡及させることは、これによって第三者の法律関係を害さない等の特段の事情がない限り認めることはできない」との一般論を述べたうえで、追認決議に遡及効を認めた場合にはXの取締役兼代表取締役としての地位の喪失時期に影響を与え、追認決議までのXの報酬請求権を奪うことになるとして、追認決議の遡及効を認めなかった。

実務上の対応

本判決が決議不存在事由としてあげた上記①および②の事由については、いずれも決議取消事由にとどまると解する見解が有力であり、実務上も後者の解釈に基づき対応すべきと考えられる。

さらに理解を深める

江頭377頁。新版注釈会社法(5)319頁〔岩原紳作〕　関連判例　大判昭和6・9・29新聞3320号15頁。最判昭和31・11・15民集10巻11号1423頁

68 散会宣言後に一部の者が行った決議の不存在
―― 日本クレー射撃協会事件

東京地裁平成23年4月27日判決

事件名等：平成21年（ワ）第21774号総会決議不存在確認等請求事件・第44106号総会決議不存在確認請求事件、平成22年（ワ）第23961号総会決議不存在確認請求事件、平成23年（ワ）第2723号総会決議不存在確認請求事件

掲載誌：判タ1355号232頁

概要　本判決は、一般社団法人の社員総会において、議長が散会を宣言した後、会場に残った一部正会員が行った理事選任決議およびその後に開催された総会における決議がいずれも不存在であることを確認したものである。

事実関係　一般社団法人であるY協会は、平成21年3月29日、通常総会（以下「本件総会」）を開催し、Y協会副会長兼会長代行であったX₁が議長を務めた。しかし、X₁は、役員改選に関する議案について決議を行わないまま継続審議としたうえで、本件総会の散会を宣言した（以下「本件散会宣言」）。本件総会に出席した正会員は46名（うち委任状提出者16名）であったところ、本件散会宣言により、11名（委任状提出者を加えると19名）が議場から退出した（なお、その前に2名の正会員が退出していた）。しかし、議場に残った正会員17名（委任状提出者を加えると25名）は、散会は不当であるとし、新たにAを議長に選任して議事を進行させ、理事候補者15名のうちX₁を除く14名を理事に選出した（以下「散会後理事選任決議」）。

Y協会の正会員または理事等であったXらは、Y協会に対し、主位的に、本件総会において、散会後理事選任決議等およびその後に開催された総会における決議が不存在であることの確認を求め、予備的に、上記の散会後理事選任決議等の各取消し等を求めて提訴した。

判決要旨　請求認容。「議長による散会宣言が議長の権限を濫用するもので効力を生じない場合であっても、散会宣言によって総会が終了したと判断して退場した正会員が多数に及び、その後に行われた会議をもはや散会宣言前の総会が継続したものとみることができないような場合には、社会通念上総会は終了したとみるほかはなく、散会後に行われた決議を有効な総会決議と評価することはできないというべきである。……本件総会の出席者46名の4割を超える19名の正会員が総会は終了したと判断して退出し、残った者だけでは定足数（正会員現在数の3分の2である32名である。）を大幅に下回るような状況になった場合には、散会宣言後の総会は、もはや散会宣言前の総会が継続したものと評価

> することはできないというべきである。なぜなら、本件散会宣言後の総会は、いわば正会員の4割を超える者に対し招集手続を欠いたまま、25名の正会員のみが参集して行われた総会に等しく、法的にY協会の社員総会と評価することはできないからである。……以上によれば、本件散会宣言後の総会をY協会の総会と評価することはできないから、散会後理事選任決議、散会後理事集会決議及び散会後役員承認決議は、いずれも存在しないというべきである。」

本判決の位置づけ・射程範囲

　本判決は、社員総会の議長が、議案を付議したり、総会を終了する権限を有することを認めつつも、株主総会に関する裁判例・通説に従い、議長が、やむをえない事情もないのに、あえて議案を付議せずに行った閉会宣言は議長の権限を濫用するものとして無効であるから、社員は総会を続行することができるとの一般論を述べた。そのうえで、本件では、議長が、会長候補者の承認議案が否決されることをおそれて、当該議案を付議せずに行った本件散会宣言は議長の権限を濫用するもので本来は効力を生じないものであるとした。しかし、本判決は、判決要旨に引用したとおり、議長による散会宣言が無効であっても、これにより総会が終了したと判断して退場した正会員が多数に及んだ場合には、その後に一部の正会員が会議を続行したとしても、社会通念上、散会宣言前の総会は終了したと見ざるをえず、散会後に行われた決議は有効な総会決議とは評価できないと判示した。本件のように散会宣言後に定足数不足に陥った場合には、散会後の決議には取消事由があるにとどまるとする見解もありうるが、本判決は、正会員の4割を超える多数が本件総会の開催自体に関与しなかった場合と同視し、法的にはもはや当該会議を社員総会と評価しえないものと判断し、これを不存在と結論づけたものと思われる。

　なお、本判決は、最判平成2・4・17 本書66事件 が示した法理に従い（瑕疵連鎖）、不存在とされた散会後理事選任決議により選任された理事らによって招集されたその後の総会における決議もすべて不存在とした。

　本判決は、一般社団法人の社員総会決議の効力について判断したものであるが、株式会社の株主総会決議の効力についても同様に考えられる。

実務上の対応

　経営支配権争いが生じている会社の株主総会においては、議長が自らの意に沿わない決議の成立・不成立を回避する意図で、株主総会の散会を宣言してこれを終了する事態の生ずることも予想される。本判決は、こうした議長の議事整理が権限の濫用として許されない場合の一例を示した点、および議長による散会宣言とその後に一部株主が行った決議の有効性について判断した点で参考となろう。

さらに理解を深める

関連判例　最判平成2・4・17 本書66事件

69 スクイーズ・アウトにより株主の地位を喪失した者らによってなされた決議と決議不存在事由
——アムスク全部取得条項付種類株式にかかる追認決議事件

東京地裁平成27年3月16日判決
　　事件名等：平成26年（ワ）第26099号株主総会無効確認請求事件
　　掲　載　誌：判時2272号138頁、資料版商事374号112頁

概　要　本判決は、スクイーズ・アウトにより株主の地位を喪失した者らによってなされた株主総会決議を不存在であると判断したものである。

事実関係　Y社は、平成25年6月28日開催の定時株主総会および普通株主による種類株主総会において、それぞれ全部取得条項付種類株式制度を利用したスクイーズ・アウトの件を決議した（以下、両決議をあわせて「先行決議」）。これにより、同年7月21日の株主名簿に記載された株主の保有するY社株式は同月22日に全部取得されたため（以下「全部取得」）、Y社株主であったXらもその株主の地位を喪失した。Xらは、先行決議には瑕疵があるなどとして、その取消し等を求めて提訴した（以下、当該訴えにかかる訴訟を「別件訴訟」、これにかかる東京地判平成26・4・17 **本書7事件**を「別件判決」）。本判決時点で別件訴訟は控訴審に係属中であった（東京高判平成27・3・12 **本書88事件**）。

Y社は、先行決議の瑕疵を治癒する目的で、平成26年7月4日、平成25年7月21日時点の株主名簿に記載されていた元株主を招集して開催した「臨時株主総会」および「普通株主による種類株主総会」（以下「本件各総会」）において、先行決議を遡及的に追認する決議等（以下「本件各決議」）を行った。

Xらは、本件各決議について、主位的に会社法830条1項に基づき本件各決議が存在しないことの確認を求め、予備的に同条2項に基づき本件各決議が無効であることの確認または同法831条1項に基づき本件各決議の取消しを求めた。

判決要旨　請求認容。「先行決議……により本件全部取得がなされたことにより、本件招集通知の対象である平成25年7月21日時点の株主名簿に記載されていた者は、平成25年7月22日にY社の株主の地位を喪失したこととなる……。なお、先行決議……については……それらの取消し等を求める訴えが提起され、別件判決もなされているが、本件口頭弁論終結時において確定していない以上、上記各決議が有効であることを前提とすべきである。……そうする

> と、平成26年7月4日に開催された本件各総会における本件各決議は、株主で
> ない者……によってなされたことになるから、上記各決議はいずれも法的に不存
> 在であるというほかない。……これに対し、Y社は、本件各総会は、先行決議
> ……が遡及的に無効であるときの法律関係を前提としており、先行する株主総会
> において適法性に疑義がある決議がなされたことの事後処理を目的として行われ
> たものであるから、会社法にいう株主総会と認められる旨主張する。……しかし、
> 本件においては、先行決議……がなされ、取得日である平成25年7月22日に本
> 件全部取得の効力が発生したことにより、Y社の株主であった者……はその地位
> を失うことになるのであるから、その後に、それらの者を招集して株主総会を開
> 催し、本件各決議のような内容の決議をすることは、先行する株主総会において
> 適法性に疑義がある決議がなされたことの事後処理を目的とする場合であっても、
> 会社法が許容しているとは解されない。」

本判決の位置づけ・射程範囲

本件各決議は、全部取得にかかる決議の取消し等が求められていた別件訴訟の控訴審係属中に、先行決議の瑕疵を治癒する目的でなされたものであり、Y社は、当該控訴審において、本件各決議により訴えの利益が消滅したとの主張を追加した。しかし、株主総会決議は、取消事由がある場合でも、決議取消判決が確定しない限り有効なものとして扱われることから、本判決は、先行決議により株主の地位を喪失した者による決議は、先行決議を取り消す判決が確定していない以上、株主でない者によってなされることになるとして、本件各決議を不存在であると結論づけた。そして、本件各決議は、先行決議が取消判決の確定により遡及的に無効となった場合の法律関係を前提として、その瑕疵を治癒する目的で行われたものであったが、本判決はこのことが上記結論を左右するものでないことをも明らかにした点が注目される。

実務上の対応

全部取得にかかる決議の瑕疵を治癒する手段を考えた場合、決議取消判決が確定すれば遡及的に無効となる先行決議により作り出された株主構成を前提に先行決議を追認する株主総会決議を得ることは、循環論法のごとく無意味であると考えられたことから、Y社は全部取得の効力発生日前日の株主名簿に記載された元株主による「(種類)株主総会」において本件各決議を行ったものと思われる。しかし、本判決は、先行決議が遡及的に無効となった場合に株主の地位を回復しうる元株主を招集した「(種類)株主総会」は、法的には株主総会とは評価しえず不存在とされることを明らかにした点に留意する必要がある。

さらに理解を深める 伊藤靖史・商事2175号37号 関連判例 東京地判平成26・4・17 本書7事件 。東京高判平成27・3・12 本書88事件 。最判平成4・10・29 本書87事件 。

70 全部取得条項付種類株式の全部取得における「正当事由」の要否と決議無効原因
　　──大分フットボールクラブ事件

福岡高裁平成26年6月27日判決
　事件名等：平成26年（ネ）第11号株主総会決議無効確認等請求控訴事件
　掲載誌：金判1462号18頁

概　要　本判決は、発行会社に分配可能額が存在しない場合であっても、全部取得条項付種類株式の全部取得について正当事由は不要である旨判示したものである。

事実関係　Y社は、いわゆる「100％減資」を目的として、全部取得条項付種類株式を利用して既存株式のすべてを強制的に無償取得（以下「本件無償取得」）した。そこで、Y社の株主であったXらは、Y社に対して、本件無償取得に関するY社の一連の株主総会決議（以下「本件株主総会決議」）の無効確認および取消しを請求するなどした。Xらは、本件株主総会決議の無効原因として、全部取得条項付種類株式の全部取得については正当事由が必要であるにもかかわらず本件無償取得には正当事由がないことを主張した。

判決要旨　控訴棄却。「Xらは、本件においては、会社法172条の取得価格決定の申立てによってはその利益が保護されないので、全部取得条項付種類株式を用いて100パーセント減資を行うには『正当事由』を要する旨主張する。しかし、全部取得条項付種類株式に関する会社法の各規定（108条、111条2項、171条）は、Xら主張に係る諸事情に配慮した定めを置いていないのであって、これらの規定が、種類株式発行会社に会社法461条所定の分配可能額が存するか否かに応じ、異なる規制を設けていると解することはできないから、Xらの上記主張は採用できない」。

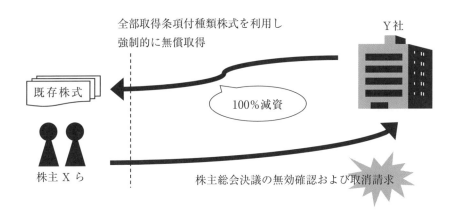

本判決の位置づけ・射程範囲

　本判決は、Y社には分配可能額が存在せず、株主は会社法172条の取得価格決定制度による救済が得られないことをふまえても、全部取得条項付種類株式の全部取得について正当事由は不要であると判示した。
　会社法の立案過程では、全部取得条項付種類株式の全部取得制度の利用に際して正当事由を要件とすることが検討されたものの、最終的には、会社法の条文上このような要件は定められなかった。本判決の上記判示は、条文の文言からは自然な解釈であるといえる。
　また、本判決と同様に全部取得条項付種類株式の全部取得について正当事由が不要と判示する裁判例としては、東京地判平成22・9・6 本書54事件 ・ 本書65事件 および大阪地判平成24・6・29 本書57事件 があげられる。

実務上の対応

　全部取得条項付種類株式の取得価格が公正価格と比較して著しく低廉である場合については、株主総会決議の取消事由である「著しく不当な決議」（会831条1項3号）に該当する余地を認める裁判例（東京地判平成22・9・6 本書54事件 ・ 本書65事件 および大阪地判平成24・6・29 本書57事件 ）も存在する。しかし、本件では、Y社は帳簿上債務超過であっただけでなく、実質的にも債務超過かそれに近い状態に陥り、かつ、分配可能額もない状況にあったため、無償という取得価格が公正価格と比較して著しく低廉であったとはいえないと考えられる。
　また、株式は正の価値を有する状況であるにもかかわらず、多数派株主が無償取得と同時に行われる増資の引受人となることを条件に無償決議に賛成した場合等には、「著しく不当な決議」がなされたものとして取り消されるという指摘があり、留意が必要であろう。

さらに理解を深める

田中82〜83頁、454〜455頁　 関連判例 　東京地判平成22・9・6 本書54事件 ・ 本書65事件 。大阪地判平成24・6・29 本書57事件

71 提訴期間経過後の決議取消事由の追加主張
──直江津海陸運送事件

最高裁昭和51年12月24日第二小法廷判決
　　事件名等：昭和48年（オ）第794号株式会社総会決議取消請求事件
　　掲　載　誌：民集30巻11号1076頁、判時841号96頁、判タ345号195頁、金法814号43頁、金判516号5頁

概　要　本判決は、株主総会決議の取消しの訴えにおいて、提訴期間が経過した後は、新たな取消事由を追加主張することが許されないとの判断を示したものである。

事実関係　Y社の株主Xは、Y社が昭和43年5月24日に開催した定時株主総会における定款変更等の決議について、決議取消しの訴えを提起した。Xは、提訴時には、取消事由として、Y社の社長であったAがBら7名の名義を借用してY社の株式を保有していたにもかかわらず、Y社は、Aの相続人であるXらではなく、Bらを株主として取り扱って招集手続を行い、かつ、議決権を行使させたこと等を主張していた。その後、Xは、同年12月23日受付の準備書面（なお、当該準備書面は昭和44年1月14日の口頭弁論で陳述された）においてはじめて、株主以外の代理人による議決権行使を、一部の株主に対しては認め、一部の株主に対しては認めないというY社の取扱いが株主平等原則等に反するとの主張を取消事由として追加した。

判決要旨　上告棄却。「株主総会決議取消しの訴えを提起した後、商法248条1項〔会社法831条1項〕所定の期間経過後に新たな取消事由を追加主張することは許されないと解するのが相当である。けだし、取消しを求められた決議は、たとえ瑕疵があるとしても、取り消されるまでは一応有効のものとして取り扱われ、会社の業務は右決議を基礎に執行されるのであって、その意味で、右規定は、瑕疵のある決議の効力を早期に明確にさせるためその取消しの訴えを提起することができる期間を決議の日から3カ月と制限するものであり、また、新たな取消事由の追加主張を時機に遅れない限り無制限に許すとすれば、会社は当該決議が取り消されるのか否かについて予測を立てることが困難となり、決議の執行が不安定になるといわざるを得ないのであって、そのため、瑕疵のある決議の効力を早期に明確にさせるという右規定の趣旨は没却されてしまうことを考えると、右所定の期間は、決議の瑕疵の主張を制限したものと解すべきであるからである。」

本判決の位置づけ・射程範囲

　株主総会決議の取消しの訴えは、決議の日から3か月以内に提起しなければならない（会831条1項）。決議取消しの訴えの訴訟物は、取消事由の個数にかかわらず1個であるため、取消事由の追加自体は訴えの提起とは同視できない。そのため、本判決前は、取消事由の追加に会社法831条1項（その前身である旧商法248条1項）が直接適用されることはないものの、その趣旨をふまえると提訴期間の経過後に新たな取消事由を追加することは許されないのではないかが争われていた。本判決は、かかる争点につき、提訴期間経過後の新たな取消事由の追加は許されないとの結論を示したものである。

実務上の対応

　本判決は、提訴期間経過前になされていた主張と実質的に同一性が認められる主張を提訴期間経過後に行うことを排斥するものではなく、実際にこれを認めた裁判例もある。

　たとえば、東京高判平成17・12・22 関連判例 は、監査役が質問に答えなかったという取消事由との関係では、仮に回答がなされていたとしても事実に反するものであったとの取消事由は、主張の基礎となる事実は同一のものであり、法的評価においてもいずれも説明が不十分なものであったというに帰するものであるから、新たな主張の追加にあたらないと判示した。

　また、東京地判平成22・9・6 本書54事件 ・ 本書65事件 は、全部取得条項付種類株式を利用した親会社による子会社の完全子会社化の事案において、親会社と子会社との間の株式保有関係、完全子会社化の目的、親会社以外の株主が決議により重大な不利益を直接的に被ること等が、事実として訴状に記載されていた事案であるところ、提訴期間経過後に追加された、親会社が特別利害関係人として議決権を行使したために著しく不当な決議がされたとの取消原因は、当該事実を法的に構成したものにすぎないため、かかる追加主張は許されるとの判断がなされている。

さらに理解を深める

会社法百選3版37事件〔小塚荘一郎〕。田中196～197頁。最判解民事篇昭和51年度469頁〔榎本恭博〕 関連判例 東京高判平成17・12・22東高民時報56巻1～12号19頁。東京地判平成22・9・6 本書54事件 ・ 本書65事件

72 決議無効確認の訴えにおける決議取消しの主張
——マルチ産業事件

最高裁昭和54年11月16日第二小法廷判決
　事件名等：昭和54年（オ）第410号株主総会決議無効確認請求事件
　掲　載　誌：民集33巻7号709頁、判時952号113頁、判タ406号86頁、金法922号41頁、金判586号3頁

概　要　本判決は、株主総会決議の無効確認の訴えにおいて決議無効事由として主張された瑕疵が決議取消事由に該当し、かつ、当該訴えが決議取消しの訴えの要件を充たしているときは、たとえ決議取消しの主張が出訴期間経過後にされたとしても、出訴期間は遵守されているものとして扱うのが相当である旨判示したものである。

事実関係　Y社は、昭和50年5月30日に開催された定時株主総会において、第三期営業報告書、貸借対照表および損益計算書（以下「本件計算書類」）の承認決議（以下「本件決議」）等の決議をした。

Xらは昭和50年8月20日に本件決議について無効確認の訴えを提起し、昭和52年5月24日に予備的に本件決議の取消しを求める訴えを追加した。Xらは、決議無効事由および決議取消事由として、本件計算書類が事前に監査役の承認を受けていなかったこと（以下「本件瑕疵」）を主張していた。

第1審は、本件瑕疵は決議取消事由にとどまるとして決議無効確認の訴えを棄却するとともに、出訴期間の徒過を理由に決議取消しの訴えを却下した。これに対し、原審は、決議無効確認の訴えについては第1審の判断を維持したうえで、決議取消しの訴えについては、第1審が出訴期間の徒過を理由にこれを却下したのは不当であるとして、予備的請求に関する判決を取り消し、差戻しを命じた。

判決要旨　上告棄却。「商法が株主総会決議取消の訴と同無効確認の訴とを区別して規定しているのは、右決議の取消原因とされる手続上の瑕疵がその無効原因とされる内容上の瑕疵に比してその程度が比較的軽い点に着目し、会社関係における法的安定要請の見地からこれを主張しうる原告適格を限定するとともに出訴期間を制限したことによるものであって、もともと、株主総会決議の取消原因と無効原因とでは、その決議の効力を否定すべき原因となる点においてその間に差異があるためではない。このような法の趣旨に照らすと、株主総会決議の無効確認を求める訴において決議無効原因として主張された瑕疵が決議取消原因に該当しており、しかも、決議取消訴訟の原告適格、出訴期間等の要件をみたしているときは、たとえ決議取消の主張が出訴期間経過後にされたとしても、

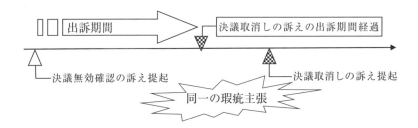

なお決議無効確認訴訟提起時から提起されていたものと同様に扱うのを相当とし、本件取消訴訟は出訴期間遵守の点において欠けるところはない。」

本判決の位置づけ・射程範囲

監査役設置会社では、計算書類は監査役の監査を受ける必要があり（旧商281条の2〔会436条1項・2項1号〕）、監査を経ずに計算書類が作成された場合、決議の方法の法令違反として、株主総会における計算書類の承認決議の取消事由となる。

しかし、Xらは、当初、かかる瑕疵が決議無効事由に該当するという理解に基づき、本件決議の無効確認の訴えのみを提起し、3か月の出訴期間（旧商248条1項〔会831条1項〕）を徒過してから決議取消しの訴えを追加した。そのため、決議取消しの訴えは却下されるべきではないかが問題となった。

しかるところ、本判決は、決議無効確認の訴えにおいて決議無効事由として主張された瑕疵が決議取消事由に該当し、かつ、決議無効確認の訴えが決議取消しの訴えの要件を充たしているときは、たとえ決議取消しの主張が出訴期間経過後にされたとしても、出訴期間は遵守されているものとして扱うのが相当である旨判示した。

なお、原審は本件では決議無効確認の訴えには決議取消請求が含まれていると解したのに対し、本判決はかかる解釈をとっていない。これは、原審のように解すると、裁判所は決議無効確認の訴えにおいて決議取消請求が明示的に主張されていない場合でも決議取消事由の有無を判断する必要が生じるおそれがあるため、明示の決議取消請求があった場合に限り、決議取消事由の有無を判断することとする趣旨であると指摘されている。

実務上の対応

本判決、および出訴期間徒過後に取消事由を追加することを許さなかった最判昭和51・12・24 本書71事件 に照らし、判例は、決議取消しの訴えの出訴期間の遵守の有無を、訴えの提起または変更の時期ではなく、決議取消事由たる瑕疵の事実を裁判において主張した時期によって判断しているとの指摘がある。実務上は、瑕疵が決議無効事由または決議取消事由のいずれに該当するかの判断に迷う場合、出訴期間中に、主位的に決議無効確認の訴えを、予備的に決議取消しの訴えを提起したうえで、瑕疵を漏れなく主張しておくべきである。

さらに理解を深める

会社法百選3版43事件〔梅津昭彦〕。最判解民事篇昭和54年度364頁〔篠田省二〕。田中196～197頁　関連判例 最判昭和51・12・24 本書71事件

73 営業譲渡の要領の不記載と裁量棄却
───明星自動車貸切バス事業譲渡事件

最高裁平成7年3月9日第一小法廷判決
　事件名等：平成3年（オ）第120号株主総会決議取消請求事件
　掲　載　誌：判時1529号153頁、判タ877号176頁、金法1423号46頁、金判971号3頁

概　要　本判決は、営業譲渡にかかる決議を行う株主総会の招集通知において、営業譲渡の要領が記載されていない場合、株主総会の招集手続には決議取消事由となる違法があり、かかる瑕疵は重大でないとはいえないと判断したものである。

事実関係　Y社は、タクシー事業および貸切バス事業を主な目的とする株式会社であり、Y社の発行済株式総数は7万株である。昭和59年6月に開催されたY社の定時株主総会（以下「本件株主総会」）において、Y社の営業のうち貸切バスの営業を譲渡する旨の決議（以下「本件決議」）がなされたが、本件株主総会の招集通知には、「第3号議案・貸切バス営業権（一般貸切旅客自動車運送事業）全部の譲渡に関する件。」との記載がされているだけであり、その要領の記載がされていなかった。当該営業譲渡の相手方はY社が中心となって将来設立する新会社であり、本件株主総会当時、譲渡の対価等の内容の詳細はまだ確定していなかったが、招集通知に同封された営業報告書には、営業譲渡の対象となる貸切バス部門の資産、負債等の内容が記載されていた。本件株主総会には、Y社の株主38名のうち29名（持株数合計6万7611株）が出席したが、招集通知に営業譲渡の要領が記載されていないことに対して出席株主から異議の申出はなく、出席株主のうち27名（持株数合計5万1300株）の賛成によって本件決議がなされた。Y社の株主であるXらは、本件株主総会の招集通知は旧商法245条2項（会社法施行規則63条7号ト）に違反するなどと主張して、本件決議の取消しを求めた。

原審は、(1)本件株主総会の招集手続には、営業の重要な一部の譲渡について招集通知にその要領を記載しなかった違法があり、旧商法245条2項（会社法施行規則63条7号ト）に違反する、(2)しかし、かかる違反の事実は重大なものでなく、本件決議に影響を及ぼさないから、本件決議の取消請求は旧商法251条（会社法831条2項）により棄却されるべきであると判断し、第1審判決を是認して、Xらの控訴を棄却した。Xらが上告。

判決要旨 営業譲渡決議取消請求に関する部分につき、破棄差戻し、一部上告棄却。「原審の……(2)の判断は是認することができない。……商法245条2項〔会社法施行規則63条7号ト〕が同条1項各号〔会社法467条1項1号～4号〕所定の行為について株主総会の招集通知にその要領を記載すべきものとしているのは、株主に対し、あらかじめ議案に対する賛否の判断をするに足りる内容を知らせることにより、右議案に反対の株主が会社に対し株式の買取りを請求すること〔同法245条の2〔会469条〕参照〕ができるようにするためであると解されるところ、右のような規定の趣旨に照らせば、本件株主総会の招集手続の前記の違法が重大でないといえないことは明らかであるから、同法251条〔会社法831条2項〕により本件決議の取消請求を棄却することはできないものというべきである。」

本判決の位置づけ・射程範囲

旧商法において、会社が営業譲渡(会社法における事業譲渡)に関する株主総会決議を行う場合、その「要領」を招集通知に記載しなければならないと規定されていた(旧商245条2項〔施63条7号ト〕)ところ、本件株主総会の招集通知はかかる記載を欠いていたため、本件株主総会の招集手続には瑕疵があった。本判決は、かかる決議取消事由の存在を認めたうえで、法が営業譲渡の「要領」の記載を要求した趣旨に遡り、営業譲渡の「要領」の記載を欠くという瑕疵は重大でないとはいえないとして、裁量棄却(旧商251条〔会831条2項〕)を認めなかった。

裁量棄却が昭和56年に明文化されて以降の最高裁判例としては、本判決のほか、最判平成5・9・9 本書6事件 があるが、同判決においても裁量棄却は認められておらず、最高裁は瑕疵が軽微であるとして取消請求を裁量棄却することに慎重であると評価されている。もっとも、下級審裁判例では、招集通知の記載内容に瑕疵があった事例について、裁量棄却が認められたものも複数見られるところである(東京地判平成26・4・17 本書7事件 〔社外取締役選任の件の記載事項に不備があった事例〕、東京地判平成24・9・11 本書74事件 等参照)。

実務上の対応 本件の事実関係に照らせば、原審のように瑕疵は重大でないとの評価もありえないものではないと思われ、本判決は、実務上、招集通知の記載内容について、慎重な検討が求められることを改めて認識させられるものといえる。事業譲渡にかかる招集通知の記載内容については、本判決と同一の裁判例である 本書10事件 を参照されたい。

さらに理解を深める 江頭374頁。神田202頁。コンメ⑿48頁〔齊藤真紀〕。会社法百選3版40事件〔岩原紳作〕 関連判例 最判昭和46・3・18 本書5事件 。最判平成5・9・9 本書6事件 。東京地判平成26・4・17 本書7事件 。東京地判平成24・9・11 本書74事件 。本判決と同一の裁判例である 本書10事件

74 監査役会の同意を欠く監査役選任決議
── イー・キャッシュ事件

東京地裁平成24年9月11日判決
　事件名等：平成24年(ワ)第1329号、同第1330号株主総会決議取消請求事件、株主総会決議取消等請求事件
　掲載誌：金判1404号52頁、資料版商事343号42頁

概要　本判決は、監査役会の同意を欠く監査役選任決議について、決議取消事由があるというべきであるが、重大は違反事実ではなく、かつ、決議に影響を及ぼさないと認められるとして、裁量により決議取消請求を棄却したものである。

事実関係　Y社は、平成23年12月19日開催の取締役会において、平成24年1月12日開催の臨時株主総会(以下「本件株主総会」)に、監査役1名(A)の選任議案(第3号議案)を付議すること等を決定した。かかる監査役選任議案について、本件株主総会の招集通知には、「本議案につきましては、監査役会の同意を得ております。」との記載があった。しかしながら、監査役会の同意については、「平成23年12月21日(水)午前9時40分から、当社本店会議室において監査役会を開催した。監査役数3名　出席監査役数2名」、「総会議案決定の件(監査役1名選任の件) 2011年12月19日(月)開催の取締役会に付議及び決議された上記議案については、当日出席した全監査役3名とも特に質問や疑義はまったく行われなかったことに鑑み、監査役会として監査役候補者の人選(A)について追認する。」などという記載のある監査役会議事録が存在するものの、当該監査役会の招集通知が欠席した1名の監査役に対してなされていなかった。Y社の株主であるXは、監査役選任議案について、監査役会の同意を得ている旨の招集通知の記載は虚偽であるなどと主張して、本件株主総会の決議取消しを求めた。

判決要旨　請求棄却。「監査役3名のうち1名の招集及び出席を欠く」平成23年12月21日開催の「監査役会における同意は、少なくともY社の監査役会の同意としては無効であり、本件株主総会の第3号議案の決議には、その付議につき、監査役会の同意を欠くという取消事由(招集手続又は決議方法の法令違反)があるというべきである。」

　「しかしながら、……Y社の監査役の過半数に当たる2名……は、遅くとも平成23年12月21日ころまでに、本件株主総会に第3号議案を付議することに同意

し又はこれを追認しており、本件株主総会に第3号議案を付議する旨の決定をした平成23年12月19日開催のY社の取締役会においても、Y社の監査役3名から第3号議案の監査役候補者につき特段の異議は述べられなかったこと……等の本件における事情を考慮すると、本件株主総会への第3号議案の付議につき監査役会の同意を欠いたことは、少なくとも本件における事情の下では（株主総会参考書類への記載をも含めて）重大な違反事実ではなく、かつ、第3号議案の決議に影響を及ぼさないものと認められるから、Xによる第3号議案の決議の取消請求は、会社法831条2項により棄却するのが相当である。」

本判決の位置づけ・射程範囲

監査役会設置会社では、監査役の選任に関する議案を株主総会に提出するには、監査役会の同意を得なければならない（会343条1項・3項）。本判決は、監査役会の同意を欠くことが、監査役選任決議の取消事由（会831条1項1号）にあたることを示した点で第1の意義を有する。

そして、本判決は、①Y社の監査役の過半数にあたる2名が、本件株主総会に監査役選任議案を付議することに同意しまたはこれを追認していること、②本件株主総会に監査役選任議案を付議する旨の決定をした平成23年12月19日開催のY社の取締役会においても、Y社の監査役3名から監査役選任議案の監査役候補者につき特段の異議が述べられなかったこと等を根拠に、監査役会の同意を欠くことが、重大な違反事実ではなく、かつ、決議に影響を及ぼさないものと認められるとして、裁量棄却を認めた点で第2の意義を有する。

第1の点については、学説上も通説とされるところであり、特段の異論は見られない。しかし、第2の点については、監査役選任議案について監査役会の同意を欠くことは、株主の判断に影響を与えうるものであり、決議に影響を及ぼす可能性があるなどとして、学説上、異論が少なくない。

実務上の対応 最高裁は、特に株主総会における議事成立手続に瑕疵がある事案について、瑕疵が軽微であるとして決議取消請求を裁量棄却することに慎重であると評価されており（最判平成7・3・9 本書73事件 参照）、下級審裁判例においてもそのような傾向が見られるところである。本判決に対しては学説上も異論が少なくないことをもあわせかんがみれば、本判決は、例外的に裁量棄却が認められた事例と評価すべきであろう。したがって、いうまでもないが、監査役会の同意を軽視するような対応は避けなければならない。

さらに理解を深める 江頭528頁。神田202、211、247頁。会社法百選3版A28事件〔髙橋陽一〕 関連判例 最判昭和46・3・18 本書5事件 。最判平成5・9・9 本書6事件 。最判平成7・3・9 本書73事件

75 株式譲受対価の提供および担保提供等と利益供与
―――蛇の目ミシン工業事件

最高裁平成18年4月10日第二小法廷判決
 事件名等：平成15年（受）第1154号損害賠償請求事件
 掲載誌：民集60巻4号1273頁、判時1936号27頁、判タ1214号82頁、金法1808号48頁、金判1249号27頁、資料版商事266号270頁

概要 本判決は、会社が会社から見て好ましくないと判断される株主による株主権の行使を回避する目的で第三者に対して株式譲受対価を提供することは違法な利益供与となる旨判示したものである。

事実関係 いわゆる仕手筋として知られるAは、B社株式を大量に買い集めたうえで、B社に対し、保有するB社株式を暴力団の関連会社に売却したと述べ、B社株式を買い戻すために300億円を用立てるよう要求した。これを受け、B社は、①B社の保証および担保提供のもとで、う回融資の形式により、Aが経営するC社に対し約300億円を貸し付けた。

その後、Aは、B社に対し、C社が負担していた債務を肩代わりすることを要求した。これを受け、B社は、②関連会社により当該債務の肩代わりをするとともに、B社およびその100％子会社により担保提供を行った。

B社の株主であるXは、上記①の金員の交付ならびに上記②の債務の肩代わりおよび担保提供にB社の取締役として関与したYには忠実義務・善管注意義務違反があるとして、株主代表訴訟により損害賠償を求めた。Xは、原審から利益供与（旧商294条の2〔会120条〕）に基づく責任追及（旧商266条1項2号〔会120条4項〕）の主張を追加した。第1審および原審ともにXの請求を棄却した。

判決要旨 破棄差戻し。（上記①「恐喝被害に係る金員の交付」について）「株式の譲渡は株主たる地位の移転であり、それ自体は『株主ノ権利ノ行使』とはいえないから、会社が、株式を譲渡することの対価として何人かに利益を供与しても、当然には商法294条ノ2第1項〔会社法120条1項〕が禁止する利益供与には当たらない。しかしながら、会社から見て好ましくないと判断される株主が議決権等の株主の権利を行使することを回避する目的で、当該株主から株式を譲り受けるための対価を何人かに供与する行為は、上記規定にいう『株主ノ権利ノ行使ニ関シ』利益を供与する行為というべきである。……B社は、Aが保

有していた大量のB社株を暴力団の関連会社に売却したというAの言を信じ、暴力団関係者がB社の大株主としてB社の経営等に干渉する事態となることを恐れ、これを回避する目的で、上記会社から株式の買戻しを受けるため、約300億円というおよそ正当化できない巨額の金員を、う回融資の形式を取ってAに供与したというのであるから、B社のした上記利益の供与は、商法294条ノ2第1項〔会社法120条1項〕にいう『株主ノ権利ノ行使ニ関シ』されたものであるというべきである。」

（上記②「債務の肩代わり及び担保提供（本件方策）」について）「本件方策は、AがB社株をD社等に売却するなどと発言している状況の下で、将来Aから株式を取得する者の株主としての権利行使を事前に封じ、併せてAの大株主としての影響力の行使をも封ずるために採用されたものであるから、本件方策に基づく債務の肩代わり及び担保提供は……『株主ノ権利ノ行使ニ関シ』されたものであるというべきである。」

本判決の位置づけ・射程範囲

本件では、会社が第三者に対して株式譲受対価を提供する行為が違法な利益供与の要件である「株主ノ権利ノ行使ニ関シ」（旧商294条ノ2第1項〔会120条1項〕）（以下「本要件」）を充たすかが問題となった。

本判決は、株式の譲渡は株主たる地位の移転でありそれ自体は「株主ノ権利ノ行使」とはいえないことを理由として、かかる株式譲受対価の提供は原則として本要件を充足しないと判示しつつ、「会社から見て好ましくないと判断される株主が議決権等の株主の権利を行使することを回避する目的」でかかる行為が行われた場合には本要件を充足することを明らかにした。

また、本判決は、上記②の債務の肩代わりおよび担保提供についても、現在の株主であるAから将来株式を取得する者の株主権行使を封じること、およびAの影響力の行使を封じることを目的としている以上、本要件を充足すると判示した。

実務上の対応

本判決が示した「会社から見て好ましくないと判断される株主」という要件については、客観的に該当性を判断するのではなく、供与者を基準に該当性を判断すべきとの見解がある。かかる見解に従えば、経営権の争いがある場合において、会社が現経営陣から見て好ましくないと判断される株主による議決権行使を回避する目的で株式譲受対価を提供することは違法な利益供与となりうる。違法な利益供与を行った結果、議決権行使が歪められた場合、株主総会決議の取消事由ともなりうることは、東京地判平成19・12・6 本書76事件 が示している。

さらに理解を深める

会社法百選3版14事件〔得津晶〕。最判解民事篇平成18年度(上)473頁〔太田晃生〕。田中亘・商事1904号4頁、1905号14頁

関連判例 東京地判平成19・12・6 本書76事件 。東京高判平成22・3・24資料版商事315号333頁

76 Quoカードの贈呈と利益供与
──モリテックス事件

東京地裁平成19年12月6日判決
　事件名等：平成19年（ワ）第16363号株主総会決議取消請求事件
　掲　載　誌：判タ1258号69頁、金法1825号48頁、金判1281号37頁、資料版商事
　　　　　　286号431頁

概　要　本判決は、プロキシーファイト下の会社の議決権行使株主に対するQuoカードの贈呈について、会社提案へ賛成する議決権行使の獲得をも目的としており違法な利益供与であるとして、決議取消事由に該当する旨判示したものである。

事実関係　Y社の第1順位株主であるX社および第2順位株主であるA（以下「Xら」）は、平成19年4月19日、Y社の取締役および監査役の選任についての株主提案を行ったうえで、同年6月6日からY社の株主に対する委任状勧誘を行った。

Y社は、平成19年6月11日、株主に対し、株主総会の招集通知、議決権行使書面および「『議決権行使』のお願い」と題する書面（以下「本件書面」）を発送した。当該議決権行使書面には、白紙で返送された場合には会社提案に賛成したものとして取り扱われる旨が記載されており、本件書面には、各議案への賛否を問わず、委任状により議決権を行使した場合も含め、有効に議決権を行使した株主1名につきQuoカード1枚（500円分）を贈呈する旨が記載されていた。

Y社は、平成19年6月14日、株主に対し、「『議決権行使書』ご返送のお願い」と題するはがき（以下「本件はがき」）を送付した。

平成19年6月27日に開催されたY社の株主総会（以下「本件株主総会」）では、取締役および監査役の選任にかかる会社提案が承認された。

Xは、Y社によるQuoカードの贈呈（以下「本件贈呈」）は違法な利益供与に該当するなどとして、取締役および監査役の選任決議の取消しの訴えを提起した。

判決要旨　請求認容。「株主の権利の行使に関して行われる財産上の利益の供与は、原則としてすべて禁止されるのであるが、……当該利益が、株主の権利行使に影響を及ぼすおそれのない正当な目的に基づき供与される場合であって、かつ、個々の株主に供与される額が社会通念上許容される範囲のものであり、株主全体に供与される総額も会社の財産的基礎に影響を及ぼすものでないときには、例外的に違法性を有しないものとして許容される場合があると解す

> べきである。」
> 「本件贈呈は、その額においては、社会通念上相当な範囲に止まり、また、会社の財産的基礎に影響を及ぼすとまではいえないと一応いうことができるものの、本件会社提案に賛成する議決権行使の獲得をも目的としたものであって、株主の権利行使に影響を及ぼすおそれのない正当な目的によるものということはできないから、例外的に違法性を有しないものとして許容される場合に該当するとは解し得ず、結論として、本件贈呈は、会社法120条1項の禁止する利益供与に該当するというべきである。」
> 「本件株主総会における本件各決議は、会社法120条1項の禁止する利益供与を受けた議決権行使により可決されたものであって、その方法が法令に違反したものといわざるを得ず、取消しを免れない。」

本判決の位置づけ・射程範囲

本判決は、形式的には株主への利益供与が会社法120条1項の要件に該当する場合でも、①当該利益が株主の権利行使に影響を及ぼすおそれのない正当な目的に基づき供与される場合で、②個々の株主に供与される額が社会通念上許容される範囲のものであり、③株主全体に供与される総額も会社の財産的基礎に影響を及ぼすものでないときには、違法性が阻却される場合があるとの一般論を示した。

そのうえで、本判決は、本件贈呈が一面においては株主による議決権行使を促すことを目的とするものであったこと自体は認めたものの、(i)XらおよびY社の双方が株主の賛成票の獲得をめぐって対立関係にあること、(ii)本件はがきでは本件贈呈の記載と会社提案への賛成を求める記載それぞれに下線と傍点が施されており、相互の関連を印象づける記載がされていること、(iii)Y社は従前は議決権行使を条件とした利益の提供を行っておらず、Xとの間で賛成票の獲得をめぐって対立関係が生じた本件株主総会においてはじめて行ったこと、(iv)本件株主総会における議決権比率が例年に比較して約30%増加するなど本件贈呈が株主による議決権行使に少なからぬ影響を及ぼしたことをふまえると、本件贈呈は、会社提案へ賛成する議決権行使の獲得をも目的としたものであると推認でき、上記①の要件を充たさないとして、取締役および監査役の選任決議を取り消した。

実務上の対応

プロキシーファイトのような支配権争奪が起きている場合、議決権行使に関して金員等の供与を行うことについては、その当否等につき、アドバイザー等とよく協議のうえ対応することが望まれる。なお、実務上、支配権争奪等が起きていない平時の場合については、発行会社が議決権行使の促進の観点からQuoカード等の金券を贈呈する例は見られる。

さらに理解を深める

田中亘・ジュリ1365号134頁

77 従業員持株会に対する奨励金の支払いと利益供与——熊谷組事件

福井地裁昭和60年3月29日判決
　事件名等：昭和59年（ワ）第53号損害金返還等請求事件
　掲載誌：判タ559号275頁、金判720号40頁、資料版商事13号22頁、労判459号70頁

概要　本判決は、従業員持株会に対する奨励金の支払いは、本件の事実関係のもとにおいては、会社法120条により禁止される利益供与にあたらないとしたものである。

事実関係　A社およびA社が全額出資する子会社の従業員は、A社の株式を取得する持株会（以下「本持株会」）を組織しており、本持株会は、小額資金を継続的に積み立てることによりA社の株式を取得し、もって従業員の財産形成をなし、会社との共同体意識の高揚を図ることを目的としている。A社は、本持株会の趣旨に賛同して、本持株会との取決めにより、本持株会の会員たる従業員に対して、従業員の勤務意欲向上等の趣旨も含め、福利厚生の一環として、一定額の奨励金を支払うこととしている。

A社の株主であるXは、本持株会の真の目的はA社の取締役らの安定株主工作等にあり、奨励金は、その趣旨に沿い、株主の権利行使に関して支払われるものであるから、旧商法294条の2（会社法120条）に違反するなどとして、A社の代表取締役であるYに対し、本持株会に対して支払った奨励金をA社に賠償すること等を求めて、株主代表訴訟を提起した。

判決要旨　請求棄却。本持株会は持株会「規約によって設立された民法上の組合であるところ、右規約5条3項には『退会した会員の再入会は原則として認めない』旨、また18条により投資した株式は20条により会員に登録配分されることになるが、この登録配分された株式はそのままの状態では24条により処分ができないとされているほかは、従業員が持株会への入退会をするにつき特段の制約はなく、また、取得した株式の議決権の行使についても、制度上は、各会員の独立性が確保されており、更に、持株会の役員の選出方法を含めA社の取締役らの意思を持株会員の有する株式の議決権行使に反映させる方法は制度上はなく、会員は、保有株式数が一定限度を超えた場合にはその超えた株式を自由に処分することもできることが認められるうえ、前示争いのない奨励金の額又は割合も、前示規約等のいう趣旨ないし目的以外の何らかの他の目的を有するほどのものではないと認めるのが相当である。

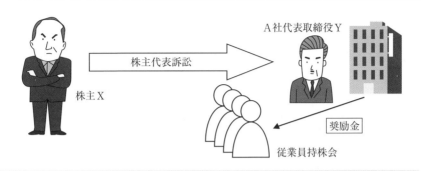

「……以上の認定判断によれば、A社が持株会会員に対してなす奨励金の支払いは、Y主張のとおり、従業員に対する福利厚生の一環等の目的をもってしたものと認めるのが相当であるから、右は、株主の権利の行使に関してなしたものとの……推定は覆えるものというべきである。」

本判決の位置づけ・射程範囲

従業員持株制度は多くの会社で利用されており、同制度では、会社が従業員の株式取得に関して奨励金を支払うことが一般的である。本判決は、かかる奨励金の支払いが利益供与の禁止（会120条）に抵触しないかが問題となった事例である。

この点、従業員持株制度における奨励金には、まったく権利行使に影響を与える趣旨が含まれていないとして、一律に利益供与にあたらないとする見解もある。

これに対して、本判決は、従業員持株制度における奨励金がおよそ一般的に利益供与にあたらないとは判示せず、持株会規約の具体的な内容等から、会社の目的が、福利厚生の一環等、株主の権利行使に関する目的以外にあることを個別に認定している。

したがって、本判決は、従業員持株会の実態によっては、従業員持株制度における奨励金が利益供与にあたりうることを示した点で重要な意義を有するといえよう。

実務上の対応

本判決は、A社の奨励金支払いの目的が、福利厚生の一環等にあることを推認する根拠として、制度上、①取得した株式の議決権の行使について、各会員の独立性が確保されていること、②A社の取締役らの意思を持株会会員の有する株式の議決権行使に反映させる方法がないことをあげている。従業員持株会においては、理事長が株主総会において代表して議決権を行使することが多いといわれているが、本判決によれば、かかる議決権行使にあたり、持株会会員の意思が反映されない場合は、利益供与にあたりうることになると解される。また、本判決は、「制度上」であることを強調しているようにも読めるが、実質を伴う必要がある旨の指摘がなされているところであるため、実務上は、実質的にも持株会会員の意思が反映されるよう慎重な対応が求められる。

さらに理解を深める

江頭354頁。神田75頁。コンメ(3)247、249頁〔森田果〕。会社法百選3版14事件〔得津晶〕　関連判例　最判平成18・4・10 本書75事件

78 株主優待と利益供与──土佐電気鉄道事件

高松高裁平成2年4月11日判決
　事件名等：昭和62年（ネ）第302号取締役の責任追及請求控訴事件
　掲　載　誌：金判859号3頁

概　要　本判決は、株主優待制度の運用にあたり、一部の株主を特に有利に取り扱った場合であっても、本件の事実関係のもとにおいては、会社法120条により禁止される利益供与にあたらないとしたものである。

事実関係　A社（鉄道会社）は、株主優待制度として、株主名簿上の株主に対し、その持株数に応じて優待乗車券を交付しており（以下「本件株主優待制度」）、優待乗車券の交付基準（以下「本件交付基準」）は「500株から1499株まで1冊、1500株以上1000株を増す毎に1冊を加える。」というものであった。すなわち、本件交付基準は、500株の株式を有していれば1冊の優待乗車券を交付する定めになっているので、1000株以上の株式については、これを500株ずつに分けて複数の株主が保有する方が、1人で同数の株式を保有する場合に比べて全体としてより多くの優待乗車券の交付が受けられる仕組みとなっていた。そのため、A社の株主であるBらは、本件株主優待制度の導入が決定されて以降、優待乗車券をより多く交付を受ける目的で、その所有株式の一部を譲渡したとして、株式の名義書換の手続を行った。Bらによる株式譲渡の譲受人（以下「本件譲受人ら」）の氏名は、ほとんどがBらと同姓で、一見して架空の人物の名前であると思われるものも含まれて

おり、その住所もBらと同一であったところ、A社は、Bらによる名義書換請求に対して、Bらの請求どおり本件譲受人らの氏名を記載する一方で、Bらについて、真実に株式譲渡をした者とは区別して取り扱うこととした。具体的には、優待乗車券の交付数を算出するときには本件譲受人らをA社の株主として取り扱ったが、実際の優待乗車券の交付は、本件譲受人らの分も含めて一括して譲渡人であるBらに対して送付し（以下、Bらに対する優待乗車券の超過交付を「本件超過交付」）、株主総会の招集通知や議決権行使については、Bらだけを株主として取り扱った。

A社の株主であるXは、A社の代表取締役であるYに対し、主位的に旧商法294条の2第2項（会社法120条2項）の規定を援用して、本件超過交付相当額の弁済責任があると主張するとともに、予備的に善管注意義務違反に基づく賠償責任があると主張して、株主代表訴訟を提起した。

原審（高知地判昭和62・9・30 **関連判例**）は、「株主に対する優待乗車券交付制度は、無償のものであるが、これが社会通

念上許容された範囲内で適正に行われるかぎり、商法294条の2の禁止に触れるものではない。しかし、本件のごとく、交付基準を越えて一部株主に有利にこれを交付した場合は、その超過分は右禁止に触れるものといわなければならない」として、Xの主位的請求を認めたため、Yが控訴。

判決要旨 原判決変更（ただしXの予備的請求は認容）。「A社がした本件超過交付は、特定の株主に対する無償の財産上の利益供与に当たることは明らかである。

しかし、本件超過交付については、Bらの請求を容れて名義変更に応じ、それを前提に本件交付基準を適用して本件超過交付を行ったA社の対応が安易であったことは否定できないけれども、その発端は、Bらが、本件交付基準の不備をつき、より多くの優待乗車券の交付を得る目的で、株式の名義だけを小口に分散しようとしたことにあり、利益供与の対象も、そのような名義変更の措置をとった株主の全部に及んでいる。これらの事情からすれば、本件超過交付をするについて、A社には、Bらの権利の行使に関してこれを行うという意図はなかったものと認めるのが相当である。

したがって、本件超過交付が、商法294条の2第1項〔会社法120条1項〕の規定に違反することを前提と……するXの主張は……理由がない。」

本判決の位置づけ・射程範囲 本判決の原審は、株主優待制度に関して、一部の株主を特に有利に取り扱った場合、利益供与の禁止（会120条）に抵触する旨判示したが、本判決は、本件超過交付について、A社の意図を具体的に検討し、株主の権利の行使に関するものとはいえないとして、利益供与の禁止には抵触しない旨判示した。福井地判昭和60・3・29 本書77事件 同様、株主の権利の行使に関するか否かについて、会社の意図・目的に着目している点が注目に値する。

実務上の対応 株主優待制度は、社会通念から許容される範囲であれば、株主の権利の行使に関するものとはいえ、利益供与の禁止に抵触しないと解されている。もっとも、株主優待制度の運用にあたり、一部の株主を特に有利に取り扱った場合、株主総会における議決権行使等への影響の有無や程度によっては、利益供与の禁止に抵触すると判断されるおそれがあるため、留意する必要がある。

さらに理解を深める 江頭354頁。神田75頁。コンメ(3)247頁〔森田果〕 **関連判例** 高知地判昭和62・9・30判時1263号43頁。福井地判昭和60・3・29 本書77事件

79 株主総会の対応依頼と「不正の請託」
── 東洋電機カラーテレビ事件

最高裁昭和44年10月16日第一小法廷決定

　　事件名等：昭和42年（あ）第3003号商法違反、業務上横領被告事件
　　掲載誌：刑集23巻10号1359頁、判時572号3頁、判タ241号176頁、金判184号5頁

概要　本決定は、役員が、株主総会における経営責任の追及を免れるために、株主に対して一般株主の発言を抑えて議案を会社提案のとおり成立させるよう議事進行を図ることを依頼することは、「不正ノ請託」（旧商494条1項〔会968条1項〕）に該当する旨判示したものである。

事実関係　A社は、昭和36年1月28日にBと嘱託契約を締結し、Bが発明すると自称していた新型式カラーテレビ受像機の研究のため多額の出資をし、同年6月28日には同人が試作したと称する受像機（以下「本件受像機」）なるものを新聞記者らに公開発表した。これにより、かねてから受像機研究の情報によって騰貴しつつあったA社の株価がさらに不当に急騰した。

その後、本件受像機はC社製でありBの発明品ではないとのと強い疑惑が生じ、A社の経営陣の責任が追及される状勢となった。

そこで、A社の取締役であるY₁、Y₂およびY₃は、総会屋である株主のY₄およびY₅に対し、A社の第86回および第87回の定時株主総会において会社提案の議案を無事に可決させるべく、会社役員のため有利な発言をしてもらい、かつ、株主がカラーテレビ問題に関する会社役員の責任を追及して発言するのを抑制してもらいたい旨依頼し、その謝礼として各株主総会の前後に合計58万円の金員を供与した。

Y₄およびY₅は、株主総会における株主の発言または議決権の行使に関し「不正ノ請託」を受けて財産上の利益を収受したものとして（旧商494条1項1号〔会968条1項1号〕）、また、Y₁、Y₂およびY₃はかかる利益を供与したものとして（旧商494条2項〔会968条2項〕）、公訴を提起された。

第1審は、旧商法494条1項1号・2項（会社法968条1項1号・2項）はいわゆる総会荒らしを処罰するために設けられたものであり、総会屋に対し会社側の議事運営への協力を依頼することは処罰対象とならない旨判示した。これに対し、原審は、総会荒らしであるか否かを問わず、株主権を濫用することの依頼がなされ、これにつき財産上の利益の収受・供与がなされれば処罰対象となる旨判示した。

決定要旨 上告棄却。「株主は個人的利益のため株式を有しているにしても、株式会社自体は株主とは異なる別個の存在として独自の利益を有するものであるから、株式会社の利益を擁護し、それが侵害されないためには、株主総会において株主による討議が公正に行なわれ、決議が公正に成立すべきことが要請されるのである。したがって、会社役員等が経営上の不正や失策の追及を免れるため、株主総会における公正な発言または公正な議決権の行使を妨げることを株主に依頼してこれに財産上の利益を供与することは、商法494条〔会社法968条〕にいう『不正の請託』に該当するものと解すべきである。本件において、原判決認定のごとく、株式会社の役員に会社の新製品開発に関する経営上の失策があり、来るべき株主総会において株主からその責任追及が行なわれることが予想されているときに、右会社の役員が、いわゆる総会屋たる株主またはその代理人に報酬を与え、総会の席上他の一般株主の発言を押えて、議案を会社原案のとおり成立させるよう議事進行をはかることを依頼することは、右法条の『不正の請託』にあたるとした原判断は相当である。」

本決定の位置づけ・射程範囲

株主およびその代理人が、株主総会における発言または議決権の行使に関し、「不正の請託」を受けて、財産上の利益を収受し、またはその要求もしくは約束をした場合、5年以下の懲役または500万円以下の罰金に処せられる（収賄罪。会968条1項1号）。また、株主およびその代理人に対し、上記の利益を供与し、またはその申込みもしくは約束をした者も同様の刑に処せられる（贈賄罪。同条2項）。

本決定は、旧商法下の事案において、役員が株主総会における経営責任の追及を免れるという不正な目的のもと、いわゆる与党的な株主に対し、一般株主の発言を抑えて議案を会社提案のとおり成立させるよう議事進行を図ることを依頼することは上記の「不正ノ請託」（旧商494条1項〔会968条1項〕）に該当し、贈収賄罪が成立することを明らかにした。

実務上の対応

本決定をふまえれば、役員が、上記のような不正な目的に基づかずに単に株主に対して株主総会における発言権および議決権の行使または不行使を依頼することは「不正の請託」には該当せず、これについて利益供与が行われても会社法968条の贈収賄罪は成立しないと解される。

もっとも、かかる利益供与が株式会社またはその子会社の計算において行われた場合、利益供与罪（会970条1項）が成立する可能性がある。

さらに理解を深める

会社法百選3版104事件〔菊地雄介〕。最判解刑事篇昭和44年度375頁〔海老原震一〕。新版注釈会社法(13)604～606頁〔芝原邦爾〕。コンメ(21)145～146頁〔佐伯仁志〕。

80 仕手集団に対する議決権行使禁止の仮処分
―― 国際航業議決権行使禁止仮処分事件

東京地裁昭和63年6月28日決定
　事件名等：昭和63年（ヨ）第2030号株主権行使禁止仮処分申請事件
　掲載誌：判時1277号106頁、判タ668号272頁、金法1195号48頁、金判798号12頁、資料版商事54号71頁

概　要　本決定は、株式を買い占めたいわゆる仕手集団について、株主総会での議決権行使を禁止する仮処分の申請を認めたものである。

事実関係　本決定では事実関係についての裁判所の判断は明らかにされていないため、以下では仮処分命令申請書に基づき事実関係を記載する。

A社はいわゆる仕手集団であり、従前から、上場会社の株式を買い占め、これによって高騰した株式を当該会社に買い取らせるなどの方法により巨額の利益を得ていた。

A社は昭和62年春頃から上場会社であるX社の株式を買い集め、同年7月末時点では、名義書換未了分も含め、A社側で発行済株式総数約4000万株のうち約1700万株を有するに至ったようである。その後、A社の実質的代表者であるBは、X社に対し、共同経営を行うように迫るとともに、一方ではX社の株式を全部買い取るように迫ったが、結局いずれも成功しなかった。なお、昭和63年3月、A社所有のX社株式（以下「本件株式」）の名義はY_1およびY_2を含む10名の名義に変更されたが、X社は、本件株式の実質的な所有者はA社であると主張している。

X社の第55回定時株主総会（以下「本件株主総会」）は昭和63年6月29日に開催が予定されていたところ、Bは、本件株主総会直前の同月17日頃、X社代表取締役会長Cから合計520万株分の委任状を取り付け、安定多数を確保した。そのうえで、Bは、X社の社長Dに対し、本件株主総会前のDの社長辞任、定款に従い副社長を議長とすること、およびA社からの役員の送り込み等を強く要求するに至った。

そこで、X社は、本件株主総会において本件株式の実質的所有者であるA社によりX社の乗っ取りを実現する不当な議決権行使がなされることは明らかであるなどとして、本件株主総会におけるY_1およびY_2の議決権行使を禁止すること等の仮処分の申請を行った。

| 決定要旨 | 申請認容。「Yらは、別紙株主総会目録記載のX社の定時株主総会において、別紙株式目録記載の株式につき議決権を行使してはならない。」 |

本決定の位置づけ・射程範囲

　本決定では理由が述べられておらず、議決権行使禁止の仮処分が認められた理由は明らかではないが、仮処分命令申請書をふまえれば、裁判所は、上場会社の株式を買い占めた仕手集団が、会社を健全に経営する意思がないにもかかわらず、株式を高値で買い取らせる目的の一環として会社を乗っ取るために議決権行使をすることは権利の濫用にあたるとして、仮処分を認めたものと考えられる。

　この点、議決権が濫用された場合には決議取消事由に該当しうること（会831条1項3号）をふまえれば、議決権の濫用を事前の議決権行使禁止事由とすることは、まったく認められないわけではないものの、その判断は慎重になされるべきとの指摘がある。

　また、かかる仮処分の被保全権利が何であるかという問題については、決議の公正な成立を確保するために会社に認められた妨害排除請求権と解する見解や、株主の地位不存在確認請求権と解する見解がある。

実務上の対応

　グリーンメーラー等への対応策としては、ブルドックソース事件（最決平成19・8・7 関連判例）のような新株予約権を活用した株式の希釈化のほか、事前警告型等の買収防衛策の導入があげられる。

　もっとも、CGコード時代においては、防衛策に対する機関投資家等の反対は、とみに高まっており、株式買占めへの対抗策（経営権争奪の場面ともいえる）は、上場公開会社においてはいつの時代においても、株主総会の大きなテーマとなる。また、局面は大きく異なるが、近年ではアクティビストファンド（仕手集団とは異なる）等の動きも活発化しており、その対応が課題となっている。

　本決定では、上場会社において議決権行使禁止の仮処分が認められたものの、本来、経営権奪取目的で議決権行使を行うこと自体は株主としての正当な権利行使の範疇にとどまるのであり、また、議決権行使は株主としての基本的な権利であるため、その射程は相当程度に限定的であると考えるべきである。実務上も、議決権行使禁止の仮処分の申立てというドラスティックな対応をとることはまれであろう。もっとも、株主が高値で株式を買い取らせることのみを目的として議決権行使を行おうとしていることが明白である場合等には、本件のような仮処分の申立ても視野に入れて対応を検討すべきである。

| さらに理解を深める | 江頭351～352頁。青木浩子・ジュリ997号95頁。近藤光男・商事1275号46頁　関連判例 最決平成19・8・7民集61巻5号2215頁 |

81 払込期間経過後の払込みによる新株にかかる議決権行使禁止の仮処分──Kiss-FM KOBE事件

神戸地裁平成22年4月15日決定
　事件名等：平成22年（ヨ）第105号議決権行使禁止仮処分命令申立事件
　掲　載　誌：公刊物未登載（要約版：金判1354号12頁）

概　要　本決定は、第三者割当てにより発行される新株の引受人が払込期間内に払込みを行わなかった場合は、その後に発行価額を入金したとしても、当該引受人が新株の株主であるとはいえないとして、近日中に開催が予定されている株主総会において当該引受人は議決権を行使してはならず、発行会社は当該引受人に議決権を行使させてはならないとする議決権行使禁止の仮処分を認めたものである。

事実関係　Y_1社は、平成21年12月22日開催の臨時株主総会において、Y_1社がY_2社に対して、1株1500円（合計4万2000株で6300万円）、払込期間を平成22年1月12日までとして、第三者割当てにより新株発行する旨の決議を行った。これに対し、Y_2社は同日までに払込みをしなかったものの、同年3月25日に発行価額を入金した。Y_1社の株主であるX社は、Y_1社が上記新株発行を有効なものと扱っているとし、Y_1社が同年4月15日に開催を予定している臨時株主総会において、Y_2社または同社から譲渡を受けた可能性のあるY_3社もしくはその代表者Y_4が議決権を行使することを禁止し、Y_1社に対してはY_2社ないしY_4に議決権を行使させないよう求めて、議決権行使禁止の仮処分を求めた。

決定要旨　申立一部認容。「上記第三者割当てによる新株発行の金員の払込期間は平成22年1月12日までであり、この期間を徒過した場合、株主総会の意思としては、もはや、Y_2社を上記第三者割当による新株発行の引受先と認めないというものであったというべきである。……したがって、Y_2社はY_1社に対して上記3月25日に上記6300万円を入金したのであるが、これによってY_2社がY_1社の4万2000株の株主であるとはいえない。……以上のとおりであって、X社のY_2社及びY_1社に対する申立てについては、被保全権利があるといえる。……また、Y_1社において、Y_2社を株主として扱い株主総会においてY_2社の議決権行使を是認することが窺える……から、保全の必要性も肯定できる。」

本決定の位置づけ・射程範囲

新株引受人による発行価額の払込みの有無に争いがある場合における議決権行使禁止の仮処分の被保全権利は、株主権（持株割合）不存在確認請求権であるとされる。本案である株主権不存在確認訴訟の被告適格を有するのは新株主とされている者（株主名簿上の株主）のみであるため、議決権行使禁止の仮処分において発行会社が債務者となりうるかは問題となるが、少なくとも、会社が新株主であると主張する者に議決権を行使させようとしている場合には、会社も債務者とすることできると解されている。本決定もこれと同様の立場に立ち、Y_1社を債務者と扱った。

本件では、被保全権利について、払込期間経過後に発行価額が入金された場合に、会社側から有効な払込みと認め、当該引受人を株主として扱えるかが問題となった。引受人が募集事項として定められた期日（期間内）に出資の履行をしないときはただちに失権するとされていること（会208条5項）等にかんがみ、引受人が払込期日（期間）経過後に発行価額を払い込んだとしても、新株発行を有効と扱うことはできないと解されている。本決定もこれに従い、払込期間を徒過した場合はY_2社を新株の引受先と認めないのが株主総会の意思であると述べて、Y_2社の株主たる地位を否定し、被保全権利の存在を認めた。

また、議決権行使禁止の仮処分の保全の必要性としては、本案の判決を待っていては、非株主の議決権行使により回復しがたい損害が生じることの疎明が必要とされる。この判断にあたっては、決議事項の内容が重要とされ、決議事項が、①会社の経営権の所在に変動を生じさせるおそれのあるものである場合（取締役の選解任等）、②会社の経営にとって特に重要なものである場合（事業譲渡、解散、合併等）には、原則として保全の必要性が肯定される一方、これら以外の場合には、特段の事情のない限り、保全の必要性は否定される。本決定は、単にY_1社がY_2社の議決権行使を是認することがうかがえるとのみ述べて保全の必要性を肯定したが、本件は近日中に予定されているY_1社の臨時株主総会で取締役の選解任が決議される予定であったから、上記①の場合にあたる事案であったといえよう。

実務上の対応

経営支配権争いが生じている会社や資金繰りに窮している会社等は、法的に瑕疵のある新株発行を有効と強弁することもないではない。そうした場合には、新株の引受人とされた者は新株の株主であるとはいえないとして、当該非株主の議決権行使を事前に禁止する仮処分が有効であろう。

さらに理解を深める

類型別会社訴訟Ⅱ885〜894頁。商事非訟・保全事件の実務263〜288頁。コンメ(5)96〜98頁〔川村正幸〕。稲葉威雄ほか編『実務相談株式会社法4〔新訂版〕』（商事法務研究会、1992）331〜332頁〔鈴木健太〕

82 議決権行使禁止の仮処分
——総合ビルセンター事件

東京地裁平成24年1月17日決定
　事件名等：平成23年（モ）第40058号保全異議申立事件
　掲　載　誌：金判1389号60頁

概　要　本決定は、新株発行無効請求権を被保全権利として、当該新株に基づく議決権行使禁止の仮処分命令申立てを認容した原決定を認可したものである。

事実関係　Y社の株主または取締役であるXらが、Y社が平成23年3月31日に行った普通株式2万株の新株発行（以下「本件新株発行」）は、株主総会決議を経ておらず、無効であると主張して、Y社の平成23年10月期の定時株主総会において、本件新株発行にかかる株式について議決権の行使を許してはならない旨の仮処分命令申立て（以下「本件仮処分命令申立て」）をしたところ、原審は、Xらの本件仮処分命令申立てを認容する旨の仮処分決定をした。そこで、Y社がこれを不服として保全異議を申し立て、原決定の取消しと本件仮処分命令申立ての却下を求めた。

決定要旨　原決定認可。「1　被保全権利の存否……(1)全株式譲渡制限会社が第三者割当ての方法により募集株式を発行する場合において、募集事項を決定する株主総会決議（会社法199条1項、2項）の不存在は、当該募集株式の発行の無効事由と解するのが相当である。……(2)ア　これを本件についてみると、……Y社が全株式譲渡制限会社であること、本件新株発行については、募集事項を決定する株主総会決議が存在しないことが認められ、本件新株発行には無効事由があると認められる。……(3)以上のとおり、本件新株発行は無効であると認められ、被保全権利の疎明はある。」

「2　保全の必要性　……平成23年10月期総会における決議事項には、Y社の経営権の所在に変動を生じさせる事項が含まれており……、本案訴訟の判決の確定を待っていては、その間に同総会において本件新株発行に係る株式の議決権が行使されることにより、Xらに著しい損害が生じること、Xらに生ずる著しい損害を避けるため、本件仮処分を必要とすることが認められ、保全の必要性の疎明もある。」

「3　結論　以上の次第で、本件仮処分命令申立てを認容した原決定は相当

であるから、これを認可することとし、主文のとおり決定する。」

本決定の位置づけ・射程範囲

本決定の意義は、裁判所が、議決権行使禁止の仮処分について、新株発行無効請求権を被保全権利とすることを認めた点、および議決権行使の禁止が求められている株主総会の決議事項に発行会社の経営権の所在に変動を生じさせる事項が含まれている場合に保全の必要性を認めた点にある。

まず、被保全権利については、新株発行無効の訴え（会828条1項2号）の認容判決は将来効であって遡及効がないから（会839条）、無効判決の確定までは新株は有効に発行されたものと扱われ、当該新株に基づく議決権行使は禁止できないとする見解もかつては有力であった。しかし、現在の裁判実務・多数説は、議決権行使禁止の仮処分は、新株発行を無効とする法律状態を作り出すものではなく、暫定的に議決権行使を禁止するにすぎず、本案判決に遡及効がないことは当該仮処分の障害とならないこと等から、新株発行無効請求権を当該仮処分の被保全権利とすることを肯定しており、本決定はこれと同様の見解を採用したものといえる。旧商法下では、被保全権利について本決定と同様の判断を示した裁判例（名古屋地判昭和59・6・22 関連判例 等）も見られたが、会社法下で新株発行無効請求権を被保全権利として議決権行使禁止の仮処分を認めた公表裁判例は本決定が最初と思われる。

次に、本決定は、議決権行使禁止の仮処分にかかる保全の必要性の有無を、議決権行使の対象となる決議事項の内容により判断することとしたうえで、発行会社の経営権の所在に変動を生じさせる事項（具体的には取締役の選解任議案を指すものと思われる）が決議事項に含まれていることを理由に保全の必要性を肯定した。本決定の認定事実によれば、本件新株発行により、Ｘらの持株比率は60％超から40％程度に低下しており、発行会社の経営権の所在に影響を及ぼす現実の可能性があったことから、保全の必要性の判断において持株比率の変動率も考慮すべきとする見解もあるが、本決定は少なくとも明示的にはこの点を保全の必要性を肯定する理由とはしていない。

実務上の対応

経営支配権争いの局面において、無効な新株発行に基づく議決権が行使されて経営権の所在が決せられてしまうと、後に新株発行無効の判決が確定しても、既存の経営権を前提として形成された事実関係を原状に復することは困難である。本決定は、新株発行無効を主張する者において、経営権の所在がゆがめられる前に議決権行使禁止の仮処分を得ておくことを検討する必要性のあることを示しているといえよう。

さらに理解を深める

類型別会社訴訟Ⅱ889頁　関連判例　名古屋地判昭和59・6・22判夕533号246頁

83 議決権拘束契約に基づく議決権行使禁止の仮処分
──スズケン対小林製薬事件

名古屋地裁平成19年11月12日決定
　事件名等：平成19年（ヨ）第498号株式交換承認の議決権行使禁止仮処分申立事件
　掲 載 誌：金判1319号50頁

概　要　本決定は、議決権拘束契約に基づく議決権行使禁止の仮処分は、原則として認められないが、例外的に認められる余地があるとしたものである。

事実関係　A社の株主であるX社（持株比率：20％）とY社（持株比率：74.22％）は、A社を含む三者間で、A社の株式の全部または一部を他に譲渡しないこと等を定めた合意書（以下「本件合意書」）を締結していた。ところが、Y社およびA社は、A社をB社（X社の競合他社グループに属する会社である）の完全子会社とする方針を決定し、A社は、B社を完全親会社、A社を完全子会社とする株式交換にかかる株式交換契約の承認（以下「本件議案」）を会議の目的たる事項とする臨時株主総会（以下「本件総会」）を開催することとした。

　そこで、X社は、本件合意書で禁止されている「株式の譲渡」には株式交換が含まれるから、Y社は本件総会において本件議案に賛成してはならない不作為義務を負うとして、Y社に対し、本件議案に賛成する議決権（以下「本件議決権」）行使禁止の仮処分を求めた。

決定要旨　申立却下。「本件合意書17条1項の『株式の譲渡』の文理解釈のほか、同条の趣旨や本件合意書締結の経緯・目的等を考慮しても、同条項の『株式の交換』〔筆者注：『株式の譲渡』の誤記と思われる〕に株式交換が含まれるには疑問があるといわざるを得ず、その疎明があったとするに足りない。」

　「なお、仮に、……Y社が、同項に基づいて、本件議決権を行使してはならない不作為義務を負うといえるとしても、同項に基づいて、ただちに、Y社に対し、その差止めを請求できるかは別の考慮を要する問題というべきである。

　なぜなら、仮に、Y社が、同項に基づいて、本件議決権を行使してはならない不作為義務を負うといえる場合には、その債権的効力（同義務違反に基づく債務不履行責任）を否定する理由はないが、これを越えて、Y社の議決権行使を差し止めることになれば、その影響は、本件合意書の当事者であるX社及びY社にとどまらず、A社の他の株主にも及ぶことになる。しかも、これが認められることになれば、X社とY社間の議決権拘束契約に基づいて、Y社の議決権行使が差し止

められることになるところ、本件合意書締結当時、議決権拘束契約に基づく議決権行使の差止めの可否について判断した判例は見あたらず、学説上はこれを否定する学説が優勢であったこと……からすれば、本件議決権行使の差止めを認めることになれば、法的安定性を害するおそれがあるからである。

　これらを考慮すれば、……Y社が、同項に基づいて、本件議決権を行使してはならない不作為義務を負うといえる場合でも、原則として、本件議決権行使の差止請求は認められないが、①株主全員が当事者である議決権拘束契約であること、②契約内容が明確に本件議決権を行使しないことを求めるものといえることの2つの要件を充たす場合には例外的に差止請求が認められる余地があるというべきである。」

本決定の位置づけ・射程範囲

　本決定は、本件合意書の「株式の譲渡」に株式交換が含まれると解することはできないと認定しており、このことのみをもってX社の申立てを却下することもできたため、傍論ではあるものの、「原則として、本件議決権行使の差止請求は認められないが、①株主全員が当事者である議決権拘束契約であること、②契約内容が明確に本件議決権を行使しないことを求めるものといえることの2つの要件を充たす場合には例外的に差止請求が認められる余地がある」として、議決権拘束契約に基づく議決権行使の差止めに関する一般論を述べた点で重要な意義を有する。

　もっとも、本決定に対しては、ある当事者の契約により契約外の第三者の利益に影響が及ぶことは一般にありうることであり、債務は原則として履行の強制ができるという民法の原則（民414条）をこの場合に限って変更する理由はないなどとして有力な批判のあるところであるため、今後の議論の動向に留意が必要である。

実務上の対応

　本件とは別の論点として、議決権拘束契約に違反して議決権が行使された場合に、これによって成立した株主総会の決議の効力は影響を受けるかという問題がある。この点に関しては、本決定も指摘するとおり、議決権拘束契約の効力は契約当事者間の債権的効力にとどまる（すなわち、債務不履行責任が生じるにとどまる）ため、決議の効力には影響しないのが原則である。しかしながら、株主全員が議決権拘束契約の当事者となっている場合は、例外的に、定款違反と同視して、取消しの対象となる（会831条1項2号）と解されている。そのため、株主全員が当事者である議決権拘束契約が存在する場合、決議の効力との関係でも、あわせて留意が必要である。

さらに理解を深める

江頭339頁。田中181〜182頁。田中亘「議決権拘束契約についての一考察——特に履行強制の可否に関して」岩原紳作＝山下友信＝神田秀樹編代『会社・金融・法（上）』（商事法務、2013）219頁

84 条件つきの株主総会出席禁止の仮処分
──中国銀行事件

岡山地裁平成20年6月10日決定
事件名等：平成20年（ヨ）第85号株主総会出席禁止等仮処分申立事件
掲載誌：金法1843号50頁、金判1296号60頁、資料版商事324号91頁

概要　本決定は、株主総会出席禁止の仮処分の申立てに対して、所持品検査を受け、武器類を所持しないことを証明しない限り、株主総会に出席してはならないと判断したものである。

事実関係　Yは、X銀行に対し、Yが代表者であったA社の借入金について返済を据え置いてほしいとの申出をした。X銀行は、Yの申出を検討した結果、Yに対し、借入金の返済条件変更の見返りとして、Yに対して行っていた融資について、追加担保を設定するよう要請し、これができない場合には、強制的な手段をとらざるをえなくなる可能性もある旨告げた。そうしたところ、Yは、上記交渉過程において、X銀行が脅迫的な要求をし、結果的に一括返済を迫られたことによる精神的苦痛を受けたなどとして、平成11年12月から平成12年2月にかけて、X銀行に対し、種々の要求をするようになった。その後も、Yは、X銀行担当者との面談において、「非合法な手段であろうと実力行使するしかないと考えている。頭取の頭をピストルで撃ち抜く者もいるかもしれない」などと発言したり、大理石製の灰皿やライターケースを机に叩きつける行動をしたこともあった。また、平成19年6月26日のX銀行担当者との面談においても、「今度来るときは武器を持ってこないといけない」などと発言した。

Yが平成19年にX銀行株式1000株を取得したことから、X銀行は、平成20年6月25日のX銀行定時株主総会（以下「本件株主総会」）の開催にあたり、Yに対し、本件株主総会への出席禁止の仮処分を求めた。

決定要旨　申立ての条件つき認容。（主文）「1　Yは、……X銀行の……定時株主総会に出席を要求するときは、X銀行による所持品検査を受け、X銀行に対し、武器、又は人に危害を加えるおそれのある物を所持しないことを証明しなければならない。……2　Yは、前記1の所持品検査を受け、武器、又は人に危害を加えるおそれのある物を所持しないことを証明しない限り、前記1の株主総会に出席してはならない。」

（理由）会社法315条は、株主総会の秩序維持権を「議長の権限として定めて

いるが、これは、株主総会の秩序維持は、株主総会の開催中においては、株式会社からの委託を受けた議長が行うことになるからに他ならず、議長の上記権限が本来的には株式会社に帰属することを否定する趣旨のものではない。……株式会社は、特定の株主が株主総会を混乱させ、出席者の生命身体に危害を加えるおそれがあると予測される場合には、株主総会開催前においても、株主総会秩序維持権に基づき、妨害予防請求権を行使することができるものというべきである。」

本件においては、「Yが武器類を所持して株主総会に出席する可能性を否定することができず、……Yが武器類を所持して株主総会に出席した場合を仮定すると、X銀行の……警備体制によっても、総会出席者に対する危害を未然に防止することは事実上困難であるから、Yを本件株主総会に出席させるべきではない。……しかし、Yが、X銀行による所持品検査を受け、X銀行に対し、武器類を所持しないことを証明した場合には、X銀行ないし本件株主総会の議長は、前記……の警備体制のもとで、Yの言動を監視し、臨機応変に対応することにより、Yによる総会出席者に対する加害行為を未然に防止することが可能であるものというべきである。上記場合においては、X銀行又は本件株主総会議長としては、その秩序維持権限を適切に行使して、株主総会の運営を行うべきであり、Yが不相当な言動を行い、議長の説得や警告に従わないときには、Yに対する退場命令を出し、これを執行し、秩序維持を図るべきである。」

「株主総会秩序維持権という被保全権利に関する急迫の危険を避けるため、主文記載の仮処分をする保全の必要性があるものと認めることができる。」

本決定の位置づけ・射程範囲

本決定は、株式会社に株主総会秩序維持権があることおよび株主総会前であってもこれに基づく妨害予防請求権を行使することができることを認め（京都地決平成12・6・28 関連判例 も参照）、これを被保全権利として、株主総会出席禁止の仮処分を（条件つきで）認容した点で、武器類等およそ議場に持ち込むべきでない物を持参しようとするような株主に対する直接的かつ効果的な防御方法の一例を示すものといえる。また、本決定は、Yが武器類を所持していない場合は、議長による事後的な秩序維持権の行使により対処することが可能であるとして、条件つきの仮処分を命じていることが特徴的である。株主の総会参与権を重視し、保全の必要性を慎重に判断したものと評価できよう。

実務上の対応

ある株主が株主総会へ来場し、他の出席者に危害を加えるおそれがある場合、株主総会出席禁止の仮処分の申立てを行うことが対応策の1つとして十分検討に値しよう（マイク等の持込みの禁止を認めた東京地決平成20・6・25 本書85事件 も参照）。

さらに理解を深める

江頭355頁。コンメ(7)273頁〔中西俊和〕 関連判例 京都地決平成12・6・28判時1739号138頁。東京地決平成20・6・25 本書85事件

85 ビデオカメラ、カメラ、マイクおよびスピーカーの持込禁止の仮処分──沖電気事件

東京地裁平成20年6月25日決定
　事件名等：平成20年（モ）第52303号保全異議申立事件
　掲　載　誌：判時2024号45頁

概　要　本決定は、特定の株主らにつき、その先行行為（マイク等を利用した不規則発言等により退場命令を受けていたこと等）をふまえ、株主総会へのビデオカメラ、カメラ、マイクおよびスピーカーの持込禁止の仮処分の申立てを認めたものである。

事実関係　Yらは、従前開催されたX社の株主総会において、議長の制止を無視して、自ら議場に持ち込んだマイクやスピーカーを用いて、不規則発言を行ったり、自作の歌を録音したCDを再生するなどして、当該株主総会を混乱させ、たびたび議長による退場命令を受けていた。また、Yらは、株主総会の混乱状況等をビデオカメラやカメラで撮影し、Y_1のホームページ上で発言や退場に要した時間の長さを誇るかのような記載をしていた。

　そこで、X社は、Yらに対して、平成20年6月27日に開催が予定されていた株主総会へのビデオカメラ、カメラ、マイクおよびスピーカーの持込禁止の仮処分を申し立てた。原審はX社の申立てを認めた。

決定要旨　原決定認可。（被保全権利の有無について）「一部の株主が株主総会において自ら準備したマイクやスピーカーを自らの判断で使用し、また同じく自ら準備したビデオカメラやカメラで同総会における議事の状況を撮影する行為は、株主が有する議決権やその前提となる質疑討論を行う機会を保障するものとして必要不可欠なものでないばかりか、かえって他の株主が有する同様の権利等を侵害するものであるといえる。……本件についても、株式会社であるX社は、本件株主総会の議事を適正かつ円滑に運営する権利を保全するため、株主であるYらに対し、同人らが自ら議場に持ち込んだマイクやスピーカーを使用する行為及び同じく同人らが自ら議場に持ち込んだビデオカメラやカメラを用いて撮影する行為を排除する権利を有することの疎明があるものと解するのが相当である。」

　（保全の必要性について）「従前開催されたX社の株主総会におけるYらの上記妨害行為等に照らせば、Yらは、本件株主総会においても同様の行為に及ぶ可能性が極めて高く、マイク等の議場持込みを禁止することによりこれらの行為を排除する必要性が認められる。」

> （撮影を認めれば何の混乱も発生せず、X社に損害が生じることはないというYらの主張について）「一部の株主がビデオカメラ等で株主総会における議事の状況を撮影する行為は、他の株主が有する議決権やその前提となる質疑討論を行う機会を侵害するものであり、かつ、株式会社にとって、株主総会の場でそのような株主の権利等を侵害する行為がなされるということ自体が、信用毀損その他の著しい損害に当たるといわなければならない。すなわち、X社がYにビデオカメラ等を用いた撮影を認めればX社に損害が生じないということはできない。」

本決定の位置づけ・射程範囲

本決定は、会社がマイクを準備し、ビデオ撮影もしているため、マイクやビデオカメラ等を持ち込む必要がない一方で、特定の株主が従前からマイク等を利用した不規則発言等により株主総会を混乱させ、退場命令を受けるなどしていたという事案において、会社の株主総会の議事を適正かつ円滑に運営する権利を被保全権利として、ビデオカメラ、カメラ、マイクおよびスピーカーの持込禁止の仮処分を認めた。

実務上の対応

近年、記録装置が小型化し、携帯電話と一体化するなどしていることから、株主が株主総会の議事の状況を無断で録音・録画したうえでSNS等にアップする事態が発生している。このような行為は株主総会における自由な質疑討論の妨げとなるおそれがあるため、会社としてはできる限りこれを抑止したいところである。

会社は出席する全株主の協力を求めるかたちで所持品検査を実施してカメラ等を一時預かることができると解されている（仙台地判平成5・3・24 本書18事件）。もっとも、株主の意思に反して強制的に所持品検査を行うことは認められていないため、株主が協力を拒んだ場合には有効な手立てとはならない。また、出席者の生命身体に危害が加えられるおそれがある場合であれば、株主総会出席禁止の仮処分の申立て（京都地決平成12・6・28 関連判例 参照）や、当該株主が所持品検査を受け、武器類を所持しないことを証明することを株主総会出席の条件とする仮処分の申立て（岡山地決平成20・6・10 本書84事件 参照）が認められた事例もある。しかし、最も基本的な株主の共益権である議決権の行使の機会を奪うことは容易には認められず、被保全権利および保全の必要性の具備につき裁判所は相当程度慎重に判断するといえ、上記事例が示すような加害のおそれがない場合、これらの仮処分の申立てが認められない可能性が高い。そこで、無断録音・録画や公開を繰り返す悪質な株主がいる場合には、当該株主に対する持込禁止の仮処分を申し立てることも検討に値することから、本事案はその点でも参考になろう。なお、会社によるビデオ撮影は社会的な相当性がある限り認められるとするのが大阪地判平成2・12・17 本書40事件 である。

さらに理解を深める

得津晶・ジュリ1408号172頁 関連判例 仙台地判平成5・3・24 本書18事件。京都地決平成12・6・28判時1739号138頁。岡山地決平成20・6・10 本書84事件。大阪地判平成2・12・17 本書40事件

86 計算書類等の承認決議の取消しと訴えの利益
　　──チッソ事件

最高裁昭和58年6月7日第三小法廷判決
　事件名等：昭和55年（オ）第17号株主総会決議取消請求事件
　掲　載　誌：民集37巻5号517頁、判時1082号9頁、判タ500号111頁、金法1048号44頁、金判675号3頁

概要　本判決は、計算書類等の承認決議の取消しを求める訴えは、後続期の計算書類等を承認する株主総会決議が行われたとしても、訴えの利益が失われることはないとしたものである。

事実関係　水俣病の原因企業であるY社が、昭和45年11月28日開催の定時株主総会に来場した株主約1400名のうち300名が会場に入場できないままに同総会の開催を強行し、かつ、株主1名が提出した修正動議も無視し、開会からわずか4分間で議案が原案どおり承認されたとして同総会を終了したため、Y社の株主であるXらが、「昭和45年4月1日より同年9月30日に至る第42期営業報告書、貸借対照表、損益計算書、利益金処分案を原案どおり承認する」旨の決議（以下「本件決議」）の取消しを求めて提訴した。第1審はXらの請求を認容したので、Y社は控訴し、Y社の後続期の決算案が順次承認され確定していること等を理由として、本件の訴えの利益は失われた旨の主張を追加したが、原審はY社の主張を排斥して控訴を棄却したので、Y社が上告した。

判決要旨　上告棄却。「XらのY社に対する本訴請求は、……本件決議について、その手続に瑕疵があることを理由として取消を求めるものであるところ、その勝訴の判決が確定すれば、右決議は初めに遡って無効となる結果、営業報告書等の計算書類については総会における承認を欠くことになり、また、右決議に基づく利益処分もその効力を有しないことになって、法律上再決議が必要となるものというべきであるから、その後に右決議案につき再決議がされたなどの特別の事情がない限り、右決議取消を求める訴えの利益が失われることはないものと解するのが相当である。……論旨は、本件決議が取り消されたとしても、右決議ののち第43期ないし第54期の各定時株主総会において各期の決算案は承認されて確定しており、右決議取消の効果は、右第43期ないし第54期の決算承認決議の効力に影響を及ぼすものではないから、もはや本件決議取消の訴えはその利益を欠くに至ったというのであるが、株主総会における計算書類等の承認決議

がその手続に法令違反等があるとして取消されたときは、たとえ計算書類等の内容に違法、不当がない場合であっても、右決議は既往に遡って無効となり、右計算書類等は未確定となるから、それを前提とする次期以降の計算書類等の記載内容も不確定なものになると解さざるをえず、したがって、Y社としては、あらためて取消された期の計算書類等の承認決議を行わなければならないことになるから、所論のような事情をもって右特別の事情があるということはできない。」。

本判決の位置づけ・射程範囲

本判決はまず、本件決議の取消判決が確定すれば計算書類等が株主総会の承認を欠くことになるとして、問題の議案が再決議されたなどの特別の事情がない限り、訴えの利益は失われないとの一般論を展開した（なお、役員退職慰労金贈呈決議につき再決議を行ったため、当初決議の取消訴訟の訴えの利益が否定された事件として最判平成4・10・29 本書87事件 がある）。

この点、Y社は、後続期の計算書類等が株主総会決議により承認され確定しているところ、本件決議の取消判決は後続期の計算書類等の承認決議に影響を及ぼさないとして、本件決議にかかる取消訴訟は訴えの利益を失ったと主張した。しかし、本判決は、計算書類等の承認決議が取り消されると、当該計算書類等が未確定となり、これを前提とする後続期の計算書類等の記載内容も不確定となるとし（先行決議が後行決議の効力に影響を与える瑕疵連鎖の一例）、上記特別の事情を認めず、訴えの利益のあることを認めた。

本判決が、取消判決が後続期の計算書類等の承認決議に及ぼす影響について、後続期の計算書類等が連鎖的にすべて違法・無効となるとする趣旨か、承認決議が取り消されて未確定となった計算書類等に関連する範囲でのみ後続期の計算書類等が不確定となるとする趣旨かは必ずしも明らかでない。この点、担当調査官は、本判決は後者の趣旨に解されるとしたうえで、後続期の計算書類等を完全に適法化するためには、問題の年度の計算書類等を承認する再決議を必要とすると解説している。

なお、本件は、裁判所が、会社が会場に入場できなかった株主に議決権行使の機会を与える措置をとらなかったことおよび株主が提出した修正動議を無視したことをとらえて、決議方法が法令の趣旨に反し、または著しく不公正であるとして、株主総会決議を取り消した点にも事例的価値を認めることができる。

実務上の対応

計算書類（会社法下では事業報告は承認の対象とされていない。会438条3項）を承認する株主総会決議について取消判決を受けるおそれがある会社は、判決前に、当該計算書類を承認する再決議を行っておけば、取消訴訟の訴えの利益が失われるので、取消判決を受けた場合に生じる混乱を回避できよう。

さらに理解を深める

会社法百選3版39事件〔弥永真生〕。最判解民事篇昭和58年度209頁〔塩崎勤〕 関連判例 最判平成4・10・29 本書87事件

87 同一内容の決議が後日なされた場合の訴えの利益
――ブリヂストン退職慰労金再決議事件

最高裁平成4年10月29日第一小法廷判決
　事件名等：平成元年（オ）第605号株主総会決議取消請求事件
　掲載誌：民集46巻7号2580頁、判時1441号137頁、判タ802号109頁、金法1344号34頁、金判911号3頁、資料版商事104号114頁

概要　本判決は、役員退職慰労金贈呈にかかる株主総会決議の取消訴訟の継続中、当該決議と同一内容の決議が後日有効に成立し、それが確定したときは、特別の事情がない限り、従前の株主総会決議にかかる取消訴訟の訴えの利益は失われるとしたものである。

事実関係　Y社の昭和62年3月30日開催の第68回定時株主総会において、第4号議案として、退任取締役および退任監査役に退職慰労金を贈呈する旨の議案が上程され、可決された（以下「第1の決議」）。当該議案には、「当社所定の基準に従い相当の範囲内で退職慰労金を贈呈いたしたいと存じます。なお、贈呈の金額、時期、方法等は、退任取締役については取締役会に、退任監査役については監査役の協議に、それぞれご一任願いたいと存じます」とのみ記載されていた。また、この株主総会において、株主の1人が、退職慰労金の金額の明示を求めたが、議長は慣例がないなどという理由で回答を拒否し、質問を打ち切った。

そこで、Y社の株主であるXらが、説明義務（旧商237条の3第1項〔会314条〕）違反があるなどと主張して、第1の決議の取消しを求めたところ、第1審は第1の決議の取消しを認めた。

第1審の判決後、Y社が、昭和63年3月30日開催の第69回定時株主総会において、第1の決議と同一の議案を上程したところ、当該議案が可決され（以下「第2の決議」）、第2の決議は取消訴訟の提起等もなく有効に確定した。当該議案では、「退任取締役及び退任監査役に対し、それぞれ総額359,500,000円および39,780,000円を昭和62年3月31日をもって贈呈いたしたいと存じます」として、贈呈する退職慰労金の総額が明示された。また、当該議案には、「なお、本議案に関する決議は、第68回定時株主総会でなされた、第4号議案……の決議の取消しが万一確定した場合、遡って効力を生じるものといたします」と記載されていた。

これを受けて、原審は、「第2の決議が有効に成立している以上、仮に第1の決議に取消し事由があると判断してこれを取り消してみたとしても、Y社の現在の法律関係ないし財産状態には何らの変動をも生ぜしめるものではなく、Xらを含む同会社の株主等の利害にも何らの影響をも及ぼすものではないのであるから、

も早、Y社にとっても、Xらにとっても、第1の決議の効力を争うことは無用、無益になったものというべきである」として、第1審のXらの請求を認容した部分を取り消して、Xらの請求を却下した。Xらが上告。

判決要旨 上告棄却。「本件においては、仮に第1の決議に取消事由があるとしてこれを取り消したとしても、その判決の確定により、第2の決議が第1の決議に代わってその効力を生ずることになるのであるから、第1の決議の取消しを求める実益はなく、記録を検討しても、他に本件訴えにつき訴えの利益を肯定すべき特別の事情があるものとは認められない。」

本判決の位置づけ・射程範囲

本判決は、第1の決議の後に、同一内容の第2の決議が有効に成立し、確定した場合、第1の決議にかかる取消訴訟の訴えの利益は失われる旨を直接に判示した最初の最高裁判例である。もっとも、本判決に先立ち、最高裁は、最判昭和58・6・7 本書86事件 において、「計算書類等の承認決議にかかる取消訴訟の係属中、その後の決算期の計算書類等が承認された場合であっても、問題の議案が再決議されたなどの特別の事情がない限り、訴えの利益は失われない」との一般論を展開しており、本判決は、上記「特別の事情」を具体化したものといえよう。

第2の決議は、第1の決議の取消しを条件とする予備的・条件つき決議であると解されるが、注目すべきは「遡って効力を生じる」とされている点である。すなわち、退職慰労金の支給は、効力発生時を遡及させたとしても、法律関係に特段の変動は生じず、また、第三者が不利益を被ることもないと考えられるため、遡及効を付与することができると解される。そして、仮に第1の決議が取り消されても、第2の決議がただちに遡及して効力を生じ、第1の決議が有効と認められた場合と同一の結果となるから、第1の決議は取り消す実益がないことになるのである。

以上のとおり、本判決は、いかなる瑕疵ある決議も再決議により決議取消訴訟の訴えの利益が失われるとの一般論を述べたものではなく、あくまで退職慰労金贈呈の決議に関するものであって、再決議により決議取消訴訟の訴えの利益が失われるか否かは、当該決議の内容・性質によって異なることに留意する必要がある。一例として名古屋地判平成28・9・30 本書89事件 も参照されたい。

実務上の対応 決議取消訴訟を受けた場合の混乱を回避するため、再決議を行うことを検討するにあたっては、第1の決議と第2の決議のいずれの効力を認めたとしても、かかる決議に基づく法律関係および第三者の権利関係に特段の差異がないと認められるか否かが重要なポイントとなろう。

さらに理解を深める 神田201頁。田中201頁。最判解民事篇平成4年度437頁〔大内俊身〕 関連判例 最判昭和58・6・7 本書86事件。名古屋地判平成28・9・30 本書89事件

88 スクイーズ・アウト決議にかかる遡及的追認決議と先行決議を争う訴えの利益
──アムスク再決議事件

東京高裁平成27年3月12日判決
　事件名等：平成26年（ネ）第3215号各株主総会決議取消請求控訴事件
　掲載誌：金判1469号58頁、資料版商事374号105頁

概要　本判決は、スクイーズ・アウトにより株主の地位を喪失した元株主を招集して開催した「株主総会」および「種類株主総会」において、先行するスクイーズ・アウトにかかる決議（先行決議）を遡及的に追認する決議がされたとしても、当該先行決議の効力を争う訴訟の訴えの利益は失われないとしたものである。

事実関係　Y社は、平成25年6月28日開催の定時株主総会において、全部取得条項付種類株式制度を利用したスクイーズ・アウトの件を決議するとともに、同日開催の普通株主による種類株主総会（判決要旨中の「本件第2回種類株主総会」）において、全部取得条項付種類株式制度を利用したスクイーズ・アウトの件（全部取得条項の付加にかかる定款一部変更）を決議した（以下、両決議をあわせて「本件先行決議」）。これにより、同年7月21日の株主名簿に記載された株主の保有するY社株式は同月22日に全部取得されたため、Y社株主であったXらもその株主の地位を喪失した。Xらは、本件先行決議には瑕疵があるとして、その取消し等を求めて本件訴えを提起した。

　原審が上記種類株主総会による決議を取り消し、その余の請求を棄却したため、原被告双方が控訴した。Y社は、原判決後の平成26年7月4日、平成25年7月21日の株主名簿に記載されていた元株主を招集して開催した「臨時株主総会」および「普通株主による種類株主総会」（判決要旨中の「本件再株主総会」）において、本件先行決議を遡及的に追認する決議を行い、当審において本件訴えの利益が失われた旨の主張を追加した。

判決要旨　控訴棄却。「株主総会決議の効力を遡及させることによって、法令により保護されている関係者の手続上の権利利益が害されるときは、その遡及的効力を認めることはできないと解すべきである。……平成25年6月28日時点で普通株式を有する種類株主は、本来、全ての普通株式に全部取得条項をつける定款変更をするか否かの意思決定ができるほかに、仮に採決によって自己の意見が通らなかったとしても、全部取得決議による取得日までの間に、自己の保有する株式を他に譲渡したり、裁判所に取得価格の決定を申し立てるなどの手続を執ることができたところ、取得日とされる日よりも後に行われた決議

よって遡って当該種類株式に全部取得条項を付加する定款変更を承認することは、これらの反対株主等の手続保障を奪うことになる。したがって、本件において、本件第 2 回種類株主総会が開催された平成25年 6 月28日時点の株主と、本件再株主総会開催時点での株主が全く同一であるとか、平成25年 6 月28日時点での全ての本件種類株主に全部取得条項付種類株式の取得に関する決定に係る反対株主等の手続保障が尽くされていたことが認められるとかの特別の事情がない限り、本件再株主総会決議の効力を本件第 2 回種類株主総会の日まで遡及させることは許されないというべきである。……本件においては、……上記特別の事情を認めることができないから、本件再株主総会決議の効力を平成25年 6 月28日まで遡及させることはできない」。「よって、本件再株主総会決議によって本件全部取得議案の決議取消しの訴えの利益が失われることにはならない」。

本判決の位置づけ・射程範囲

役員退職慰労金贈呈決議にかかる再決議を理由に、先行決議にかかる取消訴訟の訴えの利益を否定した最判平成 4・10・29 本書87事件 (再決議の遡及効を認めたものかは不明) が存在する。本判決は、再決議の遡及効により関係者の手続上の権利利益が害されるときは、これを認めることができないとの一般論を前提として、取得日後に行われた再決議の効力を先行決議時に遡及させれば、先行決議時の反対株主等の手続保障を奪うことになるなどとして、特別の事情がない限り、再決議の遡及効を認めない旨判示しており、特別の事情の例示等とあわせて参考になる。

これに関連して、東京地判平成23・1・26 本書67事件 は、法的に（本件のように決議取消事由が存するにとどまらず）不存在の決議を追認する決議の効力を遡及させることは、これにより第三者の法律関係を害さないなどの特段の事情がない限り認められないとしたうえで、取締役解任決議を追認する再決議の遡及効を認めず、先行決議の不存在確認訴訟にかかる訴えの利益は失われないと判示しており、役員選任決議等に対する追認決議の遡及効を否定した名古屋地判平成28・9・30 本書89事件 とともに、実務上参考となろう。

なお、本件の再決議に対し、別途、株主から不存在確認請求の訴えが提起されていたところ、東京地判平成27・3・16 本書69事件 はこれを認容した。

実務上の対応

本判決は、先行決議に瑕疵がある場合に、これを遡及的に追認する決議を行ったとしても当該瑕疵を治癒しえない場合のあることを明らかにしており、関連する裁判例群とともに、事案に応じた対応をとる必要があることを示している。

さらに理解を深める

関連判例 最判平成 4・10・29 本書87事件。東京地判平成23・1・26 本書67事件。名古屋地判平成28・9・30 本書89事件。東京地判平成27・3・16 本書69事件

89 定款変更決議等の取消しの訴え係属中に同一内容の遡及効付の再決議がなされた場合における訴えの利益――定款変更等再決議事件

名古屋地裁平成28年9月30日判決
　事件名等：平成26年（ワ）第2256号新株発行無効等請求事件（甲事件）・第5435号株主総会決議取消等請求事件（乙事件）
　掲載誌：判時2329号77頁、金判1509号38頁

概要　本判決は、決議取消訴訟の係属中、当該決議と同一内容の遡及効つきの再決議がなされ、確定した事案において、定款変更決議および役員選任決議の取消訴訟については訴えの利益を欠かないが、役員の報酬総額の決定決議および退職慰労金贈呈決議の取消訴訟については訴えの利益を欠く旨判示した。

事実関係　Y_1社が平成26年9月29日に開催した定時株主総会では、①決算報告書の承認、②定款変更、③取締役選任、③監査役選任、④取締役および監査役の報酬総額の決定、⑤退任取締役および退任監査役に対する退職慰労金贈呈の各決議（以下「本件各決議」）がなされた。Xは、本件各決議の取消しおよび不存在確認の訴えを提起した（乙事件）。その後、Y_1社が平成27年9月9日に開催した定時株主総会では、本件各決議の取消しが確定することを停止条件に、決議の性質に反しない限り平成26年9月29日に遡って効力を有することとして、本件各決議を再決議する旨の決議（以下「本件再決議」）がなされ、本件再決議は確定した。以下では乙事件について記載する。

判決要旨　本件各決議のうち定款変更決議のみ取消請求を認容、その他の請求は却下または棄却。「本件再決議に付された遡及効を認めることが本件各決議の性質に反しない限り、仮に、本件各決議が取り消されたとしても、本件再決議によって本件各決議と同一の効果が生ずるため、本件各決議の取消しを求める実益はないから、当該取消しを求める訴えの利益が失われるものと解される〔最判平成4・10・29 本書87事件参照〕。……そこで、本件再決議に付された遡及効を認めることが本件各決議の性質に反するか否かにつき検討するに、本件各決議のうち、第2号決議（定款変更）、第3号決議（取締役の選任）及び第4号決議（監査役の選任）のように、これを前提として諸般の社団的及び取引的行為が行われるものについては、既に進展した法律関係を遡及的に否定したのでは、著しく法的安定性が害されるため、再決議の遡及効を否定すべきであるが、第

1号決議（決算報告書の承認）、第5号決議（役員報酬総額の決定）及び第6号決議（退職慰労金の贈呈）のように、それ自体完了的意味を有する個別的な事項の決定に関するものについては、再決議の遡及効を認めるのが相当である。したがって、本件各決議のうち、第1号決議（決算報告書の承認）、第5号決議（役員報酬総額の決定）及び第6号決議（退職慰労金の贈呈）については、その決議の取消しを求める実益がないため、訴えの利益が失われたが、第2号決議（定款変更）、第3号決議（取締役の選任）及び第4号決議（監査役の選任）については、その決議の取消しを求める実益があるため、訴えの利益は失われない。」

本判決の位置づけ・射程範囲

　最判平成4・10・29 本書87事件 は、退職慰労金贈呈決議の取消訴訟の係属中、当該決議と同一内容の遡及効つきの再決議がなされ、確定した場合、決議取消訴訟は訴えの利益を欠くと判示した。もっとも、当該判示はあくまで退職慰労金贈呈の決議に関するものであって、再決議により決議取消訴訟の訴えの利益が失われるか否かは、当該決議の内容・性質によって異なるとされている。

　本判決は、①当該決議を前提として、諸般の社団的および取引的行為が行われる決議については、再決議の遡及効が否定され、決議取消訴訟は訴えの利益を欠かないが（本件では定款変更決議および役員選任決議が該当）、②それ自体完了的意味を有する個別的な事項の決定に関する決議については、再決議の遡及効が肯定され、決議取消訴訟は訴えの利益を欠く（本件では役員の報酬総額の決定決議および退職慰労金贈呈決議が該当）旨判示した。本判決は①の理由づけとして「これを前提として諸般の社団的及び取引的行為が行われるものについては、既に進展した法律関係を遡及的に否定したのでは、著しく法的安定性が害される」ことをあげているが、定款変更決議や役員選任にかかる再決議に遡及効を肯定したとしても、すでに進展した法律関係を遡及的に否定することにはならず、むしろ法的安定性に資するとして、本判決の理由づけに疑問を示す見解もある。

　なお、全部取得条項付種類株式によるスクイーズ・アウトにかかる決議の再決議の遡及効を否定した東京高判平成27・3・12 本書88事件 も参照。

実務上の対応　決議取消訴訟が提起されている場合、請求が認容されたときの混乱を回避するため、遡及効つきの再決議を行うことを検討する必要に迫られる場合がある。再決議により決議取消訴訟の訴えの利益が失われるか否かは、当該決議の内容・性質によって異なるとされているから、対応については、本判決の帰結も1つの参考として、個別に検討する必要がある。

さらに理解を深める　田中亘・ジュリ1519号110頁。藤林大地・商事2140号14〜15頁
関連判例 最判平成4・10・29 本書87事件。東京高判平成27・3・12 本書88事件

90 金商法上の損害賠償請求訴訟の原告を募る目的の株主名簿謄写請求
——フタバ産業株主名簿謄写請求事件

名古屋高裁平成22年6月17日決定
　事件名等：平成22年（ラ）第137号仮処分命令申立却下決定に対する即時抗告事件
　掲載誌：資料版商事316号198頁

概要　本決定は、金商法上の損害賠償請求訴訟の原告を募る目的は、「株主……の権利の確保又は行使に関する調査以外の目的」（会125条3項1号）に該当するとして、株主名簿の謄写請求に対する拒絶を認めたものである。

事実関係　Y社は、有価証券報告書等の虚偽記載をしたとして、金融庁より、課徴金納付命令を受けた。これを受けて、Y社の株主であるXが、Y社に対し、株主名簿の閲覧謄写を求めたところ、Y社は、Xが、会計帳簿閲覧謄写請求権の行使に賛同する株主を募る目的に限定して利用し、第三者に開示漏えいしない旨の誓約書を提出することを条件に閲覧謄写に応じる旨回答した。これに対して、Xが誓約書の提出に応じなかったため、Y社は株主名簿の閲覧謄写を拒否した。そこで、Xは、Y社に対し、株主名簿の謄写の仮処分を申し立てた。

なお、仮処分の申立てにあたり、Xは、①現在の取締役の再任拒否に賛同する株主を募る目的、②金商法上の損害賠償義務をY社の取締役が自主的に履行しない点につき、取締役を問責する決議に賛同する株主を募る目的、③金商法上の損害賠償請求訴訟の原告を募る目的、④会計帳簿閲覧謄写請求権の行使に賛同する株主を募る目的、⑤Xの選ぶ者をY社の取締役に選任することに賛同する株主を募る目的という5つの目的を明示した。

原審（名古屋地岡崎支決平成22・3・29 **関連判例** ）は、上記③について、「金融商品取引法上の損害賠償請求権……はX個人の権利であり単独で行使することが可能であり、原告を募って集団訴訟とすることは必要とされておらず、この点で、賛同者を募ることが権利実現のために不可欠な場合とは決定的に異なる。そうであるとすれば、集団訴訟の原告を募集する目的で株主名簿を謄写することは、会社法125条3項1号のいう株主の権利の確保又は行使に関する調査以外の目的に当たると解すべきである」として、拒絶事由に該当することを認めた。また、上記③以外の目的との関係では、株主の権利の行使の確保または行使に関する調査であることが明らかであり、Y社に株主名簿を謄写させる義務が認められるとしたが、仮処分により株主名簿の謄写をさせるべき緊急の必要性は認められないとして、Xの申立てを却下した。Xが抗告。

1 経営支配権争奪のプロローグ——書類の閲覧謄写請求

決定要旨

抗告棄却。「金商法で認められている損害賠償請求権は、虚偽記載のある有価証券報告書等重要書類の記載を信じて有価証券を取得した投資家を保護するため、それが虚偽であることによって被った損害を賠償するために認められた権利であって、当該権利を行使するためには現に株主である必要はないのに対し、株主の株主名簿閲覧等請求権は、株主を保護するために、株主として有する権利を適切に行使するために認められたものであり、権利の行使には株主であることが当然の前提となるものであって、金商法上の損害賠償請求とはその制度趣旨を異にするものである。したがって、金商法上の損害賠償請求権を行使するための調査は、会社法125条3項1号の『株主の権利の確保又は行使に関する調査』には該当しないというべきである。」

本決定の位置づけ・射程範囲

株主または債権者から株主名簿の閲覧・謄写の請求があった場合であっても、「株主又は債権者……がその権利の確保又は行使に関する調査以外の目的で請求を行ったとき」(会125条3項1号)(以下「1号事由」)は、会社は当該請求を拒むことができる。たとえば、株主が自己の商品についてのダイレクトメールを送る目的で請求を行ったとき等が1号事由に該当するとされている。

本決定は、「金商法上の損害賠償請求権を行使するための調査」について、金商法上の損害賠償請求権を行使するためには現に株主である必要はなく、株主名簿の閲覧謄写請求と金商法上の損害賠償請求とはその制度趣旨を異にするなどとして、1号事由該当性を認めたものであり、1号事由の一例を示すものとして意義を有する(原決定とは異なる理論構成を採用しているものの、結論は同じである。また、本決定に対しては、Xより特別抗告がなされたが、抗告棄却の決定がなされている〔最決平成22・9・14 関連判例〕)。

実務上の対応

本決定に対しては、上記のような形式的理由によって1号事由該当性を認めることには疑問があるなどとして、学説上、批判の多いところである。また、公開買付勧誘目的および委任状勧誘目的での請求に関して、1号事由該当性を否定した裁判例(東京地決平成24・12・21 本書92事件)も存在する。それゆえ、「金商法上の損害賠償請求権」以外の請求権を行使するための調査についても広く本決定の射程を及ぼし、1号事由に該当するとして株主名簿閲覧謄写請求を拒絶することは、少なくとも実務上は困難であろう。

さらに理解を深める

江頭204頁。神田110頁。コンメ(3)293頁〔前田雅弘〕。相澤ほか147頁。会社法百選3版A2事件〔川村力〕。金商法百選9事件〔伊藤雄司〕。松井智予・商事1925号4頁 関連判例 名古屋地岡崎支決平成22・3・29資料版商事316号209頁。最決平成22・9・14資料版商事321号58頁。東京地決平成24・12・21 本書92事件

91 委任状勧誘目的の株主名簿閲覧謄写請求
——大盛工業株主名簿閲覧謄写請求事件

東京地裁平成22年7月20日決定
　事件名等：平成22年（ヨ）第20039号株主名簿閲覧謄写仮処分命令申立事件
　掲　載　誌：金判1348号14頁、資料版商事317号202頁

概要　本決定は、株主が委任状勧誘のために株主名簿の閲覧謄写を請求することは「業務の遂行を妨げ、又は株主の共同の利益を害する目的」（会125条3項2号）には該当しないとして、株主名簿の閲覧謄写の仮処分の申立てを認めたものである。

事実関係　Y社の株主であるX社は、平成21年10月28日に定時株主総会が開催される際、株主名簿を閲覧謄写のうえ、取締役選任議案にかかる修正動議についての委任状勧誘を行ったが、当該定時株主総会では原案が可決された。その後、X社は、平成22年2月5日に臨時株主総会が開催される際、取締役選任の株主提案にかかる委任状勧誘を行うため、株主名簿の閲覧謄写を求めたが、Y社はこれを拒絶した。当該臨時株主総会ではX社の提案は否決された。

X社は、平成22年4月26日、取締役選任決議を目的とする株主総会の招集を予定しているとして、自らの行う株主提案について委任状勧誘を行うために株主名簿記載の株主の氏名または名称および住所等を把握することを目的として、株主名簿の閲覧謄写を求める仮処分を申し立てた。

決定要旨　申立認容。「会社法125条3項2号は、株主等が株式会社の業務の遂行を妨げ、又は株主の共同の利益を害する目的で株主名簿の閲覧謄写請求を行ったときは、当該株式会社はこれを拒むことができる旨を定めている。上記規定は、同項1号と共に、株主等の権利行使が権利の濫用にわたるものであってはならないという基本原理を株主名簿閲覧謄写請求権について宣明する趣旨に出たものであって、例えば、著しく多数の株主等があえて同時に閲覧謄写を求めたり、ことさらに株式会社に不利な情報を流布して株式会社の信用を失墜させ、又は株価を下落させるなどの目的で閲覧謄写を求めるような場合がこれに該当すると解されるところ、本件請求がこのような権利濫用にわたる目的に基づいて行われたことを疎明するに足りる疎明資料はない。」

「株主が株式会社に対して業務提携を提案し、その一環として自らの推薦する

者を取締役に就けるべく株主提案を行い、賛同者を募る目的で委任状勧誘を行うために株主名簿の閲覧謄写を請求したからといって、このことをもって、会社法125条3項2号にいう『当該株式会社の業務の遂行を妨げ、又は株主の共同の利益を害する目的』に該当するということはできない。」

「Y社は、X社が商品券等の提供を約束するという違法又は著しく不当な方法によって委任状勧誘を行おうとしているから、本件請求は『当該株式会社の業務の遂行を妨げ、又は株主の共同の利益を害する目的』によるものであると主張するけれども、委任状勧誘の方法に問題があるからといって、それのみで直ちに委任状勧誘のために行われた株主名簿の閲覧謄写請求自体が会社法125条3項2号の定める権利濫用にわたる目的に基づいて行われたものであるということはできない。」

本決定の位置づけ・射程範囲

株主または債権者から株主名簿の閲覧謄写の請求があった場合であっても、「請求者が当該株式会社の業務の遂行を妨げ、又は株主の共同の利益を害する目的で請求を行ったとき」(会125条3項2号)(以下「2号事由」)は、会社は当該請求を拒むことができる。たとえば、業務妨害の目的で繰り返し株主名簿の閲覧請求をする場合等が2号事由に該当するとされている。

本決定は、2号事由は会社法125条3項1号の拒絶事由とともに閲覧謄写請求が権利濫用にわたる目的に基づく場合が拒絶事由として定められたものであるとの一般論を示したうえで、業務提携を提案してその一環として取締役選任の株主提案を行おうとする株主が委任状勧誘のために株主名簿の閲覧謄写を請求することは2号事由には該当しないとして、株主名簿の閲覧謄写の仮処分の申立てを認めた。

なお、委任状勧誘目的の株主名簿の閲覧謄写の仮処分の申立てを認めた他の裁判例として、東京高決平成20・6・12 [関連判例] や東京地決平成24・12・21 [本書92事件] がある。

実務上の対応

本決定や上記であげた各裁判例をふまえれば、委任状勧誘目的であることのみを理由として株主名簿の閲覧謄写請求を拒絶することは実務上困難であろう。

なお、会社法制定の際、「請求者が当該株式会社の業務と実質的に競争関係にある事業を営み、又はこれに従事するものであるとき」が閲覧謄写請求の拒絶事由として定められた(会125条3項3号)。もっとも、会社法125条3項3号については、競業者に株主名簿の閲覧等を認めた場合に会社にいかなる不利益が生じるかが明確ではないなどの批判が強く、同号は平成26年会社法改正において削除された。

さらに理解を深める

田中118頁。相澤ほか148頁 [関連判例] 東京高決平成20・6・12 金判1295号12頁。東京地決平成24・12・21 [本書92事件]

92 公開買付勧誘目的等の株主名簿閲覧謄写請求
―― アコーディア・ゴルフ株主名簿閲覧謄写請求事件

東京地裁平成24年12月21日決定
　事件名等：平成24年（ヨ）第20116号株主名簿閲覧謄写仮処分申立事件
　掲　載　誌：金判1408号52頁、資料版商事346号21頁

概　要　　本決定は、株主が公開買付勧誘および委任状勧誘のために株主名簿の閲覧謄写を請求することは「株主……の権利の確保又は行使に関する調査以外の目的」（会125条3項1号）には該当しないとして、株主名簿の閲覧謄写の仮処分の申立てを認めたものである。

事実関係　　Y社の株主のX社は、平成24年11月16日、Y社の発行する普通株式について公開買付けを開始した。X社は、同年12月5日、公開買付勧誘目的および委任状勧誘目的を示し、株主名簿の閲覧謄写を求めたが、Y社は応じなかった。

　そこで、X社は、株主名簿の閲覧謄写を求める仮処分を申し立てた。

決定要旨　　申立認容。「株式会社の最高の意思決定機関である株主総会において議決権を行使することにより、会社の運営・管理上の意思決定に参加し、あるいはその経営に影響力を行使することは、株主の有する権利の本質的要素であるところ、株主総会における多数決原理が妥当する株式会社においては、自己が保有する株式数を増加させ、株主総会における発言権を強化することは、上記のような株主の権利の確保又は行使の実効性を高めるための最も有力な方法といえる。かかる観点からすると、株主が他の株主から株式を譲り受けることは、株主の権利の確保又は行使と密接な関連を有するものといえ、このような株式譲受けの目的で現在の株主が誰であるかを確認することは『株主の権利の確保又は行使に関する調査』に該当する。そして、この理は、本件のように上場会社を対象会社とする公開買付けの場合も異ならないというべきである。……したがって、公開買付勧誘目的は、『株主の権利の確保又は行使に関する調査以外の目的』とはいえない。」

　「株主が株主総会において議案を提出したり、議決権を行使することは株主権の行使にほかならないところ、議決権の代理行使を勧誘するなど、自己に賛同する同志を募る目的で株主名簿の閲覧謄写の請求をすることは、株主の権利の確保又は行使に関する調査の目的で行うものと評価すべきである。……したがって、

委任状勧誘目的は、『株主の権利の確保又は行使に関する調査以外の目的』とはいえない。」

本決定の位置づけ・射程範囲

株主または債権者から株主名簿の閲覧謄写の請求があった場合であっても、「株主又は債権者……がその権利の確保又は行使に関する調査以外の目的で請求を行ったとき」（会125条3項1号）（以下「1号事由」）は、会社は当該請求を拒むことができる。閲覧謄写の請求権は、共益権（かつ単独株主権）として、株主等の権利の確保または行使に関する調査のために監督是正機能の一種として会社法が規定する権利であり、これ以外の目的で閲覧謄写を請求することは権利濫用にあたるためである。

本決定は、公開買付勧誘目的で閲覧謄写の請求を行うことは1号事由に該当しないとして株主名簿の閲覧謄写の仮処分の申立てを認めた決定例として意義を有する。本決定は1号事由該当性を否定する理由として、公開買付けによる株式の譲受けは株主の権利の確保または行使と「密接な関連」を有することをあげているが、これは、株式の譲渡は株主たる地位の移転であり、それ自体は株主の権利の行使とはいえないこと（最判平成18・4・10 本書75事件 参照）をふまえたものと考えられる。

なお、名古屋高決平成22・6・17 本書90事件 は、株主総会に提出予定の議案に賛同する株主を募集する目的は拒絶事由に該当しないとしており、本決定の判断はこれと整合的といえる（もっとも、同事件では、金商法上の損害賠償請求訴訟の原告を募る目的は1号事由に該当する旨が示された）。

また、本決定は、委任状勧誘のために株主名簿の閲覧謄写を請求することは1号事由には該当しない旨も示している。委任状勧誘目的の株主名簿の閲覧謄写の仮処分を認めた裁判例としては東京高決平成20・6・12 関連判例 や東京地決平成22・7・20 本書91事件 があり、本決定も同様の結論をとるものである。

実務上の対応

本決定や上記であげた各裁判例をふまえれば、公開買付勧誘目的または委任状勧誘目的であることのみを理由として株主名簿の閲覧謄写請求を拒絶することは実務上困難であろう。

また、本決定は保全の必要性について詳細に判断しており（本決定は、保全の必要性を肯定する事情として、X社が株主に直接接触できるか否かが公開買付けの成否に重大な影響を及ぼす可能性があること、X社が株主の個人情報を目的外利用しないことを誓約していること、公開買付けの期日が迫っていること等をあげている）、この点でも同種仮処分事案の参考になると思われる。

さらに理解を深める

コンメ(3)293頁〔前田雅弘〕。志谷匡史・商事2116号52頁。弥永真生・ジュリ1452号2頁 関連判例 最判平成18・4・10 本書75事件 。名古屋高決平成22・6・17 本書90事件 。東京高決平成20・6・12金判1295号12頁。東京地決平成22・7・20 本書91事件

93 少数株主による株主総会の招集のために必要な書類の閲覧謄写請求
──国際航業株主名簿閲覧謄写請求事件

東京地裁昭和63年11月14日決定

　　事件名等：昭和63年（ヨ）第2063号株主名簿閲覧謄写仮処分申請事件
　　掲　載　誌：判時1296号146頁、金法1212号40頁、資料版商事56号53頁

概要　本決定は、株主総会招集の許可を得た株主は、株主総会招集権に基づき、株主名簿のほか、株主総会に招集すべき株主を確知するため必要な会社の書類（名義書換請求書およびこれに対応する株券）を閲覧謄写することができるとしたものである。

事実関係　東証一部上場会社であるY₁社は、Aグループから株の買占めを受けていたところ、昭和63年6月29日開催の定時株主総会にあたって、Aグループによる議決権行使が権利の濫用であるとして、議決権行使禁止の仮処分を申し立て、これが認容されるなど、Aグループとの間で対立が続いていた（東京地決昭和63・6・28 本書80事件参照）。そのようななか、Aグループに属すると目される株主であるX社らが、「取締役5名の解任及び取締役15名の選任」を会議の目的として、株主総会の招集を求めたところ、裁判所は、X社らに対し、同年12月10日までに上記事項を目的とする株主総会を招集することを許可した（東京地決昭和63・11・2 本書110事件）。

　そこで、X社らは、基準日を昭和63年11月18日として株主総会の招集手続に入ったが、Y₁社側が株主名簿等、招集手続のために必要な書類の閲覧謄写を拒否したため、Y₁社およびY₂信託銀行（Y₁社の名義書換代理人）に対し、Y₁社の株主名簿のほか、基準日までの名義書換請求書およびこれに対応する株券の閲覧謄写を求めて、本件仮処分を申請した。

決定要旨　申請認容。「少数株主による株主総会招集が裁判所により許可された場合には、当該少数株主に対し株主総会招集権が付与されるのであるから、その当然の効果として、少数株主は、総会に招集すべき株主を確知する権利を有するというべきであり、右確知のためには、株主名簿を閲覧・謄写することができるのはもちろんのこと、基準日現在の株主を最終的に確定した株主名簿の作成を待っていては裁判所の定めた期限までの総会招集が事実上不可能になるような場合には、株主名簿に代り基準日現在の株主を確知することができる書類の閲覧・謄写をすることもできるものと解するのが相当である。

これを本件についてみるに、一件記録及び審尋の結果によれば、X社らは、株主総会招集のための基準日を昭和63年11月18日としたこと、裁判所が定めた期限である同年12月10日までに総会を招集するためには遅くとも同年11月25日までに総会招集通知を発送しなければならないこと、Y_1社の株式名義書換代理人であるY_2信託銀行においては、その事務手続上、前記基準日現在の株主を最終的に確定できるのは早くとも同月30日であり、これを待っていては同月25日までに総会招集通知を発送することは不可能であること、しかし、新株主から同銀行に送付されてくる名義書換請求書及び株券をその都度閲覧・謄写するならば、遅くとも同月22日までには基準日現在の株主を一応確認することができ、同月25日までの招集通知の発送が可能になることが疎明される。
　以上によれば、X社らは、株主総会招集権に基づき、Y_1社の株主名簿のほか、基準日までの名義書換請求書及びこれに対応する株券の閲覧・謄写を請求することができるものというべきである。」

本決定の位置づけ・射程範囲

　X社らは、本決定に先立ち、株主総会招集の許可を得ていたところ、本決定は、基準日現在の株主名簿の作成を待っていては、事実上、裁判所の定めた期限までに株主総会を招集することができない場合において、株主総会招集権に基づき、会社および株主名簿管理人に対し、株主名簿のほか、株主総会に招集すべき基準日までの名義書換請求書およびこれに対応する株券の閲覧謄写を請求することができる旨判示した。

　もっとも、いわゆる株券の電子化により、平成21年1月5日をもって、上場会社の株主の権利は電子的に管理されることとなったため、現在は、上場会社において、名義書換請求書および株券の閲覧謄写が問題となることはない。また、非公開会社においては、株主名簿の名義書換に多くの時間を要することは考えにくい。したがって、現在、本件のように名義書換請求書および株券の閲覧謄写が問題となるのは、事実上、非上場の公開会社に限られると考えられる。

実務上の対応　株主から株主総会招集許可申立てがなされた場合であっても、実務上は、取締役側が同一の議題について招集手続を行い、株主側からのイニシアティブに対応していくことが多い（株主側は招集許可申立てを取り下げ、取締役側が株主総会の議事運営を行う）。そのため、本決定が参考となるのは、一部の限定されたケースに限られようが、経営権をめぐる内紛が先鋭化した場合等においては、なお取締役側・株主側双方の対応を検討するにあたり、参考になると思われる。

さらに理解を深める　江頭324〜325頁。新・会社非訟370頁　関連判例　東京地決昭和63・6・28 本書80事件。東京地決昭和63・11・2 本書110事件

94 株主提案等目的の取締役会議事録閲覧謄写請求
——関西電力取締役会議事録閲覧謄写請求事件

大阪高裁平成25年11月8日決定
　　事件名等：平成25年（ラ）第668号取締役会議事録閲覧謄写許可決定に対する抗告事件
　　掲載誌：判時2214号105頁

概要　本決定は、株主が株主提案等のために取締役会議事録の閲覧謄写を請求することは株主の「権利を行使するため必要があるとき」（会371条2項）に該当するとして、当該閲覧謄写請求を認めたものである。

事実関係　Y社の株主であるX市は、Y社の第89回定時株主総会において定款一部変更および取締役選任の株主提案を行うために必要であるとして、Y社取締役会議事録のうち、第85期事業年度から第89期事業年度までにおける、Y社が保有する電子力発電所の平成23年3月11日以降の再稼働について協議または決定した部分ならびにY社が電子力事業を全廃または減少させることの可否および方法について協議した部分（以下「本件議事録各部分」）の閲覧謄写の許可申立てをした。

　原審はこれを認めたが、当審の審理中に上記株主総会が開催され、X市の株主提案にかかる議案は否決された。そこで、X市は、第90回定時株主総会において株主提案を行う予定であり、株主提案およびその理由説明やこれにかかる事前質問のために必要であるとして、当審において、第90期事業年度におけるY社取締役会議事録の本件議事録各部分の閲覧謄写の許可申立てを追加した。

決定要旨　抗告棄却、追加申立認容。「X市は、現時点においては、次期事業年度（第90期事業年度）において提出すべき株主提案（本件株主提案）の具体的内容を確定しているとまでは認められない。しかし、X市は、前回株主提案と同様に、本件株主提案についても、本件原発関連各事項について、現時点におけるY社の基本的認識及び姿勢には重大な問題があると考え、これらを是正させることを目的として、定款一部変更の件及び取締役選任の件を議題とする株主提案をすることを検討しているものと認められるところ、これらの議題が株主総会の決議対象事項であることは明らかである。」

　「Y社は、関西地区の電力供給を担う公共的性格の強い電力事業会社である。他方、X市は、その公金を出資し、Y社の発行済株式総数の約9％の地位を取得した株主であり、Y社の経営状態に重大な利害関係を有するとともに、地方公共

団体として、市民の生命・安全を確保し、その円滑な日常生活を確保する責務を有する。……また、Y社の原子力発電事業は、電力の効率的な安定供給という面においては社会的有用性が認められる一方で、万全の安全対策が確保されるとともに、そのための費用や事故コスト対策について、適切かつ十分な配慮が行われなければならない事業であるところ、これらの対策事項に関する経営判断は、Y社という電力事業会社の存続及び帰趨を決定的に左右するものであるから、Y社役員のみならず、その株主も重大な利害関係を有する。」

「X市が、本件原発関連各事項に関する本件株主提案、同理由説明及び事前質問を行うことが、株主としての権利行使の必要性に基づくものであることは明らかである。」

本決定の位置づけ・射程範囲

監査役、監査等委員会または指名委員会等を設置する取締役会設置会社の株主は、「権利を行使するため必要があるとき」（以下「本要件」）は、裁判所の許可を得て取締役会議事録の閲覧謄写請求をすることができる（会371条2項・3項）。

本要件における権利行使には株主としてのすべての権利行使が含まれ、議決権や株主提案権の行使も含まれると解するのが通説である。本決定は、X市に株主提案およびその理由説明やこれにかかる事前質問を行う必要があることを理由として本要件の充足を認めており、通説に沿うものといえる。

また、閲覧・謄写によりはじめて権利行使の必要性が明らかとなることもあることから、権利行使の準備ないしその要否の検討のための閲覧謄写請求も認められると解されている。本件でも、X市は株主提案の検討段階にあり、株主提案の具体的内容は確定していなかったが、本決定は本要件の充足を認めた。

なお、個人的利益を図る目的（情報収集目的等）と株主としての権利行使目的とが併存する場合でも、後者の権利行使の蓋然性がある場合には閲覧謄写請求が認められるとした裁判例として、佐賀地決平成20・12・26 関連判例 がある。

もっとも、その抗告審は、株主が株主としての地位に仮託して個人的利益を図る目的で閲覧謄写請求を行っていると事実認定したうえで、かかる場合には、本要件を欠くか、または権利濫用にあたるとして、閲覧謄写請求を認めなかった（福岡高決平成21・6・1 関連判例 ）。

実務上の対応

本決定をふまえれば、株主提案目的を理由とする取締役会議事録の閲覧謄写請求を拒絶することは原則として困難であろう。そこで、実務上は、株主から秘密保持の誓約書を徴求し、かつ、企業秘密が記載された箇所を黒塗りするなどして開示の範囲を限定したうえで任意に閲覧謄写請求に応じることも検討に値する。

さらに理解を深める

コンメ(8)327頁〔森本滋〕　関連判例 佐賀地決平成20・12・26金判1312号61頁。福岡高決平成21・6・1金判1332号54頁

95 会計帳簿等閲覧請求における理由・対象の特定 ——香川鉱業会計帳簿等閲覧請求事件

高松高裁昭和61年9月29日判決
　　事件名等：昭和60年（ネ）第161号帳簿閲覧請求控訴事件
　　掲載誌：判時1221号126頁、金法1163頁29頁、金判758号24頁

概要　本判決は、会計帳簿等の閲覧請求にあたっては、請求の理由および対象を具体的に特定する必要があると判示したものである。

事実関係　Y社の株主であるX社は、昭和55年7月25日、Y社に対し、「予定されている新株の発行その他会社財産が適正妥当に運用されているかどうかにつき……貴社の会計帳簿及び書類の閲覧謄写をいたしたい」として、会計帳簿および書類の閲覧請求を行ったが、Y社がこれを拒絶したため、閲覧請求訴訟を提起した。
　原審は請求を認容した。

判決要旨　原判決取消し、請求棄却。（請求の理由について）「商法293条ノ6〔会社法433条1項〕の規定に基づく帳簿閲覧請求を行うに当たっては、その理由を掲げるべきことが要件とされている（同条2項）が、右の理由の記載は具体的でなければならない。」
　（請求の対象について）「法は、閲覧等の請求書に、例えば何年度のどの帳簿というように閲覧の対象を明示して請求することを当然の前提としているものと解するのが相当である。」
　「本件閲覧請求は、X社が昭和55年7月24日にY社に提出した請求書には、閲覧の目的として『新株の発行その他会社財産が適正妥当に運用されているか』と記載されているにとどまり、閲覧の対象については『貴社の会計帳簿及び書類』としか記載されていない。右の閲覧の目的のうち『新株の発行』は1つの例示であり、目的はそれに止どまらないと解されるから、結局、X社が目的として明らかにしたのは『会社財産が適正妥当に運用されているかどうか』という極めて抽象的な事項であって、これでは、X社が本訴提起後に原審及び当審で主張したような……目的を窺い知ることは困難である。したがって、右の程度の記載内容では、閲覧請求の目的を具体的に示しているとは到底いえない。また、閲覧の対象については、なんら具体的に特定されていない。」

本判決の位置づけ・射程範囲

　会社の会計帳簿またはこれに関する資料の閲覧謄写を請求する株主・親会社社員は、請求の理由を明らかにしてこれを行う必要がある（会433条1項・3項）。そして、請求の理由は、閲覧を求める目的および閲覧させるべき会計帳簿等の範囲を会社が認識することができる程度に具体的に示す必要があるとされている。

　本判決は、「新株の発行その他会社財産が適正妥当に運用されているか」という記載だけでは請求の理由を具体的に記載したものとはいえないと判示しており、請求の理由の記載の程度についての事例判断を示した裁判例として参考になる。なお、当該判示は上告審（最判平成2・11・8 関連判例）でも是認されている。

　また、本判決は、①会社が備置すべき書類のうち重要なものは法定されており、かつ、請求者は専門家にも助言を求めることができること、②請求者は調査の目的と関係のある範囲で会計帳簿等を閲覧する権利を有するにすぎないにもかかわらず、会社が調査目的と無関係である旨を立証しなければならないとすると、会社はきわめて広範な範囲の立証義務を負うことになり、衡平を欠くこと、③会計帳簿等は会社が知られたくない事項についても読み取ることができることが多く、かつ、性質上、調査目的に関する部分とそれ以外の部分とを物理的に分離できないこと、④提訴の場合には対象となる書類を特定する必要があること等を理由として、請求者は閲覧請求の対象を何年度のどの会計帳簿というかたちで具体的に特定する必要があると判示した（なお、本判決の上告審はこの点については特に判断を示していない。また、本判決と同様に対象の具体的な特定を求める裁判例として仙台高判昭和49・2・18 関連判例 がある）。しかし、対象の具体的な特定を求める本判決の判示については、株主・親会社社員は会社内部における記帳の状況を知りえないのが通常であることを理由に、請求者は閲覧謄写請求の対象を特定する必要はなく、会社側が閲覧謄写目的等からして不要な会計帳簿・資料の範囲を立証することによりその閲覧謄写請求を拒絶することができるとする見解が有力である。

　なお、X社は本訴提起後に閲覧の目的および閲覧の対象を具体的に主張したが、本判決は、X社がY社から請求書の補正を促す通知を受け取りながらこれを無視して本訴提起に至ったという事情等をふまえ、閲覧請求の補正を認めなかった。

実務上の対応

　実務上、会計不祥事等があった発行会社では、株主から、株主総会における役員選任議案等への議決権行使のために必要であるなどとして、対象を特段限定することなく、会計帳簿・資料一般の閲覧謄写請求がなされる可能性がある。

　かかる場合、発行会社としては、本判決をふまえ、閲覧謄写の対象を特定するように株主に求めることも検討に値しよう。

さらに理解を深める

江頭710頁。コンメ⑽139頁〔久保田光昭〕。岩原紳作・ジュリ1056号155頁　関連判例 最判平成2・11・8判時1372号131頁。仙台高判昭和49・2・18高民集27巻1号34頁

96 競業者等による会計帳簿等の閲覧謄写請求
　　　——ダイナス事件

最高裁平成21年1月15日第一小法廷決定
　事件名等：平成20年（許）第44号親会社の株主の子会社の会計帳簿等閲覧許可決定等に対する抗告審の変更決定等に対する許可抗告事件
　掲載誌：民集63巻1号1頁、判時2031号159頁、判タ1288号61頁、金判1314号40頁

概要　本決定は、会計帳簿等の閲覧謄写請求にかかる拒絶事由を定める旧商法293条ノ7第2号（会社法433条2項3号）の解釈として、主観的要件を不要としたものである。

事実関係　XおよびCが、Y社の親会社であるA社の株主として、Y社およびA社の代表取締役であるDの不正行為の責任追及のため必要があると主張して、旧商法293条ノ8第1項（会社法433条3項）に基づき、Y社の会計帳簿等の閲覧謄写の許可（以下「本件許可申請」）を求めた。

決定要旨　抗告棄却。「商法293条ノ7第2号〔会社法433条2項3号〕は、……文言上、会計帳簿等の閲覧謄写によって知り得る事実を自己の競業に利用するためというような主観的意図の存在を要件としていない。そして、一般に、上記のような主観的意図の立証は困難であること、株主が閲覧謄写請求をした時点において上記のような意図を有していなかったとしても、同条2号の規定が前提とする競業関係が存在する以上、閲覧謄写によって得られた情報が将来において競業に利用される危険性は否定できないことなども勘案すれば、同号は、会社の会計帳簿等の閲覧謄写を請求する株主が当該会社と競業をなす者であるなどの客観的事実が認められれば、会社は当該株主の具体的な意図を問わず一律にその閲覧謄写請求を拒絶できるとすることにより、会社に損害が及ぶ抽象的な危険を未然に防止しようとする趣旨の規定と解される。……したがって、会社の会計帳簿等の閲覧謄写請求をした株主につき同号に規定する拒絶事由があるというためには、当該株主が当該会社と競業をなす者であるなどの客観的事実が認められれば足り、当該株主に会計帳簿等の閲覧謄写によって知り得る情報を自己の競業に利用するなどの主観的意図があることを要しないと解するのが相当であり、同号に掲げる事由を不許可事由として規定する同法293条ノ8第2項〔会社法433条4項〕についても、上記と同様に解すべきである。」

> 「Xは、B社の株主であり監査役でもあるCの母であって、Cと共に本件許可申請をしたものであるが、XとCは、いずれもY社の親会社であるA社の総株主の議決権の100分の3以上を有する株主として、それぞれ各別にY社の会計帳簿等の閲覧謄写請求をする資格を有するものである。したがって、同号〔筆者注：旧商法293条の7第2号〔会社法433条2項3号〕〕に掲げる客観的事実の有無に関しては、X及びCの各許可申請につき各別にこれを判断すべきであって、XとCが親子であり同一の手続で本件会計帳簿等の閲覧謄写許可申請をしたということのみをもって、一方につき同号に掲げる不許可事由があれば当然に他方についても同一の不許可事由があるということはできない。そして、……XはB社の株主ではなく、B社の役員であるなどの事情もうかがわれないから、B社がY社と競業をなす会社に当たるか否かを判断するまでもなく、Xについては同号に掲げる事由がないというべきである。」

本決定の位置づけ・射程範囲

本決定は、会計帳簿等の閲覧謄写請求を行った者が請求先の会社の競業者等であることを拒絶事由とする旧商法293条の7第2号の解釈として、当該拒絶事由該当性を判断するにあたり、請求者に会計帳簿等の閲覧謄写によって知りうる事実を自己の競業に利用するためというような主観的意図があることを必要としないことを最高裁としてはじめて明らかにしたものである。同号に対応する会社法433条2項3号は「請求者が当該株式会社の業務と実質的に競争関係にある事業を営み、又はこれに従事するものであるとき」と規定するところ、これは改正前と実質的に同一の内容であるとされているから、本決定の判示内容は会社法の解釈としてもそのまま妥当すると考えられ、裁判実務上重要な意義を有する。

また、会社法433条2項3号の解釈について本決定と同旨を述べるものとして東京高決平成19・6・27 関連判例 があるところ、同決定は同号についてさらに、「単に請求者の事業と相手方会社の業務とが競争関係にある場合に限るものではなく、請求者（完全子会社）がその親会社と一体的に事業を営んでいると評価できるような場合において、当該事業が相手方会社の業務と競争関係にあるときも含む」とし、同号の「競争関係」について「現に競争関係にある場合のほか近い将来において競争関係に立つ蓋然性が高い場合をも含む」と判示しており、本決定とあわせて参考となる。

実務上の対応

株主が株主総会で質問権、議決権または株主提案権等を行使するための準備目的で会計帳簿等の閲覧謄写請求を行うことも考えられるから、請求を受けた会社は、本決定をはじめとする裁判例をふまえて適切に対応する必要がある。

さらに理解を深める

最判解民事篇平成21年度〔上〕1頁〔増森珠美〕 関連判例 東京高決平成19・6・27金判1270号52頁

97 会計帳簿閲覧謄写請求と請求理由の具体性、請求対象および請求理由の関連性ならびに請求拒絶事由——会計帳簿閲覧謄写請求事件

東京高裁平成28年3月28日判決
　　事件名等：平成26年（ネ）第4543号会計帳簿閲覧請求控訴事件
　　掲　載　誌：金判1491号16頁

概　要　本判決は、会計帳簿等の閲覧謄写請求にあたり示された理由が十分具体的であるか、閲覧謄写の認められる会計帳簿等が当該理由と関連性のある範囲に限られるかおよび当該請求の拒絶事由該当性等について判示したものである。

事実関係　Y社の株主であるXが、Y社に対し、会社法433条1項に基づき、会計帳簿等の閲覧謄写を請求した。Xは当該請求を行う理由として、Y社がA社に対する貸付金4000万円の返済を受け、平成16年度の短期貸付金は減少したものの、これと未収入金、立替金、仮払金および貸倒引当金の合計額は前年度とほとんど変わっておらず、帳簿の不正操作が疑われること（以下「理由ア」）等をあげた。原審がXの請求を認容したので、Y社が控訴した。なお、Y社は、原審および当審の審理中に、一定の資料（会計帳簿の写し等）をXに送付した。

判決要旨　原判決変更。「会社法433条1項に基づく会計帳簿等の閲覧謄写請求をする株主等は、その理由を具体的に記載しなければならない……。そして、株主等に理由を具体的に記載させるのは、請求を受けた会社が閲覧等に応ずる義務の存否及び閲覧させるべき会計帳簿等の範囲を判断できるようにするとともに、株主等による探索的・証拠漁り的な閲覧等を防止し、株主等の権利と会社の経営の保護とのバランスをとることにあると解されるから、違法な経営が行われているとの疑いを調査するために上記請求をする場合には、具体的に特定の行為が違法又は不当である旨を記載すべきであると解される。……理由ア……のみでは、上記返済を受けた以降の全ての資金の流れを把握するというに等しく、違法又は不当であるとする行為が具体的に特定されているとはいい難い。もっとも、Xは、A社からY社に返済された4000万円は、そのうち一部が本件普通預金口座から当座預金口座に送金されて、さらにA社に再び送金されていることを踏まえ、B〔筆者注：Xの長女であるY社取締役〕によってA社の口座から現金等による引出しがされたことが推測され」る旨等を「主張しており、Y社からその関連会社であるA社及びC社に対して不必要又は不適切な財貨の移動がされて

いないかを確認する必要があることを理由として主張しているものと解される。そうすると、……理由アは、A社からY社に返済された4000万円の資金についてA社及びC社に対する財貨の移動を通じた不正会計処理という限度において、Y社の取締役らの問題とする行為を具体的に特定していると解することができる。」

「株主等による会計帳簿等の閲覧謄写請求は、請求に当たっての理由の明示が要件とされていることからすれば、請求理由と関連性のある範囲の会計帳簿等に限って認められると解される。……理由アと関連性のある会計帳簿等の範囲は……、4000万円の貸付金の返済を受けた平成17年3月から平成18年9月30日までの間のA社及びC社に対する財貨の移動に係る部分であると認められる」。原審および当審でXがY社から「送付を受けた上記資料の範囲で、理由アとの関係で必要となる会計帳簿の内容については開示を受けたと認められるというべきであり、更に他の会計帳簿の閲覧謄写を求めることは、不必要に多数の会計帳簿の閲覧謄写を求めるものと認められ、Y社の業務の遂行を妨げるものとして会社法433条2項2号に該当すると解される。」

本判決の位置づけ・射程範囲

株主は、株式会社に対して会計帳簿等の閲覧謄写請求を行う場合、当該請求の理由を明らかにしなければならず（会433条1項）、その理由は具体的に示されなければならない（最判平成16・7・1 関連判例）。本判決は、違法な経営の疑いを調査する目的での請求について、請求理由として具体的に特定した行為が違法・不当な行為である旨を記載すべきことを述べたうえで、理由アのみでは違法・不当な行為が具体的に特定されていないとしつつ、Xが推測として主張するところもふまえてその限度で具体的に特定されているとした。さらに、本判決は、閲覧謄写請求の認められる会計帳簿等が請求理由と関連性のある範囲に限られることを明確に判示した点に意義を認められるところ、先に認定した理由に照らし、本件事案に即してこれと関連性のある範囲の会計帳簿等を特定した。しかし、本判決前にXがY社から一定の資料を受領済みであったことから、その範囲では必要な会計帳簿の開示を受けたものというべく、さらに他の会計帳簿の閲覧謄写を求めることは会社法433条2項2号（請求が当該株式会社の業務の遂行を妨げ、株主の共同の利益を害する目的で請求を行ったとき）に該当し許されないとした。本判決は、具体的な事案につき会計帳簿等の閲覧謄写請求の要件を詳細にあてはめたもので、参考になる。

実務上の対応

会計帳簿等の閲覧謄写請求を行う場合は、当該請求の認められる会計帳簿等が請求理由と関連性のある範囲に限定されることを念頭に、どの程度具体的に請求理由を明らかにする必要があるかをよく検討する必要がある。

さらに理解を深める

江頭709頁　関連判例 最判平成16・7・1民集58巻5号1214頁

98 委任状勧誘規制と株主総会決議の効力(1)
―― 日本エム・ディ・エム事件

東京地裁平成17年7月7日判決
　事件名等：平成16年（ワ）第24398号株主総会決議取消請求事件
　掲載誌：判時1915号150頁

概　要　本判決は、会社が行った委任状勧誘について、上場株式の議決権の代理行使の勧誘に関する内閣府令（以下「代理行使勧誘内閣府令」）に定める事項を記載した参考書類を株主総会参考書類とは別に交付せず、また、委任状勧誘時に交付した委任状の用紙には、代理行使勧誘内閣府令で要求される議案ごとに賛否を記載する欄が設けられていなかったが、株主総会決議の取消しを認めなかったものである。

事実関係　Y社（東京証券取引所第一部上場）は、定時株主総会（以下「本件株主総会」）の開催にあたり、全株主に対して、招集通知、株主総会参考書類および議決権行使書を送付した。本件株主総会においてはXが株主提案を行っていたところ、Xが委任状勧誘を開始したため、Y社は、Y社の一部の株主（以下「本件株主」）に対し、本件株主総会における議決権の行使について、Y社の希望する株主（以下「Y希望株主」）に対して委任するよう勧誘した。もっとも、Y社側勧誘者が本件株主に対して送付または交付した委任状（以下「本件委任状」）の用紙には、議案ごとに被勧誘者の賛否を記載する欄が設けられていなかった。また、Y社側勧誘者は、本件株主に対し、議決権の代理行使の勧誘の際、勧誘者の氏名や、勧誘者が会社またはその役員である旨を記載した参考書類を送付または交付しなかった。

本件株主総会において、Y社提案の議案がすべて可決され、X提案の議案は否決された（以下「本件各決議」）ため、Xは、①必要事項を記載した参考書類が交付されていないこと、②委任状の用紙に必要事項が記載されていないことは、証券取引法（金商法）、証券取引法施行令（金商法施行令）、代理行使勧誘内閣府令の各規定に違反し、決議の方法が法令に違反しまたは著しく不公正な場合（旧商247条1項1号〔会831条1項1号〕）に該当するとして、本件各決議の取消しを求めた。

判決要旨　請求棄却。「議決権の代理行使の勧誘は、株主総会の決議の前段階の事実行為であって、株主総会の決議の方法ということはできないから、代理行使勧誘内閣府令の規定をもって、株主総会の決議の方法を規定する法令ということはできない。……したがって、本件において代理行使勧誘内閣府令1条1項又は10条に違反する事実が認められるとしても、この事実をもって

商法247条1項1号〔会社法831条1項1号〕が規定する決議の方法が法令に違反する場合に該当するということはできない」。

「Y社側勧誘者が、本件株主に対し、議決権の代理行使の勧誘の際、所定参考書類を交付又は送付しなかったことは……代理行使勧誘内閣府令1条1項に違反する」。しかしながら、Y社側勧誘者の訪問による説明や株主総会参考書類に株主提案に反対する旨の取締役会の意見が記載されていたことに照らせば、「議決権の代理行使の勧誘の際、Y社側勧誘者による所定参考書類の交付等がなかったことから、本件株主において、議決権の代理行使の委任の可否を判断するための情報開示が欠けていたということはできない」。

「Y社側勧誘者が、本件株主に対して送付又は交付した委任状の用紙には、議案ごとに被勧誘者の賛否を記載する欄が設けられていなかったことは……代理行使勧誘内閣府令10条に違反する」。しかしながら、本件株主総会の招集通知とともに送付された議決権行使書の用紙には議案ごとに株主の賛否を記載する欄が設けられており、委任状と別途または同時に議決権行使書の送付を受けた株主分については、議決権行使書の記載内容に照らせば、「議決権の代理行使が株主の意思に反していたということはできないから、本件委任状の用紙に議案ごとの賛否欄が設けられていなかったことをもって、議案ごとの株主の意思が議決権の代理行使に反映されていなかったということはできない」。本件において「議決権の代理行使が必ずしも議案ごとの株主の意思に基づいていたということができないのは、本件株主のうち、委任状のみを送付した株主分（……出席議決権数の約0.5パーセント）及び議決権行使書の賛否の表示とは異なる議決権の代理行使がなされた株主分（……出席議決権数の約0.013パーセント）にすぎず、これをもって本件各決議の成否に影響を及ぼすものということができない。」

本判決の位置づけ・射程範囲

本判決は、Y社による議決権の代理行使の勧誘について代理行使勧誘内閣府令に違反する点は認めたものの、株主総会決議の取消しを認めなかった。しかしながら、本判決が、議決権の代理行使の委任の可否を判断するための情報開示がなされていたか否か、議決権の代理行使が株主の意思に基づいていたか否かを事案に即して検討していることに照らせば、決議取消しが認められなかったのは、上記違反が本件の事実関係のもとでは重大でないと認められたからにすぎないと考えられる。

実務上の対応　委任状勧誘規制は、株主総会決議の公正な成立を目的としており、委任状勧誘規制の違反は原則として決議の公正な成立を妨げる行為といえる。本判決によっても、委任状勧誘規制への違反が常に株主総会決議の取消事由とならないとはいえないことに十分留意すべきである。

さらに理解を深める　江頭346頁。田中193〜194頁。金商法百選79事件〔尾崎悠一〕
関連判例　東京地判平成19・12・6　本書99事件

99　委任状勧誘規制と株主総会決議の効力(2)——モリテックス事件

東京地裁平成19年12月6日判決

　　事件名等：平成19年（ワ）第16363号株主総会決議取消請求事件
　　掲載誌：判タ1258号69頁、金法1825号48頁、金判1281号37頁、資料版商事286号431頁

概要　本判決は、株主が委任状勧誘規制の条文に即した勧誘を行っていない場合であっても、本件の事実関係のもとでは委任状勧誘規制の趣旨に必ずしも反するものとはいえないから、当該委任状に基づく代理権授与を無効として、会社提案議案の出席議決権数に含めなかったことは、株主総会決議の取消事由となるとしたものである。

事実関係　Y社の第1順位株主であるX社および第2順位株主であるA（以下「Xら」）は、平成19年4月19日、共同で株主提案権を行使し、「取締役8名選任の件」等を同年6月27日開催の定時株主総会（以下「本件株主総会」）の目的とすることを請求した（以下「本件株主提案」）。

X社は、平成19年6月6日から、Y社の議決権を有する全株主に対して委任状（以下「本件委任状」）等を順次送付し、議決権の代理行使の勧誘を開始した。本件委任状には、委任事項として、「本件株主総会に出席し、本件株主提案につき私の指示（○印で表示）に従って議決権を行使すること。ただし、本件株主提案に対し修正案が提出された場合（Y社から本件株主提案と同一の議題について議案が提出された場合等を含む。）はいずれも白紙委任とし

ます」などと記載されていた。一方、Y社は、同月11日、Y社の議決権を有する全株主に対して、会社提案にかかる「取締役8名選任の件」（本件株主提案の候補者とは異なる8名。以下「本件会社提案」）、本件株主提案等が記載された本件株主総会にかかる招集通知等を発送した。

本件株主総会においては、本件会社提案と本件株主提案が一括で審議・採決された。その際、Y社は、本件会社提案に対する代理権授与はないものとして、本件委任状にかかる議決権数を、本件会社提案については「出席議決権数」に含めず、本件株主提案についてのみ「出席議決権数」に含めて算出した。X社は、かかる集計方法は、決議の方法が法令に違反しまたは著しく不公正な場合（会831条1項1号）に該当するなどとして、本件会社提案にかかる決議の取消しを求めた。

判決要旨　請求認容。「本件においては、XらとY社経営陣との間で経営権の獲得を巡って紛争が生じていることから、Xらが……取締役……の選任に関する議案を提出し、株主に対して議決権の代理行使の勧誘を行ってきた場合に、Y社からもいずれその提案に係る候補者の選任に関する議案が提出される

であろうことは、株主にとって顕著であったものと認められる」。「また、Y社の定款に定められた員数の関係から、本件株主総会において選任できる取締役の員数は最大で8名……であって、……本件株主提案に賛成して本件委任状をX社に提出した株主は、委任事項における『白紙委任』との記載にかかわらず、本件委任状によって、本件会社提案については賛成しない趣旨で、X社に対して議決権行使の代理権の授与を行ったと解するのが相当である。」

「Y社は、本件委任状には本件会社提案について賛否を記載する欄が設けられていないこと及び本件会社提案に係る候補者に関する参考書類の提供等がないことから、本件委任状は証券取引法……等に違反し無効であって、本件委任状による本件会社提案についての議決権行使の代理権授与も無効となると主張する」。しかしながら、「本件株主提案に賛成する議決権行使の代理権を授与した株主にとっては、X社が本件会社提案に反対の議決権の代理行使をすることは代理権授与の趣旨に沿ったものであり、これにより不測の損害を受けるおそれはないということができる」。また、本件の事実関係のもとでは、「情報不足のため株主が不利益を受けるというおそれはないといえる」。そして、株主が「常に会社提案についても賛否を記載する欄を設けた委任状の用紙を作成しなければならないとすると、株主は、株主総会招集通知の受領後に、……議決権代理行使の勧誘を行わなければならず、……株主に対する議決権代理行使の勧誘について会社と株主の公平を著しく害する結果となるといわざるを得ない」。したがって、「本件委任状の交付をもって、本件会社提案についての株主からX社に対する議決権行使の代理権の授与を認めたとしても、議決権代理行使勧誘規制の趣旨に必ずしも反するものではないということができ」る。

本判決の位置づけ・射程範囲

委任状勧誘規制に違反した場合における勧誘者に対する代理権授与の効力については、学説上、①取締規定であるから代理権授与の私法上の効力には影響しないとする見解と、②重大な違反がある場合には代理権授与が無効となりうるとする見解が主張されているが、本判決は、委任状勧誘規制の違反はなかったと解していると思われるため、本判決の立場は必ずしも明らかでない。

実務上の対応

株主が委任状勧誘規制の条文に即した勧誘を行っていない場合であっても、当該委任状に基づく代理権授与がただちに無効となるものではなく、誤ってこれを無効なものとして取り扱った場合、株主総会決議の取消事由となりうる。株主提案等に伴い、委任状勧誘が行われ、議決権数を総会当日にカウントせざるをえなくなるケースも想定されるが、代理権授与を無効と取り扱う場合は、慎重な検討が必要である。

さらに理解を深める

江頭345頁。田中179頁。会社法百選3版34事件〔大杉謙一〕。金商法百選80事件〔田中亘〕　関連判例　東京地判平成17・7・7　本書98事件

100 株主提案理由の説明の機会の付与
　　——山形交通事件

山形地裁平成元年4月18日判決
　事件名等：昭和59年（ワ）第260号株主総会決議不存在確認等請求事件
　掲載誌：判時1330号124頁、判タ701号231頁、資料版商事62号60頁

概要　本判決は、株主提案がなされた場合、議長は提案株主に対し提案理由を説明する機会を付与すべきである旨判示したものである。

事実関係　Y_1社の株主であるXらは、昭和59年6月29日に開催されるY_1社の株主総会について、監査役1名の選任議案および取締役報酬の減額議案の議題提案を行った。しかし、これらの議案は上記株主総会で否決された（以下「本件否決決議」）。

そこで、Xらは、議長のY_2（Y_1社の代表取締役）がXらの提案についてXらの発言を封じて提案理由の説明をさせなかったなどとして、本件否決決議の不存在確認ないし取消しを求めるとともに、Y_2らに対して慰謝料請求を求める訴訟を提起した。その後、Xらは、本件否決決議の取消しを求める訴えを予備的に追加した。

判決要旨　請求棄却。「株主提案にかかる議案については、議長は提案者たる株主に対し、提案理由を説明する機会を付与すべきであるが、その機会を与えた以上、その機会に提案株主が提案理由を説明しようとしない場合には、右説明のないまま手続を進行させても違法でないというべきところ、……Y_2は、第1号議案の採決を終えた後、何度も、提案者であるXらに対し、第2号議案の提案理由説明の機会を付与したのであり、これに対し、Xらは、X_1が、途中に1度だけ提案理由を説明すると述べたものの、Y_2が指名しないと、その後、Y_2の求めに応じて提案理由を説明することができたのにこれをせず、むしろ、自分達の気が済むまで質問した上でなければ提案理由を説明しない態度に出たため、Y_2は、右説明を省略して採決をしたものであると認められるから、この一連のY_2の議事進行に、決議を取り消すべき瑕疵はないというべきである。」

本判決の位置づけ・射程範囲

会社法上、株主には株主総会の議題提案権が付与されている（会303条）。ただし、公開会社である取締役会設置会社の場合、原則として、総議決権数の1％以上または300個以上の議決権を6か月前から保有すること、および株主総会の日の8週間前までに議題提案を行うことが必要とされている（同条2項）。なお、実務上はかかる議題提案権、議案要領提案権（会304条）および自己の議案通知請求権（会305条）をあわせて「株主提案権」という（ただし、以下では「株主提案」とは単に会社法303条に基づく議題提案を指すものとする）。

本判決は、株主提案がなされた場合、議長は提案株主に対し提案理由を説明する機会を付与すべきであるとの一般論を示した。この点、事前質問状の場合は、株主総会で質問がなされない限り、取締役等の説明義務は生じず、株主に質問の機会を積極的に付与すべきともされていない（東京高判昭和61・2・19 本書45事件）。

また、本判決は、本件では議長が提案株主に対し提案理由を説明する機会を与えたにもかかわらず、提案株主が説明を行わなかったとして、決議の瑕疵を認めなかった。

なお、本判決は本件否決決議の不存在確認の訴えおよび取消しの訴えのいずれについても訴えの利益を認めたが、その後、最高裁は、株主総会の否決決議の取消しの訴えは不適法である旨判示した（最判平成28・3・4 本書61事件）。当該最高裁の立場によれば、否決決議の不存在確認の訴えも不適法となると考えられる。

実務上の対応

株主提案がなされた場合、議長から提案理由を説明するか、または、提案株主に対し提案理由の説明の機会を付与すべきである。ただし、議長から説明を行う場合も、提案株主から提案理由を補足して説明したいという要望があれば、これに従うべきである。もっとも、提案株主が不必要に長時間の説明を行う場合等には、議長が議事整理権（会315条1項）に基づき説明を制限することができるのは当然である。

また、実務上は、発行会社としては、提案株主による理由説明が他の株主に与える影響も考慮し、当該理由説明の後、株主提案にかかる議案に対する会社側の意見を表明することも検討すべきである。

なお、取締役は原則として株主提案にかかる議案についての説明義務を負わないから、他の株主から当該議案についての質問があったとしても基本的にはこれに回答する必要はない。もっとも、質問内容が当該議案の判断に必要な会社保有の情報に関するものである場合等、取締役として説明を行う必要がある場合もあるため、議長としては事務局と連携のうえで対応を慎重に判断する必要がある。

さらに理解を深める　江頭330～331頁　関連判例　東京高判昭和61・2・19 本書45事件。最判平成28・3・4 本書61事件

101 株主提案権の「6箇月」の保有期間要件
──日本電気事件

東京高裁昭和61年5月15日判決
　　事件名等：昭和60年（ネ）第3111号株主総会決議取消請求控訴事件
　　掲載誌：判タ607号95頁、金法1145号37頁、資料版商事27号69頁

概　要　本判決は、株主提案権の「6箇月」の保有期間要件について、株式取得日と請求日との間に6か月の期間が存在することを要する旨判示したものである。

事実関係　Xは、昭和59年11月15日、301個の議決権を保有するY社の株主となった。

その後、Xは、昭和60年5月14日および同月15日、Y社に対し、同年6月28日に開催される株主総会について、定款変更議案および取締役解任議案の議題提案を行うとともに、当該議案の通知請求を行った。しかし、Y社は、これらの議案を株主総会の目的事項とせず、また、通知請求にも応じなかった。

そこで、Xは、上記株主総会でなされた各決議の取消しの訴えを提起した。原審はXの請求を棄却した。

判決要旨　控訴棄却。「6月の期間は、請求の日（書面を提出した日）から逆算して丸6月の期間を意味すると解すべきところ、右当事者間に争いのない事実によれば、Xが請求をした日は昭和60年5月14日及び15日であるのに対し、Xが法定数の株式を取得した日は昭和59年11月15日であるから、Xは持株要件を充足していないものという外ない。」

「Xは、商法232条ノ2第1項〔会社法303条2項〕に定める『6月』の計算にあたっては、株式を取得した当日を算入すべきであると主張するが、期間計算にあたっては株式を取得した当日すなわち初日を算入すべきでないことは商法1条、民法140条に定めるところであり、商法232条ノ2〔会社法303条〕の場合これと異別に解すべき理由は何ら存在しないから、Xの右主張は採用できない。」

本判決の位置づけ・射程範囲

公開会社である取締役会設置会社の場合、株主の議題提案権（会303条）および自己の議案要領通知請求権（会305条）の要件として、原則として当該株主が総議決権数の1％以上または300個以上の議決権を6か月前から保有することが必要とされている。

本件では、上記の6か月という保有期間の計算にあたり株式取得日が算入されるか否かが争点となった。

本判決は、期間計算における初日不算入を定める民法140条を根拠として、保有期間の計算にあたって初日（すなわち株式取得日）は参入されず、株式取得日と請求日との間に6か月の期間が存在することを要する旨判示した。

大判昭和10・7・15 関連判例 は、株主総会の招集通知の発送期間である2週間という要件（旧商156条1項〔会299条1項〕）について、発送日と会日との間に2週間の期間が存在することを要する旨判示しており、本判決は議題提案権および自己の議案要領通知請求権の保有期間要件についてこれと同様の見解に立つものといえる。

なお、株主が請求の時からいつの時点まで議決権要件を充足する必要があるかについては、①基準日までとする見解と、②株主総会終結の時までとする見解とがある。株主は基準日後に提案権を行使する可能性があることから、上記②の見解が有力である。

また、議決権要件の算定基準となる総議決権数については、(i)請求時の総議決権数を指すとする見解と、(ii)6か月の保有期間中の各時点における総議決権数を指すとする見解とがある。保有期間要件は権利行使のためにのみ一時的に株式を取得するのを抑制するための要件であることから、上記(ii)の見解が有力である。

実務上の対応

本判決によれば、保有期間要件の6か月とは請求日から遡って満6か月を意味することになるので、発行会社は株主提案の適法性を判断するにあたってはこの点を慎重に確認する必要がある。

なお、本件はそもそも株主提案が適法になされていなかった事案であるが、本判決は、仮に株主提案が適法になされたにもかかわらず、これが無視されたとしても、決議自体に瑕疵がない以上、過料の対象となるのは格別、株主総会決議の取消しは認められないことも明らかにした（本判決と同一の裁判例である 本書106事件 参照）。

さらに理解を深める

江頭331頁。コンメ(7)103～104頁〔青竹正一〕 関連判例 大判昭和10・7・15民集14巻1401頁。本判決と同一の裁判例である 本書106事件

102 株主提案権にかかる個別株主通知の要否・実施時期——三ツ星事件

大阪地裁平成24年2月8日判決
　事件名等：平成23年（ワ）第8826号株主総会決議取消請求事件
　掲載誌：判時2146号135頁、金判1396号56頁

概要　本判決は、株主提案に際して、社債、株式等の振替に関する法律（以下「社債等振替法」）154条3項に基づく個別株主通知は株主提案権の行使期限である株主総会日の8週間前までにされることが必要であるとしたものである。

事実関係　Y社の株主であるXが、Y社に対し、追加議題および議案の要領を招集通知へ記載することを請求した（以下「本件株主提案」）ところ、Y社がこれらを不適法とし、平成23年6月29日開催の定時株主総会（以下「本件総会」）において会社提案議案を決議したことから、本件総会の招集手続が違法であるとして、当該決議の取消しを求めた。

判決要旨　請求棄却。「株主提案権は、株主総会の日の8週間前までに、各株主ごとの個別的な権利行使が予定されているものである。これは、専ら一定の日（基準日）に株主名簿に記載又は記録されている株主をその権利を行使することができる者と定め、これらの者による一斉の権利行使を予定する……権利とは著しく異なる。したがって、上記株主提案権が社債等振替法154条1項、147条4項所定の『少数株主権等』に該当することは明らかである。……以上より、本件株主提案に際し、個別株主通知は必要であった。」

「会社法上、株主が、公開会社に対し、株主総会の日の8週間前までに……株主提案権を行使することができるとの要件が定められている趣旨は、当該会社は、株主から株主提案権の行使を受けた場合、招集通知に当該株主による追加議題及び議案の要領を記載することが必要となり、招集通知は株主総会の日の2週間前まで発しなければならないことから……、当該会社に、上記追加議題及び議案の要領を招集通知に記載して発送するための準備期間を確保することにある。……会社法上、……準備期間として、最短でも6週間を確保するためには、遅くとも株主提案権の行使期限である株主総会の日の8週間前までに、会社が、株主の株式継続保有要件の有無を確認することができるようにすることが必要であり、このときまでに個別株主通知がされることが必要である」。

「株主にとって、振替機関から発行会社に対して個別株主通知がいつされるのかを……正確に把握することはできない。しかも、株主提案権の行使期限は法定されている。これによると、株主にとって、個別株主通知がされた後になってか

ら、株主提案権の行使を要求するのは酷である。……個別株主通知は、……少数株主権等を行使する際に自己が株主であることを会社に対抗するための要件であると解され、権利行使の要件ではない。……以上より、……株主提案権の行使の際にされるべき個別株主通知は、株主総会の日の8週間前までにされることが必要であるが、株主提案権の行使に先立ってされる必要があるとまではいえない。」

「本件株主提案に係る個別株主通知は、……本件総会の日の8週間前の日である平成23年5月3日の翌営業日である同月6日までにされることが必要であった。……しかし、本件株主提案に係る本件個別株主通知がされたのは、同月9日であった。したがって、Y社が、本件総会の招集通知に本件株主提案に係る議題及び議案の要領を記載しなかったとしても、……本件総会の招集手続に法令違反があったとはいえない。」

本判決の位置づけ・射程範囲

振替株式を保有する株主が、少数株主権等を行使するには個別株主通知が必要とされる（社債等振替法154条2項）。この少数株主権等とは、基準日株主（会124条1項）が行使できる権利を除いた権利といえるところ（社債等振替法147条4項）、ある権利が少数株主権等にあたるか否かは必ずしも自明ではない。本判決は、最決平成22・12・7 関連判例 等が示した基準に従い、権利行使が一斉でなく個別的であることに言及して、株主提案権は少数株主権等に該当するとした。

個別株主通知の実施時期に関する先例としては、株式取得価格決定申立てのように裁判上の権利行使にかかるものや、株式買取請求とこれを前提とする買取価格決定申立てのように裁判外の権利行使手続とこれを前提とする裁判上の権利行使手続が一連のものとして予定されているものが見られたところであり、いずれも裁判上の手続における審理終結時が期限とされた（最決平成22・12・7 関連判例、最決平成24・3・28 関連判例）。これに対し、本判決は、裁判上の権利行使手続が予定されない株主提案権の行使が問題となった事案において、個別株主通知が会社に対する対抗要件であること等に照らして、株主提案権の行使に先立ってそれがなされる必要はないとしたが、追加議題および議案の要領を招集通知に記載するための準備期間を織り込んで株主提案権の行使期限が株主総会の日の8週間前とされていることにかんがみ、個別株主通知もそれまでにされる必要があるとした。

実務上の対応

株主提案権を行使する際の個別株主通知は、株主提案権の行使に先立ってされることまでは要しないが、株主総会の日の8週間前までにされる必要があることに留意する必要がある。

さらに理解を深める

関連判例 最決平成22・12・7民集64巻8号2003頁（メディアエクスチェンジ事件）。最決平成24・3・28民集66巻5号2344頁（ACデコール事件）

103 株主提案議案の記載方法
——つうけん平成7年総会事件

札幌高裁平成9年1月28日判決
  事件名等：平成8年（ネ）第148号株主総会決議取消請求控訴事件
  掲 載 誌：資料版商事155号107頁

概　要　　本判決は、株主提案を受けた株式会社が参考書類に提案理由を請求どおり記載しなかった場合において、その趣旨が損なわれていないとして招集手続の瑕疵を否定したものである。

事実関係　　Y社の株主であるXが、平成7年6月29日開催のY社の定時株主総会（以下「本件総会」）に際し、Y社に対し、1株あたり配当金を7.5円とする利益処分案を提案する旨請求したところ、Y社が招集通知添付の参考書類にこれを記載したものの、Xが記載を求めた提案理由のうち別表を削除したことは違法であるなどとして、本件総会でなされた各決議の取消しを求めた。原審が請求を棄却したので、Xは、当審において、当該別表は狭義の招集通知に記載すべき「議案の要領」であって、参考書類の記載事項を定める「大会社の株主総会の招集通知に添付すべき参考書類等に関する規則」（昭和57年法務省令第27号〔現在は廃止〕。以下「参考書類規則」）4条1項1号の字数制限を受けないなどとする主張を補充した。

判決要旨　　控訴棄却。「Y社は、本件総会の招集通知本文にXらの提案の議題を記載したが、その提案理由は字数が400字を超えていたので本来招集通知添付の参考書類に記載する義務はなかったものの、別表部分を除いてその余の提案理由の部分を本件請求書面の記載に沿ってほぼそのまま記載したものであるところ、右方法による要約により提案理由の趣旨が損なわれたということはできず、Y社が招集通知の参考書類として右別表部分を記載しなかったことをもって招集手続に瑕疵があり違法であるということはできない。」
　「右別表は、1株当たり配当金を7.5円とする旨のXその他の株主の提案の理由をXら株主が説明する中で、その主張を根拠付ける事実を表す形式で記載して引用するために添付された書面であって、提案理由の一部をなす資料と認められるものであること、XはY社に対する株主提案を請求した書面において議案の要領を議案の内容と提案理由に分けて記載し、別表はこれを提案理由の一部として

記載していることを考慮すると、右別表は参考書類規則4条1項1号所定の字数の制限を受ける提案理由に該当するというべきである。」

本判決の位置づけ・射程範囲

書面投票制度を採用する会社は、招集通知とともに株主総会参考書類（参考書類）を交付しなければならないところ（会301条1項）、株主が株主提案に際して会社に提案理由を通知したときは、参考書類には当該提案理由を記載しなければならないこととされている（施93条1項3号）。

本判決は、株主から通知を受けた提案理由を会社がそのまま参考書類に記載しなかったことに関し、これにより提案理由の趣旨が損なわれたとはいえないとして、その違法性を否定した最初の高裁判決である。

実務上の対応

本件当時、参考書類に記載すべき株主提案議案の提案理由は、参考書類規則により400字に制限されていたが、会社法施行規則ではこの字数制限は撤廃された。会社法施行規則は、提案理由等が参考書類に全部を記載することが適切でないほどの多量である場合や会社が適切なものとして定めた分量を超える場合には、その概要を記載すれば足りるとしている（施93条柱書）。これは、会社が、参考書類の他の記載事項の量との関係を考慮しつつ、適切に判断すべきことを意味するものと解されるが、いずれにしても、従来400字に字数が制限されていた経緯をふまえると、実務上は、提案理由等を要約するとしても、参考書類に記載する「概要」は少なくとも400字を目安とするのが穏当な対応といえよう。

提案理由等の全部を記載することが適切でないほどに多量であるか否かの判断はときに困難を伴うことも予想されるところ、会社法施行規則は、会社が適切なものとして定めた分量を超える場合にも、概要を記載すれば足りる旨定めている（施93条柱書）。そこで、実務上は、定款やその委任を受けた株式取扱規程にあらかじめ字数制限に関する規定を定めておくことが望ましいといえるが、400字より相当少ない制限字数を定めた場合には、株主総会の招集の手続が著しく不公正なとき（会831条1項1号）にあたるとして決議取消訴訟が提起される可能性も否定できないから、ここでもやはり400字が1つの目安となるのであろう。

実務上、提案理由等の概要を記載することとする場合には、株主提案を行った株主との紛争を避けるため、当該株主に概要の作成を求めるか、会社で作成した概要を提示して異議があれば述べるよう求めるなどして、概要の作成に関与する機会を与えるなど、提案株主と交渉等をすることが望ましい。また、株主提案を受けた会社が任意に提案内容を受け入れることにより、株主に提案を取り下げてもらうといった対応も実務的にはなされるところである。

さらに理解を深める

会社法百選2版33事件〔小林俊明〕、会社法百選初版40事件〔正井章筰〕。相澤ほか481〜482頁。弥永469〜470頁。福岡＝山田149〜153頁

104 株主提案による定款変更議案の適法性
 ──HOYA平成25年仮処分事件

東京地裁平成25年5月10日決定
　　事件名等：平成25年（ヨ）第20021号仮処分命令申立事件
　　掲 載 誌：資料版商事352号34頁

概　要　本決定は、株主提案による定款変更議案のうち、①無効な部分を多く含み、内容としても明確性を欠くもの、②議案の一部に法令に違反する内容が含まれるものについて、会社が取り上げないことを認めたものである。

事実関係　Y_1社の株主であるXらは、Y_1社らに対し、株主提案権に基づき、提案議題、議案の要領および提案理由を平成25年6月21日に開催予定のY_1社の定時株主総会の招集通知または株主総会参考書類に記載することを求めて、仮処分の申立てをした。Xらによる株主提案（いずれも「定款一部変更の件」を議題とする）のうち、第4号議案（ストックオプション保有者のヘッジ禁止）および第8号議案（取締役および執行役の株式売却の事前予告と開示）について、Y_1社らは、これらの議案は不適法であるなどとして争った。

決定要旨　申立一部認容、一部却下。「第4号議案の議案の要領は、……『「ストック・オプションや株式を保有する取締役や執行役が、プットオプションを保有しコールを売却することなどの手段によるヘッジを行うことを原則として禁止する。報酬委員会は、そのためのガイドラインを作成し、株主に開示しなければならない。」という条項を、定款に記載する。』というものである。……第4号議案に記載された『ストック・オプション』とは、……取締役又は執行役に対して既に付与されたストックオプションに係る新株予約権をも当然に含んでいるものと解される。しかしながら、……Y_1社において採用されているストックオプションは、……報酬として付与されていることが一応認められるところ、……事後的にその権利行使に関して条件を付すことは、いったん支払われた報酬の内容を変更するものであって、個別の同意を得ない限り許されないというべきである。そうすると、第4号議案は、既に付与されたストックオプションに係る新株予約権については、効力の及ばないものと解するほかはない。……そうすると、第4号議案は、……少なくとも既に付与されたストックオプションを対象とする部分は効力を生じないというべきであり、かつ、その禁止す

べき行為も『プットオプションを保有しコールを売却することなどの手段によるヘッジを行うこと』というあいまいなものであることからすると、議案全体として明確性を欠くものというべきである。……したがって、第4号議案については、無効である部分を多く含む上に、内容としても明確性を欠くものといわざるを得ず、このような議案の提案は、適法な株主提案権の行使とは評価できないというべきである。」

「第8号議案の議案の要領は、……『「取締役及び執行役並びにその第一親等内の親族及び姻族による株式売却は、最低30日以内の事前予告を必要とし、株主に開示されなくてはならない。」という条項を、定款に規定する。』というものである。……会社の役員に対し、定款においてその保有する自社株の売却に一定の制約を加えることは、株主の属性ではなく、役員の会社の機関としての側面に着目した規制であって、これを直ちに株主平等の原則や株式自由譲渡の原則に反するものと断定することはできない。しかしながら、会社の機関としての側面を有しない役員の親族についてもその株式の譲渡に上記のような制約を課すことは、株主のうち一定の属性（身分関係）を有する者に対し、その株式の譲渡に重大な制約を課すものといわざるを得ず、株主平等の原則や株式自由譲渡の原則に反することになるというべきである。……そうすると、第8号議案は、少なくともその一部が法令に違反するものであるところ、このように、議案の一部に法令に違反する内容が含まれる議案については、株主提案の対象とはなり得ないと解するのが相当であるから、第8号議案に係る申立ては、被保全権利を欠くものというべきである。」

本決定の位置づけ・射程範囲

本件と同一の当事者間で同様の仮処分の申立てがなされた東京高決平成24・5・31 関連判例 は、「定款にどのような規定を設けるかは、基本的には株主の自治に委ねられるべきものであることを考慮すると、本件請求に係る定款一部変更議案の全てが不適法であるとまではいえない」として、定款変更議案の適法性について、保全の必要性の判断のなかで考慮するにとどめていたと考えられる。

これに対して、本決定は、定款変更議案の適法性を審査したうえで、直接に被保全権利を否定している点で、従前とは異なる立場をとるものといえる。

実務上の対応

定款変更を議題とする株主提案は、株主総会の決議事項でないことを理由に拒むことはできないが、内容が不明確であること、その内容の一部が法令に違反していること等を理由に拒絶する余地がある。他方で、その判断には困難を伴うことから、特定の株主から大量の株主提案がなされた場合等の例外的なケースを除き、保守的に株主提案を許容せざるをえないことが多いであろう。

さらに理解を深める

田中165〜166頁。会社法百選3版31事件〔酒井太郎〕
関連判例 東京高決平成24・5・31資料版商事340号30頁

105 不明確な内容の株主提案の取扱い
——大トー昭和62年総会事件

大阪地裁平成元年4月5日判決
　事件名等：昭和62年（ワ）第5821号株主総会決議取消請求事件
　掲　載　誌：資料版商事61号15頁

概　要　本判決は、株主提案が「取締役退任の件」、「監査役退任の件」という不明確な内容であった事案において、会社側が善解して「取締役解任の件」、「監査役解任の件」として取り扱った対応を是認したものである。

事実関係　Y社が昭和62年3月30日に開催した第119回定時株主総会（以下「本件株主総会」）において、株主であったXは、議題を「取締役退任の件」および「監査役退任の件」とし、議案の要領を「取締役及び監査役が自発的に全員退任されるよう要求申し上げます」とする株主提案を行った。Y社は、上記提案のままでは退任勧告という不適法な議案となると考え、議題を「取締役解任の件」および「監査役解任の件」と変更し、議案を各取締役および各監査役の解任を求める趣旨に変更して上程した。

本件株主総会において上記議案が否決されたため、Xは、上記Y社の取扱いは、決議の方法が著しく不公正であるというべきであるとして、当該株主提案にかかる決議の取消しを求めた。

判決要旨　請求棄却。「株主が取締役に対し株主総会の会議の目的となすべきことを請求し得る議題・議案は、……原則として、総会の決議事項として法令又は定款に定められた事項に限られているのであって、それ以外の事項（例えば勧告的提案）を株主総会の議題となすべきことを請求することは許されないと解するのが相当である。」

「Y社取締役会は、Xから提案された議題・議案について、それがそのままの形では法令又は定款に定められた株主総会の決議事項に該当しない不適法な提案となるし、またこれを勧告的提案の趣旨に理解した場合にも株主総会の決議事項に該当しない不適法な提案として株主総会の目的（議題）にしない取扱いをすることになるが、そのような取扱いは適切ではなく、他方、Xの意思が要するに役員全員が役員をやめることを強く望んでいるものと理解できるうえ、Y社がXの提案を解任請求として取扱う旨Xに通告したのに対し、XからXのいう退任請求が法令又は定款に定められた株主総会の決議事項に該当することの合理的な説明もなかったので、Xの意思を付度し、Xの請求を解任請求の趣旨に善解して株主

> 総会の議題に採り上げるのがXの請求の趣旨に副った最も妥当な措置であると判断し、株主総会の会議の目的とできるよう、議題については取締役解任の件及び監査役解任の件と変更し、議案については各取締役及び各監査役の解任を求める趣旨に変更して、Xの株主提案にかかるものとして株主総会の会議の目的とし、その旨参考書類に記載したものであって、Y社取締役会の右変更措置は妥当であって適法というべきである。」

本判決の位置づけ・射程範囲

本判決は、一定の事実関係のもとで、不明確な内容の株主提案を会社側で修正することを認めたものとして重要な意義を有する。

なお、本判決は、会社法および定款に基づかない、いわゆる勧告的決議について、「株主総会の議題となすべきことを請求することは許されない」と判示しているが、たとえば、買収防衛策の導入やその発動等にあたっては、株主の承認の有無がその適法性に影響を与えうるため、勧告的決議が広く行われているところであり、勧告的決議に関する裁判例の考え方は、本判決以降、変容していると考えられる（東京地判平成26・11・20 本書60事件 参照）。

また、Xの請求は否決された株主提案にかかる議案の取消しを求めるものであるところ、その後の最高裁判決により、ある議案を否決する株主総会等の決議の取消しを請求する訴えは不適法であるとされている（最判平成28・3・4 本書61事件 参照）。

実務上の対応

内容が不明確な株主提案については、不適法なものとして取り上げないことも考えられるが（東京地決平成25・5・10 本書104事件 参照）、その趣旨が一応理解できる場合には、本件のように、会社側で善意解釈したうえで取り上げることも考えられる。かかる取扱いをする場合には、後にトラブルになることを防止するため、提案株主に対して株主提案の趣旨を確認のうえ、提案株主から会社側が想定している取扱いに対する書面による同意を得ることが望ましい。

本件はかかる同意を取得することができなかった事案であるが、本判決は、Y社が書面によりY社の見解を伝えていること、Xとの間で複数回面談を行っていること、Xが合理的な説明を行わなかったこと等の事実をふまえ、Y社の措置の適法性を認定しており、実務上とるべき措置を具体的に述べたものとして参考になる。

なお、提案株主が自己の見解に固執する場合には、あえてそのまま取り上げることも考えられる。株主総会担当者としては、弁護士に相談しつつ、当該株主の属性等をふまえて慎重に検討を進めることが求められよう。

さらに理解を深める

関連判例 東京地判平成26・11・20 本書60事件。最判平成28・3・4 本書61事件。東京地決平成25・5・10 本書104事件

106 株主提案（議題提案）の無視
——日本電気株主提案事件

東京高裁昭和61年5月15日判決
　事件名等：昭和60年（ネ）第3111号株主総会決議取消請求控訴事件
　掲載誌：判タ607号95頁、金法1145号37頁、資料版商事27号69頁

概要

本判決は、適法な議題提案が無視されたとしても、過料の対象となるのは格別、株主総会決議の取消しは認められない旨を判示したものである。

事実関係

本件は、本書101事件と同一の裁判例である。Xは、昭和59年11月15日、301個の議決権を保有するY社の株主となった。その後、Xは、昭和60年5月14日および同月15日、Y社に対し、同年6月28日に開催される株主総会について、定款変更議案および取締役解任議案の議題提案を行うとともに、当該議案の要領の通知請求を行った。しかし、Y社は、これらの議案を株主総会の目的事項とせず、また、通知請求にも応じなかった。

そこで、Xは、上記株主総会でなされた各決議の取消しの訴えを提起した。原審はXの請求を棄却した。

判決要旨

控訴棄却。「Y社がXの提案に係る会議の目的たる事項（議題）を本件株主総会の議題としなかったことは、当事者間に争いがないが、本件決議自体に何らの瑕疵もない以上、仮にY社の右措置が商法232条ノ2第1項〔会社法303条〕の規定に違反するとしても、過料の制裁（同法498条1項16号ノ2〔会976条19号〕）があるのは格別、右違法は本件決議自体の取消事由にはならないものと考える。」

本判決の位置づけ・射程範囲

本件は株主による議題提案（会303条）が不適法であった事案ではあるが（本判決と同一の裁判例である本書101事件参照）、本判決は、仮に適法な議題提案が無視されたとしても、過料の対象となるのは格別、株主総会決議の取消しは認められない旨判示した。学説上も、適法な議題提案が無視されても、その議題に対する決議がないこと等から決議取消しの問題は生じえないとするのが通説である（なお、適法な議案要領通知請求を無視した場合との関係については東京地判平成27・3・26

もっとも、裁判例には、①株主が提案する議題が株主総会の目的事項と密接な関連性があり、株主総会の目的事項に関し可決された議案を審議するうえで当該提案についても検討・考慮することが必要かつ有益であったと認められるときであり、②当該提案を取り上げると現経営陣に不都合なため、会社が現経営陣に都合のよいように議事を進行させることを企図して当該提案を取り上げなかったなどの特段の事情が存在する場合、適法な議題提案が無視されたことは可決された決議の取消事由に該当すると判示するものがある（東京高判平成23・9・27 関連判例 ）。学説上も、無視された議題と成立した議題とが密接な関連性を有する場合（たとえば、ある取締役に過失による監視義務違反があったことを理由に当該取締役を解任する旨の株主提案が無視された場合において、当該義務違反による任務懈怠責任の一部免除をする旨の会社提案が承認された場合）には、適法な議題提案が無視されたことは決議の方法の著しい不公正になりうるとの指摘がある。

実務上の対応　近年、1人の株主により膨大な数の議案が提案されたり、会社を困惑させる目的で議案が提案されるなど、株主提案権が濫用的に行使される事例が見られる。著名な例としては、「野菜ホールディングス」への商号変更や便器の和式化等の100個の株主提案が行われた野村ホールディングス株式会社の事例や、提案件数の数を競うように114個もの株主提案が行われたHOYA株式会社の事例（東京高判平成27・5・19 本書121事件 ）があげられる。

　そこで、法制審議会の会社法制（企業統治等関係）部会が平成30年10月に公表した「会社法制（企業統治等関係）の見直しに関する要綱案（仮称）」では、株主提案を提案数や目的等により制限する方向で会社法を改正することが提案されており、今後の改正の帰すうを注視する必要がある。

　また、近年、アクティビストファンドによる株主提案が活発化しているところ、スチュワードシップ・コードの改訂により機関投資家が議決権の行使結果を個別の議案ごとに公表することが求められるようになったことを背景として、機関投資家がかかる株主提案に賛成する例も増えている。会社としては、機関投資家を含めた株主に対して会社提案の合理性を丁寧に説明することが求められるといえよう。

　なお、本判決によれば、会社が適法な議題提案を無視したとしても、（少なくとも密接な関連性を有しない決議については）ただちに決議取消事由となるものではないと考えられる。もっとも、過料（会976条19号）に処される可能性や法令違反として責任追及がなされる可能性があることをふまえると、適法な議題提案を無視するという対応をとることは現実的ではない。

さらに理解を深める　江頭331頁。コンメ(7)106〜107頁〔青竹正一〕。伊藤靖史・商事2175号34〜35頁　関連判例 本判決と同一の裁判例である 本書101事件 。東京地判平成27・3・26 本書107事件 。東京高判平成23・9・27資料版商事333号39頁。東京高判平成27・5・19 本書121事件 。

107 株主提案理由の一部不記載
——HOYA株主提案理由不記載事件

東京地裁平成27年3月26日判決
　　事件名等：平成26年（ワ）第24338号株主総会決議取消請求事件
　　掲載誌：公刊物未登載（LEX/DB25524845）

概要　本判決は、株主から議案要領通知請求とあわせて提案理由の通知もなされた場合、これを株主総会参考書類に記載しないことは決議取消事由になると判示したうえで、本件の個別事情にかんがみ裁量棄却を認めたものである。

事実関係　Xらは、平成26年6月18日に開催されたY社の定時株主総会に先立ち、Y社に対し、会社提案の取締役選任議案について、Xらが指定する取締役候補者を選任する旨の議案の要領および提案理由を株主に通知することを請求した。

しかし、Y社が株主に送付した株主総会参考書類には、Xらが通知した提案理由の一部のみが記載され、その他の部分が記載されていなかった。そこで、Xらは、かかる不記載は決議取消事由に該当するなどとして、上記定時株主総会における会社提案の取締役選任決議の取消しの訴えを提起した。

判決要旨　請求棄却。「株主総会における議案が株主の提出に係るものであり、株主が会社法305条1項の規定による請求に際して提案の理由を株式会社に対して通知した場合は、一定の例外を除き、上記提案の理由を株主総会参考書類に記載しなければならない（会社法施行規則93条1項柱書、3号）。……本件代替提案は株主であるXらによって行われ、Xらは、本件代替提案に係る『提案の理由および候補者の略歴』として、『反対提案1、2、3、4、5、修正提案1、2、3、4、5を参照』との記載をし、これを本件通知に記載することを請求していたのであるから、同条所定の記載が除外される部分や概要の記載によって記載する場合を除くほか、原則として、Xらの請求した本件提案理由を本件通知に記載する必要があった。……Y社が本件各不記載部分を本件通知に記載しなかったことは、会社法施行規則93条1項に違反するというべきである。」

「本件各不記載部分は、A、B、C及びDを取締役に選任するか否かという点において本件決議と密接な関連性を有するから、Y社が本件各不記載部分を本件通

知に記載しなかったことは、本件決議についての決議取消事由（会社法831条1項1号）に当たると認められる。」

本判決の位置づけ・射程範囲

株主総会参考書類の作成が必要な会社において、株主から議案要領通知請求（会305条）とあわせて提案理由も通知された場合、株主総会参考書類には、提案内容等に加え提案理由も記載しなければならない（施93条1項3号）。

適法な議案要領通知請求がなされたにもかかわらず、株主総会参考書類に記載すべき事項を記載しないこと（通知請求自体を無視することを含む）は当該議案にかかる議題の決議取消事由に該当すると解されており、本判決も同様の見解に立つ。

もっとも、本判決は、①他の株主が判断するにあたり必要・有益な情報がおよそ欠けていたものではなく、実質的には提案の理由に相当する情報が記載されていたこと、②提案理由の全部が記載されていなかったというわけではないこと、③不記載部分によって他の株主がただちに株主提案に賛成する契機にはならないこと、④会社提案への賛成率（94%超）および株主提案への賛成率（1%未満）にかんがみれば、不記載部分が記載されていたとしても決議の成否が変化した可能性は皆無であったこと等を理由に、違反事実は重大ではなく、決議に影響を及ぼさないものであるとして、裁量棄却（会831条2項）を認めた。

実務上の対応

本判決をふまえれば、株主から議案要領通知請求とあわせて提案理由の通知もなされた場合、会社としては、「提案の理由が明らかに虚偽である場合又は専ら人の名誉を侵害し、若しくは侮辱する目的によるものと認められる場合」（施93条1項3号）を除き、提案理由を株主総会参考書類に記載する必要がある。

もっとも、株主が通知した提案理由が「株主総会参考書類にその全部を記載することが適切でない程度の多数の文字、記号その他のものをもって構成されている場合」には、提案理由の概要を記載することで足りる（施93条1項柱書）。会社が株式取扱規程等においてあらかじめ分量を指定していない場合、提案理由の分量の適切性については会社が個別に判断することになる。

なお、議題とは株主総会の目的事項をいい、議案とは議題についての具体的事項をいう。議案要領の通知請求が無視された場合に当該議案にかかる議題の決議取消事由に該当することは本判決が示すとおりであるが、議題提案（会303条）については、これが無視されたとしても、（少なくとも密接な関連性を有しない決議については）他の議題の決議取消事由とはならないとするのが通説である（東京高判昭和61・5・15 本書106事件 参照）。

さらに理解を深める

江頭334頁。コンメ(7)114～115頁〔青竹正一〕。弥永470頁

関連判例 東京高判昭和61・5・15 本書106事件

108 株主提案の参考書類への記載を求める仮処分（保全の必要性）——HOYA平成25年仮処分事件

東京地裁平成25年5月10日決定
　事件名等：平成25年（ヨ）第20021号仮処分命令申立事件
　掲載誌：資料版商事352号34頁

概要　本決定は、株主が株主提案にかかる議題、議案の要領および提案理由を株主総会の招集通知等に記載することを求めて仮処分を申し立てたのに対し、その権利を本案訴訟において実現することは時間的制約にかんがみ事実上不可能であるなどの点から、株主提案権を無視された株主の救済方法として、一部議案について申立てを認めたものである。

事実関係　Y_1社の株主であるXらが、Y_1社、同社の取締役兼代表執行役であるY_2および代表執行役であるY_3に対し、株主提案権に基づき、提案議題、議案の要領および提案理由を平成25年6月21日に開催予定のY_1社の定時株主総会（以下「本件株主総会」）の招集通知または株主総会参考書類に記載することを求めて仮処分を申し立てた。

決定要旨　申立一部認容、一部却下。「(1)本件申立ては、仮の地位を定める仮処分命令（民事保全法23条2項）を求めるものであるから、保全の必要性が認められるためには、『債権者に生ずる著しい損害又は急迫の危険を避けるためこれを必要とするとき』に該当することが必要である。また、株主提案権は、共益権の一種であり、究極的には会社の利益のために行使されるべきものであるから、会社に生ずる著しい損害又は急迫の危険を避けるために必要があるときにも、保全の必要性が認められるというべきである。」

「(2)ところで、株主提案権は、その性質に照らし、株主提案が無視された場合に、その権利を本案訴訟において実現することは、時間的制約に鑑み事実上不可能であり、事後的な救済方法も限られているから、株主提案権を無視された株主の救済方法として、仮の地位を定める仮処分によるべき必要性は高いということができる。……一方、株主提案権は、特定の株主総会における議題又は議案を提案する権利であるから、本件申立てが認容され、Yらがこれに従って履行すれば、その性質上、事後的に当該提案がなかったことにすることは不可能であるから、保全の必要性は、保全命令によりYらが被る不利益又は損害も踏まえて、より慎重に判断すべきものと解される。」

「Xらは、……本件4議案の提案の理由につき、株主総会参考書類に記載されなければ、本件株主総会において当該理由が記載された株主総会参考書類を他の

株主に交付することができなくなるところ、Ｙらが削除する旨主張している部分は、当該議案を提案する前提となるＸらの意見や評価を記載したものが多く、Ｘらは、これが記載されなければ、提案の趣旨を十分に伝えることができないという不利益を被るものというべきである。……他方、株主提案に係る提案理由は、会社法施行規則93条１項に定める例外がない限りその全文を掲載するのが原則であるところ、Ｙらが主張する除外部分を含めて株主総会参考書類に提案理由を記載したとしても、Ｙ₁社に何らかの損害が生ずるとは考えられない。……以上のことからすると、……本件４議案に係る申立てには、保全の必要性が認められるというべきである。」

本決定の位置づけ・射程範囲

株主提案を行う株主が、招集通知および株主総会参考書類に提案議案の要領および提案理由を記載するよう求めたにもかかわらず（会305条１項、施93条１項３号）、会社側がこれを拒絶した場合に、株主があくまで記載を求めるときは、招集通知の発送に間に合わせるため、本案訴訟ではなく仮の地位を定める仮処分の申立てにより争われることとなる。株主提案権は共益権であることから、債権者である株主のみならず会社に生ずる著しい損害または急迫の危険を避けるために必要があるときにも保全の必要性は認められるし、その判断にあたっては債務者側の損害をも考慮すべきとされる（本決定、東京地決平成24・5・28 [関連判例]）。

東京地決平成24・5・28 [関連判例] は、本件と同一の当事者間で同様の仮処分が争われた事件であるが、裁判所は、株主提案議案の可決可能性・緊急性・必要性が低いこと等を指摘して株主提案議案が上程されないことにより提案株主・会社側に生じる不利益が小さいことを指摘する一方で、仮処分を認めた場合には招集通知等の作成・印刷作業のやり直しに多大な追加費用等を要することや招集通知等の作成が間に合わず株主総会を開催できない危険があることをふまえて、仮処分を認めることによる会社の不利益は小さくないとして、保全の必要性を否定した（抗告審・東京高決平成24・5・31 [関連判例] も是認）。本決定がこれと異なり保全の必要性を肯定した要因としては、本件の申立てがかなり早期にされたため、仮処分を認めた場合に会社に生じる不利益の程度に違いがあった点が大きいと思われる。

実務上の対応

近時、特定の株主による大量の株主提案への対応が問題となっている。株主提案議案の要領を招集通知に記載しなかった会社の損害賠償責任の有無が問題となった東京高判平成27・5・19 [本書121事件] 等にも留意しつつ、裁判上の紛争に発展した場合の見通しを持って、株主提案議題・議案等の招集通知等への記載につき対処する必要がある。

さらに理解を深める

[関連判例] 東京高決平成24・5・31資料版商事340号30頁。東京地決平成24・5・28資料版商事340号33頁。東京高判平成27・5・19 [本書121事件]

109 株主総会招集許可申請と取締役解任目的
——タクマ筆頭株主臨時株主総会招集許可申請事件

大阪地裁昭和62年12月24日決定
　事件名等：昭和62年（ヒ）第273号臨時株主総会招集許可申請事件
　掲 載 誌：資料版商事47号54頁

概　要　本決定は、取締役解任を議題とする株主総会招集許可申請につき、X社の持株数が大であることを考慮しても、本件においては、Y社の信用を害し経営を混乱させるものであって、共益的見地から見て、株主総会招集権の行使として適法とはいえないとして、当該解任決議を議題とする部分を認容しなかったものである（ただし、取締役および監査役選任を議題とする招集許可は認めた）。

事実関係　Y社の筆頭株主X社は、昭和62年10月9日、大阪地裁に対して、社長を含むY社役員を解任すること等を会議の目的事項とする臨時株主総会を招集することの申請を行った。X社が提出した臨時株主招集許可申請書によると、X社は、Y社株式を6か月前より引き続き、1530万6000株（同社発行済株式総数の23.7%）保有しており、また、Y社の同月20日の発表では、X社の保有株式数は同年9月30日現在で2086万4000株（同32.4%）となったことが明らかにされている。

決定要旨　申請認容。「取締役解任を会議の目的事項とする部分につき認容しない理由は次のとおりである。X社がY社取締役A、同Bの解任を株主総会の議題として掲げる理由は、要するに、X社の帳簿閲覧請求に対しY社側が拒否する態度からして、Y社に粉飾決算あるいはその他の不正行為の疑いが強く、X社ら株主を軽視しY社を私物化している経営陣の右取締役らに対し、筆頭株主としてX社はこれ以上経営を委ねることができないというものであるが、本件記録により認められるY社の営業活動の現況と取引関係、X社の昭和62年1月ころに始まり本件申立に至るまでの短期間における株式取得（同年9月30日現在発行済株式の総数6446万株のうち2086万4000株）の経緯、株式取得の動機をX社意思の会社経営への反映、将来の業務提携のためとしながら、X社及びY社の異なる目的事業における業務提携について具体的疎明がないこと、及び、X社の前記取締役解任の理由自体に徴すると、X社の持株数が大であることを考慮しても、現時において性急に取締役の解任を議題とする点はY社の信用を害し経営を混乱

させるものであって、共益的見地からみて、総会招集権を〔ママ〕行使として適法とはいえない（Y社の昭和62年11月9日取締役会決議による新株発行につきX社が違法をいう点は、右判断に消長を及ぼさない）。」

本決定の位置づけ・射程範囲

少数株主は、会社法297条1項に基づき株主総会の招集請求を行ったにもかかわらず、取締役がこれを招集しない場合には、裁判所の許可を得て自ら株主総会を招集できる（同条4項）。許可申立てを受けた裁判所は、株主総会の目的事項の適否について審査できないと解されているため、少数株主の請求が議決権数要件や保有期間要件等の形式的要件を充たしている限り、権利濫用と認められる場合を除き、許可しなければならないとされている。

申立てが権利濫用となる場合については、実務上、客観的要件として、①株主総会を招集することに実益がなく、かえって有害であること、主観的要件として、②申立人に害意があることが必要であると解されている。

本決定は、取締役解任を目的事項とする株主総会招集許可申請につき、性急に取締役の解任を議題とすることは会社の信用を害し、経営を混乱させるなどとして許可しなかったものであるが、権利濫用にあたるとしたものと思われる。

決議成立の可能性がないことを理由に権利濫用とできるかについては、これを認めた裁判例（神戸地決昭和61・7・7 関連判例）もあるが、東京地決昭和63・11・2 本書110事件は「少数株主の招集による総会において当該少数株主の期待する決議がなされるかどうかということは招集許可申請の当否を判断するにあたって考慮にいれる必要のない事項であるから、被申請人の右主張は失当というほかない」としており、有力な学説・実務は後者の解釈をとっていると思われる。

上記の客観的要件に関して言及した株主総会を招集することに実益がない例としては、上記のとおり権利濫用と認められないものであるが、決議成立の可能性がない場合や分配可能額がないことが明白なのに剰余金配当を議題とする場合があげられる。他方、有害な例として、会社の信用を害する目的、取締役に対する嫌がらせ目的等がある場合があげられ、本件もこの場合にあたるのであろう。

実務上の対応

少数株主による株主総会招集許可申立ては取締役との対立を背景にされることが多く、当該株主が何らかの個人的動機・意図を有する場合も少なくないと思われる。そのため、学説上は、権利濫用の要件としての有害性や害意の判断は抑制的に行うべきとの見解も示されているところであるから、発行会社側としては、権利濫用の認定に相応のハードルがあることに留意する必要がある。

さらに理解を深める

類型別会社非訟19〜20頁。江頭324頁注(8)。コンメ(7)63〜65頁〔青竹正一〕　関連判例 東京地決昭和63・11・2 本書110事件。神戸地決昭和61・7・7判夕620号168頁

110 株主総会招集許可申請と会社により同一事項を目的とする株主総会の招集手続が行われた場合の申請の利益——国際航業対コーリングループ事件

東京地裁昭和63年11月2日決定
　事件名等：昭和63年（ヒ）第610号株主総会招集許可申請事件
　掲載誌：判時1294号133頁、判タ682号214頁、金法1212号39頁、金判808号32頁、資料版商事56号46頁

概要　本決定は、少数株主が株主総会招集許可申請をしたのに対し、裁判所による許可決定前に会社が株主総会招集のための基準日設定公告を行った事案において、その会日が株主の請求日から6週間を超える日（旧商237条2項）を会日とする場合は申請の利益は失われず、裁判所が少数株主による株主総会招集を許可したとしても会社の招集した株主総会より前に株主総会を開催できる見込みがないなどの特別の事情が認められる場合にのみ、株主総会招集許可申請の利益が失われるとしたものである。

事実関係　Y社は、親子間の内紛等もあり、昭和62年7月頃からAグループにより株の買い占めを受け、株主総会におけるAグループの議決権行使が権利の濫用であるとして、議決権行使禁止の仮処分申請をして認容された経緯があったところ（東京地決昭和63・6・28 本書80事件）、本件は、Aグループに属すると目されるY社株主X社らが、「取締役5名の解任および取締役15名の選任」を会議の目的として、株主総会招集の許可を求めた事案である。これに対し、Y社は、昭和63年11月1日付（本決定の1日前）で、同年12月19日を会日とし、X社らが求めたのと同一の事項を議題とする臨時株主総会のための基準日設定公告を行い、これを理由にX社らの株主総会招集許可申請は申請の利益を失ったと主張した。

決定要旨　申請認容。「商法237条2項後段は、会社が少数株主による株主総会招集請求のあった日から6週間以内の日を会日とする総会招集通知を発せず公告もしないときには、当該少数株主は裁判所の許可を得て自ら総会招集をなしうると規定しているのであるから、裁判所の許可があるまでの間に会社が総会招集通知を発し又は公告をしたとしても、右総会が少数株主による招集請求のあった日から6週間以内の日を会日とするものでない限り、これによって少数株主の総会招集許可申請権が当然に失われ、裁判所がその許可をなし得ないものとなると解することは相当でない。同条項の趣旨が株主総会開催の不当な遅滞を防止するところにあることに鑑みると、裁判所が少数株主による総会招

集を許可したとしても会社の招集した総会より前に総会を開催できる見込がない等の特別の事情が認められる場合にのみ、総会招集許可申請はその利益が失われると解すべきである。」

本決定の位置づけ・射程範囲

旧商法では、少数株主は、取締役に対する株主総会招集請求があった日から6週間以内の日を株主総会の日とする招集通知が発せられない場合には、裁判所の許可を得て株主総会を招集できるとされていたが（旧商237条3項後段。ただし、本件当時は同条2項後段）、平成14年改正商法および会社法では「6週間以内」は「8週間以内」に改められている（会297条4項2号）。

少数株主が裁判所に対して株主総会招集許可申立てを行った場合に、株主により株主総会が招集される事態を回避すべく、会社が同一の議題について株主総会の招集手続を行うことがある。この場合の申立ての取扱いについては、平成14年改正前商法下で、会社が株主総会招集請求日から6週間と4日後の日を会日とする招集通知をした事案において許可申請を認容したもの（水戸地下妻支決昭和33・9・12 関連判例）、会社が株主総会招集請求日から約10週間後の日（以下「本実施日」）を会日とした事案で、許可申請を認容したとしても申請人らが本実施日までに招集手続を行うことはできないなどとして申請を却下したもの（横浜地決昭和54・11・27 関連判例）等があった。本決定はこれらの裁判例に一事例を加えるものである。

上記のとおり規定が改められた会社法下では、本決定の判示事項は、①取締役が招集する株主総会の会日が株主の株主総会招集請求日から8週間以内であるか、②取締役が招集する株主総会よりも前に裁判所が許可する株主総会が開催される見込みがないなどの特別の事情があるときは、少数株主の許可申立ての利益は失われる、と整理できよう。

実務上の対応

本決定のいう「特別の事情」が認められる場合、すなわち少数株主による株主総会招集許可申立ての利益が認められない場合であっても、会社が現実に株主総会を開催する保証はないため、裁判実務では、裁判所が会社に対して至急株主総会を開催するよう勧告し、会社側が株主総会を開催して決議がされるまで手続を留保する扱いとすることが多いようである。その後、会社から株主総会議事録が提出されれば、裁判所は、申立ての取下げを勧告し、または申立ての利益が失われたとして申立てを却下する。

株主総会招集をめぐる株主と取締役との攻防は、アクティビストの活動が活発化している現在においては、今後、新たなかたちで再び大きく問題となってくる可能性があろう。

さらに理解を深める

類型別会社非訟20頁。商事非訟・保全事件の実務196頁 関連判例 東京地決昭和63・6・28 本書80事件。東京地決昭和63・11・14 本書93事件。水戸地下妻支決昭和33・9・12金法190号9頁。横浜地決昭和54・11・27金判606号34頁

111 株主総会開催禁止の仮処分（保全の必要性）
——コクド定時株主総会開催差止請求事件

東京高裁平成17年6月28日決定
　事件名等：平成17年（ラ）第1012号株主総会開催禁止仮処分命令申立却下決定
　　　　　に対する抗告事件
　掲載誌：判時1911号163頁、判タ1209号279頁、資料版商事261号269頁

概　要　本決定は、株主総会開催禁止の仮処分について、保全の必要性の要件を、被保全権利である取締役に対する違法行為差止請求権の要件と同内容のものと解したうえで、本件ではいずれも欠く旨判示したものである。

事実関係　XがY$_1$社の株主であると主張して、Y$_1$社およびY$_1$社の代表者Y$_2$に対し、Y$_1$社が平成17年6月29日に開催を予定している株主総会において議決される、Y$_1$社の株式に譲渡制限を定め、かつ、招集通知の発送期限を1週間に短縮する旨の定款変更議案（以下「本件定款変更議案」）は、次回株主総会における仮処分の手続等を不可能にすることを目的とするものであるなどとして、当該株主総会の開催禁止の仮処分を求めた。原審がXの上記仮処分の申立てを却下したので、Xが即時抗告した。

決定要旨　抗告棄却。本件定款変更議案が「可決されることが確実であると認めるに足りる的確な資料はない上、そもそも、このような内容の決議自体、法の許容する……ものであって、……審議すること自体を違法ないしは不当ということはできない。また、……Xが主張するような定款変更がされたとしても、……当然にY$_1$社が損害を被るとはいえないし、株主総会の決議取消しの訴え……等により、事後的な是正を図ることも十分可能と考えられる。……以上によれば、……本件株主総会の開催『ニ因リ会社ニ回復スベカラザル損害ヲ生ズル虞』（商法第272条〔会360条〕）があるということはできず、……被保全権利について疎明を尽くしたということは困難というほかない。」

「民事保全法……は、仮の地位を定める仮処分命令の必要性の要件として、『債権者に生ずる著しい損害又は急迫の危険を避けるため』であることを規定している（同法第23条第2項）が、本件申立ては、本件株主総会の開催禁止を求めるものであるところ、株主総会が会社の意思決定を行う最高機関であることや、

そのような仮処分が認められることになると、他の株主の株主権行使の機会を一方的に奪う結果をもたらすこと、株主総会の決議取消しの訴え……を提起することにより事後的に是正することが可能であること、そもそも、会社の意思は、株主相互の意見交換等を経て最終的には多数決で決せられるべきものであって、少数派の株主は、多数派の株主の意見を受け入れざるを得ないという側面があることなどの事情にかんがみれば、満足的仮処分という性質を有する株主総会開催禁止の仮処分命令を発するにあたっての保全の必要性の判断は、特に慎重に行われるべきものであり、その保全の必要性が肯定されるには、当該株主総会の開催を許すと、決議の成否を左右し得る議決権を有する株主が決議から違法に排除されることになるなどのために、違法若しくは著しく不公正な方法で決議がされること等の高度の蓋然性があって、その結果、会社に回復困難な重大な損害を被らせ、これを回避するために開催を禁止する緊急の必要性があることが要求されるものと解するのが相当である。……このことは、商法第272条〔会社法360条3項〕所定の差止請求の要件である『之ニ因リ会社ニ回復スベカラザル損害ヲ生ズル虞』と同内容の要件と解すべきである。そして、この要件についての疎明があるとはいえないことは、前記のとおりである。」「以上によれば、……本件申立ては、保全の必要性を欠くものであるといわざるを得ない。」

本決定の位置づけ・射程範囲

株主総会開催禁止の仮処分のうち、本件のように株主が株主総会の招集手続の瑕疵を理由にその開催禁止を請求する場合の被保全権利は、株主の取締役に対する違法行為差止請求権（会360条）であると解されている。そして、差止請求は訴えによらず、法令・定款違反の行為をなそうとしている取締役に対して直接行うことができる。しかし、取締役がこれに応じない場合は、当該取締役を被告として差止めの訴えを提起し、または差止訴訟を本案とする仮処分を申し立てることもできる。

本決定は、違法行為差止請求権の要件である「会社ニ回復スベカラザル損害ヲ生ズル虞」（旧商272条〔会360条3項〕）と、「債権者に生ずる著しい損害又は急迫の危険を避けるため」（民保23条2項）という保全の必要性とを同内容の要件であるとしたうえで、株主総会開催禁止の仮処分につき保全の必要性が認められるための具体的な要件も明らかにしており、実務上重要である。

実務上の対応

株主総会開催禁止の仮処分については、保全の必要性が認められるための具体的要件がきわめて厳格であることに留意して対応することが重要となろう。

さらに理解を深める

類型別会社訴訟Ⅱ895～904頁。氏本厚司・判タ1245号160頁

112　真実の株主への招集通知発送未了と株主総会開催禁止の仮処分
　　——コクド臨時株主総会開催差止請求事件

東京地裁平成17年11月11日決定
　　事件名等：平成17年（ヨ）第20103号株主総会招集禁止仮処分命令申立事件
　　掲載誌：金判1245号38頁、資料版商事261号278頁

概　要　本決定は、債権者の申立適格を認めたうえで、株主総会に手続上の違法が生ずることの疎明はあるものの、株主総会が開催されることにより会社に回復困難な重大な損害を被らせることの疎明がなく、被保全権利および保全の必要性についての疎明がないとして、株主総会開催禁止の仮処分の申立てを却下したものである。

事実関係　株主Xが、A社の代表取締役Yに対し、真実の株主に招集通知を発送せずに株主総会を開催することは招集手続の法令違反にあたること、真実の株主についてXと株主名簿上の株主が株式持分権確認訴訟において係争中であるにもかかわらず、策定された再編スキームを進めることを目的に株式移転または株式交換の決議のための株主総会を開催することは善管注意義務違反にあたること等を指摘して、平成17年11月28日開催予定の臨時株主総会の開催禁止の仮処分を求めた。

決定要旨　申立却下。「本件認諾株49株（約2パーセント）については、XはA社に対して準共有株主としての地位を主張できることを一応認めることができる。そうすると、Yが、真実の株主であるXに招集通知を発することなく、他方、実質的権利を有しない名義上の株主に招集通知を発することは、株主に対する招集通知を定めた商法232条1項〔会社法299条1項〕に違反するものといわざるを得ない。」

「会社の意思は、株主相互の意見交換等を経て最終的には多数決で決せられるべきものであって、少数派の株主は、多数派の株主の意見を受け入れざるを得ないという側面があることなどの事情にかんがみれば、満足的仮処分という性質を有する株主総会開催禁止の仮処分命令を発するにあたっての保全の必要性の判断は、特に慎重に行われるべきものであり、会社に回復困難な重大な損害を被らせるおそれがあることが要求されることになるが、その内容は、商法272条〔会社法360条〕所定の差止請求の要件である『会社ニ回復スベカラザル損害ヲ生ズル

虞」と同内容の要件と解すべきである。そして、その要件が肯定されるには、当該株主総会の開催を許すと、決議の成否を左右し得る議決権を有する株主が決議から違法に排除されることになるなどのために、違法な又は著しく不公正な方法で決議がされることとなる高度の蓋然性があり、さらにその結果、会社に回復困難な重大な損害を被らせ、これを回避するために開催を禁止する緊急の必要性があることが要求されるものと解するのが相当である」。

本決定の位置づけ・射程範囲

株主総会開催禁止の仮処分は、被保全権利そのものを実現する満足的仮処分である。それゆえ、東京高決平成17・6・28 本書111事件 で紹介したとおり、株主総会開催禁止の仮処分を認めるにあたっての保全の必要性の判断は、特に慎重に行われるべきとされる。本決定も同決定と同様の立場に立ち、違法または著しく不公正な方法で決議がされることの高度の蓋然性があって、会社に回復困難な重大な損害を被らせることを回避するために開催を禁止する緊急の必要性がなければならないとして、株主総会に手続上の違法が生ずることについての疎明があることは認めたものの、回復困難な重大な損害が生じるとはいえないなどとして、被保全権利および保全の必要性の存在を否定し、申立てを却下した。

本決定および東京高決平成17・6・28 本書111事件 は、いずれも軽微とはいえない手続上の瑕疵のある株主総会決議がされる可能性を認めながら、それぞれの株主総会で議題とされた、株式に譲渡制限を定め、かつ、株主総会招集通知の発送期限を短縮する定款変更や株式移転が決議されたとしても、会社に「回復スベカラザル損害」(旧商272条〔会360条3項〕)や「著しい損害」(民保23条2項)を被らせることの疎明は認められないとして、株主総会開催禁止の仮処分の申立てを却下した。

なお、会社法360条に基づき請求できるのは、「行為をやめること」すなわち不作為であるから、同条に基づき取締役に対して作為を求めることはできない。株主総会開催禁止の仮処分は不作為を求めるものであるため問題とならないが、株主が自らの主張の根拠とする請求権に照らして、請求対象者に一定の作為を求めることができるかが争われる場合もある。たとえば、株主が、議決権行使書の取扱い等に関する一定の作為を求めた仮処分の申立てが却下された例として、大阪地決平成12・6・27 関連判例 がある。

実務上の対応

株主総会開催その他の行為の禁止または差止めの判決・仮処分がなされたにもかかわらず、取締役がその判決や仮処分を無視して当該行為を行った場合には、そのこと自体を理由に当該行為の効力を否定すべきかが問題になる。この点については、東京高判昭和62・12・23 本書113事件 を参照されたい。

さらに理解を深める

江頭503頁 関連判例 東京高決平成17・6・28 本書111事件。大阪地決平成12・6・27資料版商事198号247頁。東京高判昭和62・12・23 本書113事件

113 株主総会開催禁止仮処分命令違反と決議不存在確認請求事件——天城自然公園事件

東京高裁昭和62年12月23日判決
　事件名等：昭和52年（ネ）第210号株主総会決議不存在確認請求控訴事件
　掲　載　誌：判タ685号253頁

概　要　本判決は、株主の取締役に対する違法行為差止請求権は当該取締役に対して不作為義務を課すものにすぎず、義務違反が行われても会社に対する義務違反の責任を生ずるだけで、行為の効力を無効とするものではないとの理解のもと、当該違法行為差止請求権を被保全権利とする余地のある株主総会開催禁止の仮処分に違反して開催された株主総会における決議は当該違反を理由に不存在または無効となるものではないと判示したものである。

事実関係　本件は、小規模な同族会社の内紛の事件である。X社は旅館業を営む株式会社であり、その代表取締役AはY₁の父、Y₂はY₁の妻である。当初はAとYらとの関係は円満であり、YらはX社の株主として扱われていたが、その後、AとYらとの間に紛争が生じ、AはYらの株主たる地位を否定するに至った。X社が株主総会開催を決定すると、Yらは、株主総会開催停止の仮処分を求め、これを得た。しかし、X社は当該仮処分を無視し、株主総会を開催して取締役選任等の決議をしたので、Yらが同決議の不存在確認を求めて本訴を提起した。原審が請求を認容したので、X社が控訴した。

判決要旨　原判決取消し。「本件仮処分の被保全権利としては商法272条〔会社法360条〕による取締役に対する違法行為の差止請求権を考える余地があるが（Yら主張の違法行為の内容は右にみたとおりであって、その主張の事由から株主総会の開催自体が代表取締役の違法行為となり、同条による差止請求権の対象となるかはなお疑問がある。）、仮に本件仮処分が右差止請求権を被保全権利として株主総会開催の禁止を命じたものとしても、取締役の違法行為の差止請求権は、当該取締役に対して単純な不作為義務を課すものにすぎないものであって、義務違反が行われても会社に対する義務違反の責任を生ずるだけで、行為の効力を無効とするものではない。したがって、いずれにせよ本件仮処分決定違反を理由に本件決議を不存在又は無効とみることは相当でない。」

本判決の位置づけ・射程範囲

株主の申立てにかかる株主総会開催禁止の仮処分は、東京高決平成17・6・28 本書111事件 および東京地決平成17・11・11 本書112事件 について述べたとおり、その被保全権利は、株主の取締役に対する違法行為差止請求権（会360条）であると解されている。本判決も、取締役が無視することとなった株主総会開催禁止の仮処分は、株主総会決議取消権を被保全権利（本案）として発せられたとは考えられず、被保全権利としては上に述べた違法行為差止請求権を考える余地があると述べた。

そのうえで、本判決は、株主総会開催禁止の仮処分を無視して開催された株主総会における決議の不存在確認請求を斥けた。本判決はその理由として、当該仮処分の被保全権利ととらえる余地のある取締役の違法行為差止請求権は、当該取締役に対して単純な不作為義務を課すものにすぎず、義務違反が行われても会社に対する義務違反の責任が生じるだけで行為の効力を無効とするものではないことを述べた。

しかし、本判決の見解には、株主総会開催禁止の仮処分の実効性を確保することができない難点があるとされる。そのため、当該仮処分を無視して開催された株主総会における決議を不存在と解する見解（浦和地判平成11・8・6 本書114事件 等）もあるが、この見解に対しては、仮処分に本案（株主総会を開催しないことを求める差止めまたは不作為訴訟）以上の効果を与えることとなり、仮処分の付随性に反するおそれがあるとの指摘がされている。こうした議論をふまえて、類型別会社訴訟Ⅰ440～441頁は、株主総会開催禁止の仮処分を無視して株主総会が開催された場合には、その招集の手続が法令に違反し、または著しく不公正なとき（会831条1項1号）にあたるとして、事後に株主総会決議の効力を争う訴訟で決議取消事由として考慮されるとする見解が最も問題が少ないと思われるとしており、参考になる。

実務上の対応

経営権や会社の方針等をめぐる争いでは、株主総会開催禁止の仮処分まで発せられる事例も見られるところである。上記のとおり、株主総会開催禁止の仮処分に違反してなされた株主総会決議の効力（すなわち差止違反の効果）については、争いのあるところであるが、少なくとも当該違反の事実は決議取消事由として考慮されるとする見解が有力であることには留意する必要がある。

さらに理解を深める

類型別会社訴訟Ⅰ440～441頁　関連判例 東京高決平成17・6・28 本書111事件 。東京地決平成17・11・11 本書112事件 。浦和地判平成11・8・6 本書114事件 。

114 開催禁止の仮処分決定に違反して開催された株主総会の決議の効力——日特エンジニアリング事件

浦和地裁平成11年8月6日判決
　　事件名等：平成11年（ワ）第915号株主総会決議不存在確認、取締役会決議無効確認等請求事件
　　掲　載　誌：判タ1032号238頁、金判1102号50頁

概要　本判決は、開催禁止の仮処分決定に違反して開催された株主総会は、その他の招集手続および決議方法の法令および定款違反の有無を判断するまでもなく、当然に不存在であるとしたものである。

事実関係　Xらは、Y社の株主であり、Y社の取締役でもあったが、平成11年4月30日に開催されたという株主総会（以下「本件株主総会」）において、Xらのうちの一部が取締役から解任され、新たな取締役の選任決議がなされた（以下「本件株主総会決議」）。もっとも、本件株主総会は、Y社の株主であるAらが招集したものであるところ、Xらは、本件株主総会の開催に先立ち、本件株主総会について、開催禁止の仮処分命令を申し立て、これを禁止する旨の決定を得ていた。そこで、Xらは、本件株主総会は開催禁止の仮処分決定に違反して開催されたものであるから不存在であるとして、本件株主総会決議の不存在確認等を求めて提訴した。

判決要旨　請求認容。「Xらの主張する本件株主総会決議不存在の原因は、要するに、招集手続及び決議方法が法令及び定款に違反すること、本件株主総会決議が仮処分決定に違反して開催された株主総会における決議であることにあるが、本件株主総会決議が不存在といえるか否かは、株主総会開催禁止の仮処分に違反して開催された本件株主総会における決議の効力をいかに解するかにかかわっている」。

　「株主総会開催禁止の仮処分は、取締役もしくは株主総会招集権者に対する違法行為の差止請求権を被保全権利として、株主総会開催の禁止を命じるものであるが、右仮処分が、仮処分債務者に対して単純な不作為義務を課すものにとどまるものと解するならば、仮処分決定に違反しても、会社に対する義務違反の責任を生じるだけであって、開催された株主総会における決議の効力は左右されないということになる。しかしながら、右仮処分は、疎明によって発せられるものであるとはいえ、株主総会が法令若しくは定款に違反し又は著しく不公正な手続によって開催されることにより会社が不利益を受けるおそれがある場合に、右株主

総会の招集権者にその開催の禁止を命じることによって、会社が右不利益を受けることのないようにし、改めて右のおそれのない状態で株主総会が開催されるべきであるという会社の意思決定の本来的な在り方を実現させようというものであって、これにより会社の利益の保護を図ろうとする趣旨のものであるから、右仮処分の実効性を担保するためには、右仮処分は、これにより仮処分債務者である株主総会の招集権者の当該権限を一時的に剥奪する形成的効力を有するものと解するのが相当である。そして、右仮処分は、右説示したとおり、会社の利益のために命じられるものであるから、その効力は、仮処分債務者のみならず、会社に対しても及ぶものと解すべきであって、右仮処分に違反して開催された株主総会は、結局、無権限者により開催されたものといわなければならない。したがって、そのような株主総会における決議は、他の瑕疵の如何にかかわらず、法律上不存在であると評価されるべきものである。」

「これを本件についてみると、……本件株主総会は、……仮処分決定に違反して開催されたものであるから、その他の招集手続及び決議方法の法令及び定款違反の有無を判断するまでもなく、本件株主総会決議は法律上不存在というべきである。」

本判決の位置づけ・射程範囲

株主総会開催禁止の仮処分の被保全権利は、株主の取締役に対する違法行為差止請求権（会360条）であると解されている（東京高決平成17・6・28 本書111事件 参照）。そして、かかる理解を前提に、開催禁止の仮処分決定に違反して開催された株主総会決議の効力については、学説上、①違法行為差止請求権は取締役に対して不作為義務を課すものにすぎないことから、会社との関係で義務違反の責任が生じることはあっても、取締役の行為が無効となるものではないとして、株主総会決議が不存在または無効となるものではないとする見解と、②仮処分決定より、仮処分債務者の株主総会開催機能を一時的にはく奪する効果が生じるため、仮処分決定に違反して開催された株主総会は、無権限者の招集による場合と同様に不存在となるとする見解が対立している。本判決は見解②を採用したものとして重要な意義を有するが、見解①もなお有力であり、この立場をとる裁判例（東京高判昭和62・12・23 本書113事件 ）も存在するため、裁判例の蓄積が待たれるところである。

実務上の対応

上記見解①によった場合でも、取締役に責任が生じるほか、その他の理由により、決議の不存在、取消し等が認められる可能性は残っているため、株主総会開催禁止の仮処分決定を無視するという対応は現実的ではないであろう。

さらに理解を深める

神田203頁。小柿徳武・商事1636号91〜95頁　関連判例　東京高決平成17・6・28 本書111事件 。東京高判昭和62・12・23 本書113事件

115 不正な計算書類の提示と株主総会決議の効力
——オリンパス決議取消請求事件

東京地裁平成25年12月19日判決
  事件名等：平成25年（ワ）第24494号株主総会決議取消請求事件
  掲載誌：公刊物未登載（LEX/DB25516601）

概　要　本判決は、株主に対する不正な計算書類の提示が株主総会決議の取消事由にあたるというためには、このような計算書類の提示が、直接的または間接的に、決議取消しの訴えにおいて取消しが求められている株主総会の決議事項に関するものであるといえることが必要であるとしたものである。

事実関係　Y社は、平成25年6月26日、平成25年3月期の事業報告の内容、連結計算書類の内容等の報告を報告事項（以下「本件報告事項」）、取締役の選任、株式報酬型ストックオプションの付与および買収防衛策の更新を決議事項（以下「本件決議事項」）とする定時株主総会（以下「本件株主総会」）を開催した。本件株主総会では、本件報告事項がいずれも報告されたうえで、本件決議事項にかかる議案がいずれも可決された（以下「本件各決議」）。

Xは、Y社の会計処理において、Y社が買収したA社ののれん代の計上が不適切であるにもかかわらず、本件株主総会において、財務諸表が適正であると説明したY社の取締役には説明義務違反があるとともに、株主に対し、不適切な決算書類を前提として作成した不正な計算書類を提示したことが、「招集の手続又は決議の方法が法令若しくは定款に違反し、又は著しく不公正なとき」（会831条1項1号）にあたるとして、本件各決議の取消しを求めた。

判決要旨　請求棄却。「そもそも、取締役は、株主から特定の事項に関する説明を求められた場合であっても、株主総会の目的である事項に関しないものである場合には説明義務を負わないものと規定されている（会社法314条ただし書）から、取締役が説明義務を負うというためには、株主からの質問が、直接的又は間接的に、このような株主総会の目的である事項に関するものであることが必要であると解すべきである。また、株主に対する不正な計算書類の提示についても、これが株主総会決議の取消事由に当たるというためには、このような計算書類の提示が、直接的又は間接的に、株主総会決議取消しの訴えにおいて取消しが求められている株主総会の決議事項に関するものであるといえることが必要であると解される。……これを本件についてみると、……本件株主総会の目

的である事項には本件報告事項及び本件決議事項があり、本件各決議はこのうち本件決議事項に関するものであるところ、Xが主張する取締役の説明義務違反に係るXの質問及び不正な計算書類の提示は、A社ののれん代の計上に係るものであって、本件報告事項のうち本件各計算書類に関連するものであり、また、本件各決議の内容（取締役選任決議、株式報酬型ストックオプションの付与に関する決議及び買収防衛策更新に関する決議）に照らすと、上記のXの質問及び不正な計算書類の提示が、間接的に本件決議事項に関するものであるということもできない。」

本判決の位置づけ・射程範囲

本判決は、不正な計算書類の提示が株主総会決議の取消事由にあたるかという問題に関して、「対象となる決議との関連性」がメルクマールとなる旨判示した事例として、重要な意義を有する。この問題については、Y社の平成24年4月20日に開催された臨時株主総会の各決議にかかる取消訴訟である東京地判平成26・1・23 関連判例 も、「連結計算書類が不正な会計処理を伴うものであったとしても、それが役員の選任決議や計算書類の承認決議の帰すうに影響を与える等の特段の事情のない限り、同各決議につき決議の方法が著しく不公正なときに当たるとはいえず、当該処理が同各決議の取消事由になるとはいえない」と述べており、同様の立場をとっているといえよう。

これらの裁判例は、連結計算書類が不正な会計処理を含むことは取締役選任議案に影響を与えるものではないと述べているが、かかる判示に対しては、不正な会計処理を推進し、あるいは容認・看過するような者を取締役として選任しないという判断もありうるのではないかといった指摘がある。本判決は、不正な計算書類の提示がおよそ一般に取締役選任議案に対して影響を与えることはないと述べているかのように読めるが、少なくとも、上記 関連判例 は、「特段の事情」が存在する場合を留保しているため、今後、不正な計算書類の提示が取締役選任議案に影響を与えたとして決議の取消しが認められる事例が出てくる可能性もあると思われる。

実務上の対応

株主総会決議の取消しにかかる近時の裁判例は、瑕疵と取消対象決議との間に関連性を求める傾向にあるといわれている（たとえば、東京地判平成27・10・28 本書13事件 は、計算書類の不備置について、原則として決議取消事由となるが、株主の態度決定の準備を不能にさせるようなものでないときは、裁量棄却事由にあたりうる旨述べている）。もっとも、どのような場合に関連性が認められるかについては、明確な基準があるものではないため、今後の裁判例の動向等をふまえ、個別に検討する必要があろう。

さらに理解を深める

弥永真生・ジュリ1468号2〜3頁。船津浩司・商事2158号45〜50頁 関連判例 東京地判平成26・1・23公刊物未登載。東京高判平成26・8・6公刊物未登載。東京地判平成27・10・28 本書13事件

116 組織再編により企業価値の増加が生じない場合の株式買取価格──楽天対TBS事件

最高裁平成23年4月19日第三小法廷決定
　事件名等：平成22年（許）第30号株式買取価格決定に対する抗告棄却決定に対する許可抗告事件
　掲載誌：民集65巻3号1311頁、判時2119号18頁、判タ1352号140頁、金法1933号100頁、金判1375号16頁、資料版商事326号68頁

概要　本決定は、組織再編によって企業価値の増加が生じない場合、株式買取請求にかかる「公正な価格」とは、原則として、株式買取請求がなされた日におけるナカリセバ価格であるとしたものである。

事実関係　Y社の株主であるX社は、Y社を吸収分割株式会社、A社を吸収分割承継株式会社とする吸収分割に反対し、Y社に対し、株式買取請求を行ったが、その買取価格の決定について協議が調わなかった。そこで、X社およびY社は、それぞれ、会社法786条2項に基づき、X社が保有する株式について買取価格の決定の申立てをした。

決定要旨　抗告棄却。「反対株主に『公正な価格』での株式の買取りを請求する権利が付与された趣旨は、吸収合併等という会社組織の基礎に本質的変更をもたらす行為を株主総会の多数決により可能とする反面、それに反対する株主に会社からの退出の機会を与えるとともに、退出を選択した株主には、吸収合併等がされなかったとした場合と経済的に同等の状況を確保し、さらに、吸収合併等によりシナジーその他の企業価値の増加が生ずる場合には、上記株主に対してもこれを適切に分配し得るものとすることにより、上記株主の利益を一定の範囲で保障することにある。」

「吸収合併等によりシナジーその他の企業価値の増加が生じない場合には、増加した企業価値の適切な分配を考慮する余地はないから、吸収合併契約等を承認する旨の株主総会の決議がされることがなければその株式が有したであろう価格（以下『ナカリセバ価格』という。）を算定し、これをもって『公正な価格』を定めるべきである。」

「会社法782条1項所定の吸収合併等によりシナジーその他の企業価値の増加が生じない場合に、同項所定の消滅株式会社等の反対株主がした株式買取請求

に係る『公正な価格』は、原則として、当該株式買取請求がされた日におけるナカリセバ価格をいうものと解するのが相当である。」

「吸収合併等により企業価値が増加も毀損もしないため、当該吸収合併等が消滅株式会社等の株式の価値に変動をもたらすものではなかったときは、その市場株価は当該吸収合併等による影響を受けるものではなかったとみることができるから、株式買取請求がされた日のナカリセバ価格を算定するに当たって参照すべき市場株価として、同日における市場株価やこれに近接する一定期間の市場株価の平均値を用いることも、当該事案に係る事情を踏まえた裁判所の合理的な裁量の範囲内にあるものというべきである。」

本決定の位置づけ・射程範囲

組織再編に反対する株主は、会社に対し、自己の有する株式を「公正な価格」で買い取るように求めることができる（会785条1項等）。

本決定は、①組織再編により企業価値の増加が生じない場合における「公正な価格」は、組織再編を承認する旨の株主総会決議がされることがなければその株式が有したであろう価格（ナカリセバ価格）であることを明らかにするとともに、②「公正な価格」の算定基準日は買取請求がなされた日であることを明らかにした。もっとも、上記判示については「原則として」という留保が付されているため、株主または会社が、買取請求がなされた日におけるナカリセバ価格とは異なる価格を「公正な価格」として主張すること自体は排斥されていない。

また、本決定は、「公正な価格」の決定が裁判所の合理的な裁量に委ねられていること（最決昭和48・3・1 関連判例 参照）を前提に、組織再編により企業価値が増加も毀損もしない場合、裁判所が買取請求がなされた日におけるナカリセバ価格を算定するにあたって当該日の市場株価やこれに近接する一定期間の市場株価の平均値を用いることは、かかる裁量の範囲に含まれることも明らかにした。

本件とは異なり、組織再編によって企業価値の増加が生じる場合については、最決平成24・2・29 本書117事件 が、「公正な価格」とは公正な組織再編対価が定められた場合の価格であることを示したうえで、相互に特別の資本関係がない場合における組織再編対価の公正さを判断するための枠組みを明らかにしている。

実務上の対応

企業価値の増加が生じない組織再編を行う場合、その条件決定にあたっては本決定の判断を十分にふまえることが重要である。また、本決定は、企業価値の増加も毀損も生じない上場会社の組織再編において、会社が株主から株式買取請求がなされた場合に株式買取価格をどのように算出して提示すべきかという観点からも参考になると考えられる。

さらに理解を深める

会社法百選3版86事件〔柳明昌〕。最判解民事篇平成23年度（上）318頁〔石丸将利〕。田中644～652頁 関連判例 最決昭和48・3・1民集27巻2号161頁。最決平成24・2・29 本書117事件 。

117 組織再編により企業価値の増加が生じる場合の株式買取価格──テクモ事件

最高裁平成24年2月29日第二小法廷決定
 事件名等：平成23年（許）第21号・第22号株式買取価格決定に対する抗告棄却決定に対する許可抗告事件
 掲載誌：民集66巻3号1784頁、判時2148号3頁、判タ1370号108頁、金法1956号100頁、金判1394号34頁

概要　本決定は、組織再編によって企業価値の増加が生じる場合、株式買取請求にかかる「公正な価格」とは、原則として、公正な組織再編対価が定められた場合の価格であることを示したうえで、相互に特別の資本関係がない場合における組織再編対価の公正さを判断するための枠組みを明らかにしたものである。

事実関係　A社の株主であるX社は、A社およびY社を株式移転完全子会社、B社を株式移転設立完全親会社とする株式移転に反対し、A社に対し、株式買取請求を行ったが、その買取価格の決定について協議が調わなかった。

そこで、X社は、会社法807条2項に基づき、X社が保有する株式について買取価格の決定の申立てをした。なお、Y社は上記株式移転後に吸収合併によりA社の権利および義務を承継した。

決定要旨　破棄差戻し。「株式移転によりシナジー効果その他の企業価値の増加が生じない場合……以外の場合には、……『公正な価格』は、原則として、株式移転計画において定められていた株式移転比率が公正なものであったならば当該株式買取請求がされた日においてその株式が有していると認められる価格をいうものと解するのが相当である。」

「相互に特別の資本関係がない会社間において、株主の判断の基礎となる情報が適切に開示された上で適法に株主総会で承認されるなど一般に公正と認められる手続により株式移転の効力が発生した場合には、当該株主総会における株主の合理的な判断が妨げられたと認めるに足りる特段の事情がない限り、当該株式移転における株式移転比率は公正なものとみるのが相当である。」

「株式移転計画に定められた株式移転比率が公正なものと認められる場合には、……株式移転により企業価値の増加が生じないときを除き、反対株主の株式買取請求に係る『公正な価格』を算定するに当たって参照すべき市場株価として、基準日である株式買取請求がされた日における市場株価や、偶発的要素による株価の変動の影響を排除するためこれに近接する一定期間の市場株価の平均値を用いることは、当該事案に係る事情を踏まえた裁判所の合理的な裁量の範囲内にある

といえる。」

本決定の位置づけ・射程範囲

組織再編に反対する株主は、会社に対し、自己の有する株式を「公正な価格」で買い取るように求めることができる（会806条1項等）。

本決定は、「公正な価格」の算定基準日は買取請求がなされた日であること（最決平成23・4・19 本書116事件 参照）を前提に、①組織再編により企業価値の増加が生じる場合における「公正な価格」とは、原則として、公正な組織再編対価が定められた場合の価格であることを示したうえで、②相互に特別の資本関係がない会社間の組織再編については、(i)一般に公正と認められる手続により組織再編の効力が発生しており、かつ、(ii)組織再編にかかる株主総会における株主の合理的な判断が妨げられたといえる特段の事情がない場合、組織再編対価は公正なものといえるとの判断枠組みを明らかにした。さらに、本決定は、③株式移転比率が公正なものと認められるときは、裁判所は、「公正な価格」を算定するにあたり、買取請求がなされた日における市場株価やこれに近接する一定期間の市場株価の平均値を用いることができることも明らかにした。

上記②は、相互に特別の資本関係がない会社間の組織再編については、裁判所は、組織再編対価の公正さを判断するにあたり、原則として取締役および株主の判断を尊重するという姿勢を明確にしたものとされている。なお、上記②(i)について、「一般に公正と認められる手続」に該当しない例としては、会社が開示した情報が誤っており、それが株主の判断に影響を与えるものであった場合があげられるとされている。また、上記②(ii)について、本決定は、組織再編対価の発表後に市場価格が変動したこと自体は特段の事情にあたらないとしている。

本件とは異なり、組織再編によって企業価値の増加が生じない場合については、最決平成23・4・19 本書116事件 が、「公正な価格」とは、原則として、株式買取請求がなされた日におけるナカリセバ価格であることを示している。

また、東京地決平成28・12・20 本書119事件 は、相互に特別の資本関係がある会社間において企業価値の増加が生じる組織再編を行う場合について、「公正な価格」の判断枠組みを示している。

実務上の対応

相互に特別の資本関係がない会社間において企業価値の増加が生じる組織再編を行う場合には、本決定をふまえ、株主に対して正確な情報を適時に開示するなど、一般に公正と認められる手続を履践するとともに、株主総会における株主の合理的な判断が妨げられたと認定されるような特段の事情を生じさせないよう適切な手続を履践することが重要である。

さらに理解を深める

会社法百選3版87事件〔白井正和〕。最判解民事篇平成24年度（上）312頁〔柴田義明〕。田中644～652頁 関連判例 最決平成23・4・19 本書116事件。東京地決平成28・12・20 本書119事件

118 スクイーズ・アウトにおける株式の取得価格
――ジュピターテレコム事件

最高裁平成28年7月1日第一小法廷決定
　事件名等：平成28年（許）第4号～第20号株式取得価格決定に対する抗告棄却決定に対する許可抗告事件
　掲　載　誌：民集70巻6号1445頁、判時2321号121頁、判タ1429号89頁、金法2060号74頁、金判1507号19頁、資料版商事389号56頁

概要　本決定は、対象会社と利害関係を有する者によるスクイーズ・アウトにおいて、一般に公正と認められる手続を経て公開買付けが行われた場合には、原則として、株式の取得価格を公開買付価格と同額とすべきとしたものである。

事実関係　Y社がその発行する普通株式（以下「本件株式」）を上場していたところ、A社およびB社が本件株式の公開買付けを実施した後、Y社の株主総会において、本件株式に全部取得条項を付し、Y社がこの全部を取得することが決議されたのを受けて、Y社の株主であったXらが、会社法172条1項に基づき、Xらが保有していた本件株式の各取得価格の決定を求めた。

決定要旨　破棄自判。「多数株主〔筆者注：株式会社の株式の相当数を保有する株主〕が株式会社の株式等の公開買付けを行い、その後に当該株式会社の株式を全部取得条項付種類株式とし、当該株式会社が同株式の全部を取得する取引において、独立した第三者委員会や専門家の意見を聴くなど多数株主等と少数株主との間の利益相反関係の存在により意思決定過程が恣意的になることを排除するための措置が講じられ、公開買付けに応募しなかった株主の保有する上記株式も公開買付けに係る買付け等の価格と同額で取得する旨が明示されているなど一般に公正と認められる手続により上記公開買付けが行われ、その後に当該株式会社が上記買付け等の価格と同額で全部取得条項付種類株式を取得した場合には、上記取引の基礎となった事情に予期しない変動が生じたと認めるに足りる特段の事情がない限り、裁判所は、上記株式の取得価格を上記公開買付けにおける買付け等の価格と同額とするのが相当である。」

本決定の位置づけ・射程範囲　最高裁は、スクイーズ・アウトや組織再編時の株式買取請求にかかる「公正な

価格」の決定について、企業価値の増加が生じる場合と生じない場合とで異なる判断枠組みを採用してきた。本件は、最決平成24・2・29 本書117事件 と同様、前者の場合の事案であったが、同決定の事案が独立当事者間の組織再編にかかるものであったのに対し、本決定は、対象会社の利害関係者によるスクイーズ・アウトの事案で、一般に公正と認められる手続を経て公開買付けが行われた場合には、原則として、当事者が決定した公開買付価格を公正な価格と同額とすべきとした。

本件の公開買付けと株式の全部取得による2段階のスクイーズ・アウト取引が計画・実行されたのは第2次安倍内閣発足前後の時期にあたり、当時、いわゆるアベノミクスにより株式市況が全般的に上昇基調にあった。そのため、原々決定および原決定が、公開買付け公表時から取得日までの株価動向を考慮し、公開買付価格をもとに回帰分析による補正を行ったのに対し、本決定は、公開買付価格は「取得日までに生ずべき市場の一般的な価格変動についても織り込んだ上で定められている」として、公開買付け公表後の事情を考慮した補正を行うことを裁判所の合理的裁量を超えるものと結論づけており、注目される。

平成26年改正会社法下においては、実務上、スクイーズ・アウトの手法として、株式等売渡請求制度または株式併合制度が利用されるケースが多く見られるが、本決定の判断枠組みは、2段階目の取引として全部取得条項付種類株式制度に代えてこれらの制度が用いられた場合にも同様に妥当すると思われる。

本決定後、スクイーズ・アウトの事案において、本決定をふまえて、独立当事者間取引と同視しうる程度の実質的な価格交渉が行われたかを検討したはじめての下級審裁判例として、大阪地決平成29・1・18 関連判例 がある。

また、本件は対象会社が上場会社の事案であったが、本決定は対象会社の上場・非上場の別を要素として取り上げていない。非上場会社を対象とする場合も本決定の射程範囲に含まれるかが問題となるが、非上場会社には上場会社と同等の手厚い手続をふむことが容易でない場合もありうることから、本決定の射程をめぐっては議論のありうるところである。この点、本決定後に、株主数が多く有価証券報告書の提出義務を負っており、非上場会社といっても上場会社に比較的近いとも見うる非上場会社を対象とするスクイーズ・アウトの事案で、本決定の趣旨を及ぼし、株式等売渡請求にかかる株式の売買価格を公開買付価格と同額とした下級審裁判例（東京地決平成30・1・29 関連判例 ）も現れている。

実務上の対応 本決定が示した一般に公正と認められる手続の具体的内容は、その射程と相まって事案ごとに異なりうると思われることから、実務上は、本決定後に蓄積される裁判例の動向もふまえて、適切な手続を設計することが重要である。

さらに理解を深める 会社法百選3版88事件〔松元暢子〕。髙原知明・ジュリ1503号87頁 関連判例 最決平成24・2・29 本書117事件 。大阪地決平成29・1・18金判1520号56頁。東京地決平成30・1・29金判1537号30頁

119 親子上場会社間の株式交換と株式買取価格
——東京建物不動産販売事件

東京地裁平成28年12月20日決定
　事件名等：平成27年（ヒ）第297号株式買取価格決定申立事件
　掲　載　誌：資料版商事401号36頁

概要　本決定は、相互に特別の資本関係がある会社間の株式交換について、公正性・透明性の確保された手続のもとで効力が発生したものであり、他に特段の事情もないとして、当事者が合意した株式交換比率を公正なものと認めたものである。

事実関係　A社を株式交換完全親会社、X社を株式交換完全子会社とする株式交換に反対した株主であるYから株式買取請求を受けたX社が、会社法786条2項に基づき、Yが所有していたX社株式の買取価格の決定を申し立てた。

決定要旨　買取価格を1株につき570円とする。「株式交換によりシナジー効果その他の企業価値の増加が生じない場合……以外の場合には、……『公正な価格』は、原則として、株式交換契約において定められていた株式交換比率が公正なものであったならば当該株式買取請求がされた日においてその株式が有していると認められる価格をいうものと解するのが相当である〔平成24年決定〔最決平成24・2・29 本書117事件〕参照〕。

　「相互に特別の資本関係がある会社間において株式交換がされる場合は、相互に利益相反関係が存在することを踏まえ、利益相反を回避するための措置や公正性を担保するための措置を採る等、公正性の確保に配慮し、透明性の確保された手続の下で株式交換の効力が発生した場合には、株式交換により企業価値ないし株主価値が毀損されたり、シナジー効果その他の企業価値の増加の適切な分配が行われなかったと疑われる特段の事情がない限り、当該株式移転における株式移転比率〔筆者注：『当該株式交換における株式交換比率』の誤記と思われる〕は公正なものとみるのが相当である。」

　「X社とA社は、相互に特別の資本関係があるものの」、①本件株式交換に重要な利害関係を有しない第三者算定機関にそれぞれ株式交換比率の算定を依頼したこと、②本件株式交換比率は、各第三者算定機関がそれぞれ別個に算定した評価レンジの範囲内にあるかこれを上回ること、③X社は重要な利害関係を有しない法律事務所の助言を受けながら本件株式交換にかかる手続を進めたこと、④X社およびA社の取締役会から独立した委員で構成する本件委員会から答申を受けたこと、⑤A社の従業員を兼任していたX社の役員を取締役会での審議から排除したこと、⑥X社が本件株主総会の開催に先立ち、必要十分な情報開示を行ったこ

と、⑦本件株式交換契約が、株主総会において出席株主の議決権の約99％（A社を除いた出席株主の議決権でみても約97％）を超える圧倒的多数の株主の賛成をもって承認されたことを指摘することができる。「上記の各事情を踏まえると、本件株式交換は、各当事会社が第三者算定機関の株式評価を踏まえるなど合理的な根拠に基づく交渉を経て合意に至ったものであり、利益相反関係の問題に関しても、これを抑制するための適切な措置が講じられ、本件株式交換の内容、経緯等について適時適切な情報開示が行われ、X社の株主総会において少数株主の多数の賛成をもって承認されたということができ、このような事情を総合考慮すると、本件株式交換は、公正性の確保に配慮し、透明性の確保された手続の下で効力が発生したというべきである。……そして、本件全証拠によっても、本件において、本件株式交換により企業価値ないし株式価値が毀損されたり、シナジー効果その他の企業価値の増加の適切な分配が行われなかったと疑われる特段の事情は認められない。……以上によれば、本件株式交換比率は公正なものとみるのが相当である。」

本決定の位置づけ・射程範囲

本決定は、株式交換に伴う株式買取価格としての「公正な価格」の内容を、株式移転に際して株式買取価格が争われた最決平成24・2・29 本書117事件 が述べたのと同様に理解したうえで、同決定の事案と異なり、本件が相互に特別の資本関係がある当事者間における取引にかかる事案であったことをふまえて、当事者が合意した株式交換比率を公正と判断するための条件を示した。同決定後、最決平成28・7・1 本書118事件 が、対象会社の利害関係者によるキャッシュ・アウトの事案において、一般に公正と認められる手続を経て公開買付が行われた場合には、後続する株式の全部取得手続においては、原則として、当事者が決定した公開買付価格を公正な価格と同額とすべき旨判示していたところであり、本決定は、そこで示された考え方と軌を一にするものである。

本決定は、具体的なあてはめにおいて、X社が講じた施策として決定要旨中の①〜⑦を摘示しており、株式交換を含む組織再編において、組織再編比率が公正なものと認められるために講ずべき施策（公正性担保措置等）を考えるうえで重要である。

実務上の対応

組織再編行為を行う場合は、後に組織再編比率の公正性が争われることに備えて、本決定や関連判例をふまえて、事案に応じた適切な施策を講じることが重要である。特にわが国特有の親子上場に関しては、アクティビスト等から資本効率等をめぐって厳しい指摘を受けることもあるから、親子上場の解消手段として株式交換やTOB等を行う場合は、公正性担保措置等に意を尽くすことが肝要である。

さらに理解を深める

関連判例 最決平成24・2・29 本書117事件 。最決平成28・7・1 本書118事件

120 株主名簿等の閲覧謄写等請求拒絶と慰謝料
——四谷ビルド事件

東京地裁平成22年12月3日判決
　事件名等：平成21年（ワ）第27669号株主名簿閲覧謄写等請求事件
　掲　載　誌：判タ1373号231頁

| 概　要 | 本判決は、株主による株主名簿等の閲覧謄写等の請求を法的根拠なく拒絶した会社に対し、慰謝料（30万円）の支払義務を認めたものである。

| 事実関係 | Xは、Y社の設立時、150万円を出資してY社の株式30株（以下「本件株式」）を取得した。しかし、その後、Y社は、「Xは平成11年11月末ころに本件株式をY社に譲渡した」として、Xの株主権を認めないとの態度をとるようになった。そのため、Xは、平成19年11月22日、Y社に対してXが本件株式を有することの確認を求める訴え（以下「前訴」）を提起した。前訴の第1審判決において、Xが本件株式を有することが確認され、平成21年7月16日の控訴審判決において、Y社の控訴が棄却され、同判決はその後確定した。

　Xの代理人であるA弁護士は、平成21年7月30日到達の内容証明郵便をもって、Y社に対し、①Y社の株主名簿の閲覧謄写、②平成12年度から21年度までの間に開催された株主総会の議事録の閲覧謄写、③平成12年度から21年度までの間に開催された取締役会の議事録の閲覧謄写、④平成12年度から21年度までのY社の計算書類の閲覧および謄本交付の各請求をし、それらの閲覧謄写等のために「平成21年8月3日午後1時に貴社本社に伺わせていただきます」との告知をした（以下「本件通知」）。XおよびA弁護士は、本件通知のとおり、平成21年8月3日にY社の本社を訪れたが、Y社は上記①～④の各書類（以下総称して「株主名簿等」）の提示に応じなかった。なお、同日の時点では、前訴は確定していなかった。

　Xは、Y社に対し、会社法125条2項、318条4項、371条2項および442条3項に基づき、株主名簿等の閲覧謄写等を請求するとともに、Y社がXからの株主名簿等の閲覧謄写等の請求を不当に拒絶したなどと主張して、不法行為に基づき、慰謝料50万円等の支払いを求めて提訴した。

| 判決要旨 | 請求一部認容、一部棄却。「Xから本件通知に係る閲覧謄写等請求（ただし平成12年度から平成15年度までの計算書類等の閲覧謄本交付を求める部分を除く。）を受けたY社において、これを拒絶する法的根拠はなく、同

請求に応じる法律上の義務を負っていたところ、前記……の事実経過に照らせば、……Y社が、同請求を受けた後、本件訴え提起に至るまで、同請求を拒絶し続けたことは明らかである。……以上によれば、Y社は、故意又は過失によってXの権利を侵害したもの（民法709条）というほかない。」

そして、「Y社の不法行為によって、Xが株主名簿等の閲覧謄写等請求権を侵害され、精神的苦痛を被ったことは明らかである。その慰謝料額については、上記請求権が株主にとって重要かつ基本的な権利であること、Xに関しては」約10年間もの長期にわたって株主たる地位自体を否定され、株主たる地位に基づいて会社に関する情報提供を受ける機会そのものが実質的に与えられてこなかったという「特殊な経緯があり、その基礎的情報収集の必要性は高かったこと、Y社が本件通知に対して回答すらしておらず、Xの株主権を確認する判決が確定した後もなお閲覧謄写等に全く応じていないこと、他方において、Y社は前訴において一応の根拠を示してXの株主権を争っていたところ、平成21年8月3日の時点では未だ前訴の決着がついていなかったこと、本件通知に係る請求の中には備置期間経過後の計算書類の閲覧謄本交付請求も含まれており、この部分に関してはY社の法的義務が認められないことなど、一切の事情を考慮し、30万円と認めるのが相当である。

なお、Y社は、慰謝料請求権は人格的利益に対する侵害があって初めて認められる、株主権侵害があっても慰謝料請求権が生じる余地はない等と主張するが、慰謝料請求権の発生要件をそのように限定すべき根拠はなく、採用できない。」

本判決の位置づけ・射程範囲

本判決は、Xによる株主名簿等の閲覧謄写等の請求について、備置期間経過後の計算書類を除き、Y社にはXの請求を拒絶する法的根拠はなく、Y社はXの請求に応じる法律上の義務を負っていたと認定したうえで、Xの請求を拒絶したY社に対し、Xの株主名簿等の閲覧謄写等請求権を侵害したとして、慰謝料の支払義務を認めた。

本判決は株主としての権利に着目しているといえるため、本判決の射程は、株主名簿等のほか、株主に閲覧謄写等の請求権が認められているその他の書類にも及ぶと解されよう。

実務上の対応

本判決は、Xが約10年間もの長期にわたって株主たる地位自体を否定され、株主として扱われてこなかったという特殊な経緯があった非公開会社における事例に関するものではあるものの、株主による株主名簿等の閲覧謄写等の請求を正当な理由なく拒絶すると慰謝料の支払義務をも負うことがある点に念のため留意されたい。

さらに理解を深める

関連判例　東京地決平成22・7・20 本書91事件。東京地決平成24・12・21 本書92事件。大阪高決平成25・11・8 本書94事件

121 株主提案権の侵害に基づく会社および取締役に対する損害賠償請求——HOYA株主提案権侵害事件

東京高裁平成27年5月19日判決
　事件名等：平成26年（ネ）第5472号、平成27年（ネ）第318号損害賠償請求控訴、同附帯控訴事件
　掲 載 誌：金判1473号26頁

概　要　本判決は、特定の株主が、株主提案権の行使として、個人的な目的の実現のために多数の議案を提案した事案において、当該株主提案権の行使は権利濫用にあたると判示し、会社および取締役に対する損害賠償請求を認めなかったものである。

事実関係　Y社の株主であるXは、平成21年度定時株主総会（以下「72期株主総会」）に際し、X提案にかかる議案の削減を強要され、これに応じて削減したにもかかわらず残る議案のうち一部が招集通知に記載されなかったことにより、Xの株主提案権が侵害されXに損害が発生したと主張して、Y社およびY社の取締役らに対して損害賠償を求めた（なお、Xは、平成20年度および平成22年度定時株主総会に際しても株主提案を行っており、これらに関する損害賠償請求も同時に行っているが、本稿においては、平成21年度分のみを取り上げる）。

　本判決の原審（東京地判平成26・9・30 **関連判例**）は、X提案にかかる議案の一部について、招集通知に記載しなかったことに正当な理由があるとはいえず、当時のY社の取締役らは、過失によりXの株主提案権を侵害し、Xに3万3000円（財産的損害3万円＋弁護士費用3000円）の損害を発生させたなどとして、Y社および当時のY社の取締役らに対する損害賠償請求を認めた。Y社らが控訴、Xが附帯控訴。

判決要旨　原判決取消し、請求棄却、附帯控訴棄却。「72期株主総会に係る提案についてみると、Xは、実父であるAの行為に関する不満や疑念の矛先を、当初はAの実兄でありY社の相談役であるBに向けていたところ、思うような進展がなかったことから、自身が株主であることから株主提案権の行使という形を利用して、Y社を通じてこれを追及しようとする意図が含まれていたものと認められる。

　このような経過に加え、Xが平成22年4月2日頃、72期株主総会に関し提案件数の数を競うように114個もの提案をしたことは、Xが満足できる対応をしなかったY社を困惑させる目的があったとみざるを得ない。……そして、Xは、Y社からの重なる要請に従い、最終的には提案を……20個にまで削減したものの、

その中にはなお倫理規定条項議案及び特別調査委員会設置条項議案が含まれており、それらは、B及びA……を直接対象とするものであり、Xが最後までこれらに固執したことからすれば、72期株主総会に係る提案は、上記のような個人的な目的のため、あるいは、Y社を困惑させる目的のためにされたものであって、全体として株主としての正当な目的を有するものではなかったといわざるを得ない。また、72期株主総会に係る提案の個数も、一時114個という非現実的な数を提案し、その後、Y社との協議を経て20個にまで減らしたという経過からみても、Xの提案が株主としての正当な権利行使ではないと評価されても致し方ないものであった。

他方、Y社の側からみれば、Xに対し、その提案を招集通知に記載可能であり、株主総会の運営として対応可能な程度に絞り込むことを求めることには合理性があるといえるし、Y社が、Xに協議を申し入れ、その調整に努めたことは前記認定のとおりであり、このような経過を経てもXが特定個人の個人的な事柄を対象とする倫理規定条項議案及び特別調査委員会設置条項議案を撤回しなかったことは、株主総会の活性化を図ることを目的とする株主提案権の趣旨に反するものであり、権利の濫用として許されないものといわざるを得ない。」

「そうすると、Y社の取締役が72期不採用案を招集通知に記載しなかったことは正当な理由があるから、このことがXに対する不法行為となるとは認められない。」

本判決の位置づけ・射程範囲

本判決は、特定の株主が、株主提案権の行使として、個人的な目的の実現のために多数の議案を提案した事案において、当該株主提案権の行使が権利濫用にあたると判示し、株主提案の一部を招集通知に記載しなかったことに正当な理由があるとはいえないとして損害賠償請求を認めた原判決（関連判例）を取り消した点で、重要な意義を有する。

もっとも、本判決が、株主の主観的な意図・目的を具体的に認定するとともに、本件における会社側の対応に言及していることからも明らかなように、本判決から株主提案権の行使が権利濫用にあたるケースを一般化することは困難である。

実務上の対応

近時、特定の株主による大量の株主提案への対応が問題となっている。株主の濫用的な目的を会社側が立証することは難しく、また、個々の議案のみを取り上げると、それ自体は不自然な内容とはいえないことも多いことから、株主提案を権利の濫用として取り扱うにあたっては、慎重な検討が必要となる。権利の濫用とまではいえない場合、原判決（関連判例）のように、会社および取締役に対する損害賠償請求が認められる可能性があることに十分留意したい。

さらに理解を深める

田中70、167頁。平成27年度重判99頁〔松井秀征〕。門口正人・金法2084号44頁　関連判例　東京地判平成26・9・30金判1455号8頁

122 株主総会の議事進行を録画したDVDの反訳書の虚偽記載と損害賠償請求
——DVD反訳書損害賠償請求事件

東京地裁平成27年5月25日判決
　　事件名等：平成26年（ワ）第5260号・第10624号損害賠償請求事件
　　掲載誌：判時2279号39頁

概要　本判決は、訴訟代理人弁護士らが株主総会決議取消訴訟の証拠として提出した、株主総会の議事進行を録画したDVDの反訳書の一部に虚偽があった場合において、本件の事実関係のもとでは、当該反訳書に基づき虚偽の主張を行った訴訟代理人弁護士らの行為は不法行為にあたらない旨判示したものである。

事実関係　Xは、A社の株主として、平成22年6月18日に開催されたA社株主総会（以下「本件株主総会」）に関して、決議取消訴訟（以下「別件訴訟」）を提起した。Xは、別件訴訟において、A社の訴訟代理人弁護士であったYらが、①本件株主総会の質疑応答の冒頭に株主が挙手したのに、これがなかったと主張したこと、②①のとおり記載された株主総会の議事進行を録画したDVD（以下「本件DVD」）の反訳書（以下「本件反訳書」）を証拠として提出したこと、③Xが本件反訳書に虚偽があることを指摘した後も同主張および証拠の申出を維持したことは違法であるなどと主張して、Yらに対して損害賠償を求めた。

判決要旨　請求棄却。「訴訟代理人である弁護士が、虚偽と知りながら、虚偽の事実を主張し、又は虚偽の証拠を提出した場合には、不法行為が成立するといえる一方、訴訟代理人である弁護士が虚偽とは知らず、虚偽の主張をし、又は虚偽の証拠を提出した場合においては、それ自体が……真実義務に違反しているとはいえず、かつ、当該弁護士に個々の主張や証拠の全てについて一律に高度の調査・検討を求めることは、その訴訟活動を萎縮させ、依頼者の裁判を受ける権利を損ない、また、民事訴訟の適正な審理を阻害するおそれがあるといえるから、このような場合において弁護士である訴訟代理人の訴訟活動につき不法行為が成立するためには、その主張や提出した証拠の内容、性質（証拠については、その作成経緯も含む。）、虚偽であることを認識することの容易さ、当該訴訟における当該主張又は証拠の重要性等に照らして、その訴訟活動が著しく適切さを欠き社会的相当性を逸脱することを要すると解するのが相当である。」

本件反訳書は、Xの指摘する部分（以下「本件記載部分」）について虚偽があると認められる。もっとも、本件反訳書はYらが作成したものではないこと、「本件反訳書は、本件DVDという録画媒体の反訳書であり、反訳が人の行う作業で

ある性質上、知覚や表現に過誤が含まれる可能性がある一方、録画媒体の内容を確認することにより、その正確性を事後的に検証することができるものであること、そのため、民事訴訟規則144条において、録音テープ等を反訳した文書を提出して書証の申出をした当事者に、相手方がその録音テープ等の複製物の交付を求めたときは、相手方に交付することが定められていること、そして、Yらは、……Xの求めに応じて、本件DVDの複製物を交付し、Xにおいてその内容を確認することができるようにしたこと、本件DVDの録画時間は、1時間30分を超えている……ところ、本件記載部分はその一瞬の出来事であり、特にその部分を意識して見ないと、挙手があったと認識するには困難を伴うといえること」、別件訴訟におけるYらによる主張（以下「本件主張」）は、「本件株主総会の審議以降の状況を本件反訳書のとおりであるとしたもので、本件反訳書が25ページのもの……であるのに対し、虚偽である……部分は極わずかな部分であること、別件訴訟は、……Xその他の株主の質問に対する説明義務違反の有無等が争われていたところ、本件株主総会では、……質疑応答に一旦入ったものの、議長が改めて説明をした後、再び質疑応答が行われたもので、本件主張及び本件反訳書の証拠としての提出をした別件訴訟の期日において、YらもXが質疑応答の際に挙手したことを認めていることなどに照らすと、本件主張及び本件反訳書の証拠としての提出が、訴訟代理人の行為として著しく適切さを欠き社会的相当性を逸脱するとは認められない。」

本判決の位置づけ・射程範囲

本判決は、訴訟代理人である弁護士による虚偽の事実の主張および虚偽の証拠の提出に関して、不法行為の成立要件を示したことに意義があるとともに、株主総会の議事進行を録画したDVDの反訳書の一部に虚偽があると認められた場合において、不法行為の成立を否定した事例として実務上参考になる。

実務上の対応

決議取消訴訟等においては、株主総会当日におけるやりとり等を立証するため、録音・録画した媒体そのものではなく、その反訳書を書証として提出することが少なくない。この場合、相手方からの要求があるときは、録音・録画した媒体の複製物を相手方に交付しなければならない（民事訴訟規則144条）。

招集通知等に虚偽の記載があった場合、株主総会決議の取消事由となりうる（不正な計算書類が提示された事例として、東京地判平成25・12・19 本書115事件 参照）ことに加えて、株主総会議事録等の株主総会関連資料に虚偽の記載があった場合、本件のように関係者が不法行為責任を追及されるおそれもある。株主総会担当者は、これらの資料が株主総会の適法な成立を基礎づけるものとして、きわめて重要な意義を有することを肝に銘じなければならない。

さらに理解を深める

関連判例 東京地判平成25・12・19 本書115事件

123 株主の地位の否定と不法行為責任
── 株主地位否定慰謝料事件

水戸地裁土浦支部平成29年7月19日判決
　　事件名等：平成28年（ワ）第223号株主総会決議不存在確認等請求事件
　　掲　載　誌：判タ1449号234頁、金判1539号52頁

概　要　本判決は、株主の地位が否定された場合において不法行為に基づく慰謝料請求を認めたものである。

事実関係　Xは、Y_1社（発行済株式総数60株）の設立の際に株式30株（以下「本件株式」）について出資金150万円（以下「本件出資金」）の払込責任を負っていたところ、Y_2社にこれを立替払いさせた。

平成27年10月21日、Xに招集通知等が送付されることなくY_1社の株主総会が開催され、決算報告書の承認決議（以下「本件決議」）が行われた。当該株主総会ではY_2社が本件株式の株主として取り扱われていた。

その後、Y_2社は、平成28年4月5日、Y_2社の代表取締役Y_3および筆頭株主Y_4との連名で、Xに対し、「Xは平成18年9月22日、Y_2社の銀行預金口座から独断で150万円を持ち出し、本件出資金としたが、いまだこれを返済していない。したがって、Y_2社としては返済の有無にかかわらず、平成27年10月21日をもって、Y_1社の普通株式30株、金150万円は、本来の出資者であるY_2社の所有である」という趣旨の通知（以下「本件通知」）をした。なお、当時、Y_4はY_1社の株式30株を保有する株主であるとともに同社の取締役でもあった。

Xは、Yらに株主権を否定されたこと等により精神的苦痛を被ったとして、不法行為に基づく損害賠償等を求める訴訟を提起した。

判決要旨　請求認容。「YらがXの株主の地位を否定したことに合理的理由は認められない。Y_2がY_3及びY_4と連名で発した本件通知等は、違法なものであり、Yらに不法行為が成立するというべきである。」

「Yらの不法行為により、Xは精神的苦痛を被ったということができる。その苦痛を慰謝するに足りる額は、本件に現れた一切の事情を考慮して、50万円を認めるのが相当である。また、Yらの不法行為と相当因果関係のある弁護士費用の額は5万円である。」

本判決の位置づけ・射程範囲

　裁判例は、株主権侵害による慰謝料請求が認められる場面を限定的に解する傾向にある。たとえば、東京地判平成26・9・30 関連判例 は、「財産権侵害に対する慰謝料請求は、侵害された財産権が被害者にとって人格的利益が認められるような愛着があるか、侵害行為が高度の違法性を帯びる場合に限られるというべきである」としたうえで、当該事案において株主提案権の侵害を認めたものの、これによる精神的損害の発生は認めなかった（ただし、株主提案権の侵害により株主には財産的損害が発生しているとして損害賠償請求を認めている）。また、東京地判平成15・10・31 関連判例 は、共益権が侵害されただけでは精神的損害は発生しないこと等を理由に、説明義務違反等の株主総会の瑕疵による慰謝料請求を認めなかった。さらに、神戸地尼崎支判平成12・3・28 関連判例 は、株主総会への代理出席が拒絶された事案において、代理出席の拒絶により財産的損害を被ったとはいえても精神的損害を被ったとはいえないなどとして慰謝料請求を認めなかった。
　他方、東京地判平成22・12・3 本書120事件 は、株主名簿等の閲覧謄写等請求が拒絶された事案において、株主権侵害の場合に慰謝料請求権が発生しないなどと限定的に解すべきではないとして、慰謝料請求を認めた。
　本判決がどのような理論構成に基づき株主権の侵害を理由とする慰謝料請求を認めたかは必ずしも明確ではないが、Yらが合理的な理由なく意図的にXの株主権を否定したことについて高度の違法性が認められるものと判断した可能性がある。
　なお、本件ではXに対する招集通知を欠いて開催されたY₁社の株主総会の本件決議が不存在であるか否かについても争われた。この点、本判決は、発行済株式の5割の株式を有するXに対する招集通知を欠いて開催された当該株主総会は法律上の株主総会と評価することができないとして、本件決議は不存在であると判示した。裁判例は、招集通知漏れの程度によって、決議不存在事由に該当するか、それとも決議取消事由に該当するにとどまるかを判断しているとの指摘があるところであり（最判昭和33・10・3 本書2事件 参照）、本件は招集通知漏れが決議不存在事由に該当する一例を示した裁判例としても参考になる。

実務上の対応

　本判決の射程は必ずしも明確ではないものの、発行会社等が合理的な理由なく株主総会にかかる共益権ないし株主たる地位を侵害した場合、これにより当該株主が精神的苦痛を被ったとして、当該株主に対して不法行為に基づく損害賠償責任を負う可能性があることは留意する必要がある。

さらに理解を深める

関連判例 東京地判平成26・9・30金判1455号8頁（東京高判平成27・5・19 本書121事件 の原審）。東京地判平成15・10・31公刊物未登載（LLI/DB判例秘書登載（L05834531））。神戸地尼崎支判平成12・3・28判タ1028号288頁。東京地判平成22・12・3 本書120事件 。最判昭和33・10・3 本書2事件 。

判 例 索 引

＊本書に掲載した判例123件について年月日順に掲載する。〔　〕内は本書の判例番号を示す。

大阪高判	昭和30・2・24	下民集6巻2号333頁〔16〕	32
最　判	昭和33・10・3	民集12巻14号3053頁〔2〕	4
岡山地決	昭和34・8・22	下民集10巻8号1740頁〔26〕	52
水戸地下妻支判	昭和35・9・30	判時238号29頁〔15〕	30
広島高岡山支決	昭和35・10・31	下民集11巻10号2329頁〔24〕	48
最　判	昭和37・1・19	民集16巻1号76頁〔55〕	110
高松地判	昭和38・12・24	下民集14巻12号2615頁〔23〕	46
最　判	昭和42・7・25	民集21巻6号1669頁〔27〕	54
最　判	昭和42・9・28	民集21巻7号1970頁〔1〕	2
最　判	昭和42・9・28	民集21巻7号1970頁〔63〕	126
最　判	昭和43・11・1	民集22巻12号2402頁〔20〕	40
最　決	昭和44・10・16	刑集23巻10号1359頁〔79〕	158
最　判	昭和45・4・2	民集24巻4号223頁〔56〕	112
最　判	昭和45・8・20	判時607号79頁〔3〕	6
最　判	昭和46・3・18	民集25巻2号183頁〔5〕	10
最　判	昭和51・12・24	民集30巻11号1076頁〔21〕	42
最　判	昭和51・12・24	民集30巻11号1076頁〔71〕	142
最　判	昭和54・11・16	民集33巻7号709頁〔72〕	144
最　判	昭和58・6・7	民集37巻5号517頁〔86〕	172
大阪高判	昭和58・6・14	判タ509号226頁〔17〕	34
福井地判	昭和60・3・29	判タ559号275頁〔77〕	154
最　判	昭和60・12・20	民集39巻8号1869頁〔8〕	16
東京高判	昭和61・2・19	判時1207号120頁〔45〕	90
東京高判	昭和61・5・15	判タ607号95頁〔101〕	202
東京高判	昭和61・5・15	判タ607号95頁〔106〕	212
大阪高判	昭和61・8・7	判タ637号192頁〔19〕	38
高松高判	昭和61・9・29	判時1221号126頁〔95〕	190
東京高判	昭和62・5・28	資料版商事39号86頁〔43〕	86
東京高判	昭和62・12・23	判タ685号253頁〔113〕	226
大阪地決	昭和62・12・24	資料版商事47号54頁〔109〕	218
東京地判	昭和63・1・28	判時1263号3頁〔52〕	104
東京地決	昭和63・6・28	判時1277号106頁〔80〕	160
東京地決	昭和63・11・2	判時1294号133頁〔110〕	220
東京地決	昭和63・11・14	判時1296号146頁〔93〕	186
大阪地判	平成元・4・5	資料版商事61号15頁〔47〕	94
大阪地判	平成元・4・5	資料版商事61号15頁〔49〕	98

大阪地判	平成元・4・5	資料版商事61号15頁〔105〕	210
山形地判	平成元・4・18	判時1330号124頁〔100〕	200
高松高判	平成2・4・11	金判859号3頁〔78〕	156
最　判	平成2・4・17	民集44巻3号526頁〔66〕	132
大阪地判	平成2・12・17	資料版商事83号38頁〔40〕	80
福岡地判	平成3・5・14	判時1392号126頁〔29〕	58
最　判	平成4・10・29	民集46巻7号2580頁〔87〕	174
東京地判	平成4・12・24	判時1452号127頁〔30〕	60
仙台地判	平成5・3・24	資料版商事109号64頁〔18〕	36
仙台地判	平成5・3・24	資料版商事109号64頁〔38〕	76
最　判	平成5・9・9	判時1477号140頁〔6〕	12
名古屋地判	平成5・9・30	資料版商事116号187頁〔25〕	50
名古屋地判	平成5・9・30	資料版商事116号187頁〔34〕	68
最　判	平成7・3・9	判時1529号153頁〔10〕	20
最　判	平成7・3・9	判時1529号153頁〔73〕	146
東京地判	平成8・10・17	判タ939号227頁〔39〕	78
最　判	平成8・11・12	判時1598号152頁〔31〕	62
札幌高判	平成9・1・28	資料版商事155号107頁〔28〕	56
札幌高判	平成9・1・28	資料版商事155号107頁〔46①〕	92
札幌高判	平成9・1・28	資料版商事155号107頁〔48〕	96
札幌高判	平成9・1・28	資料版商事155号107頁〔103〕	206
大阪地判	平成9・3・26	資料版商事158号40頁〔44〕	88
札幌高判	平成9・6・26	資料版商事163号262頁〔46②〕	92
最　判	平成9・9・9	判時1618号138頁〔4〕	8
大阪高判	平成10・11・10	資料版商事177号253頁〔32〕	64
大阪高判	平成10・11・10	資料版商事177号253頁〔36〕	72
最　判	平成10・11・26	金判1066号18頁〔11〕	22
最　判	平成11・3・25	民集53巻3号580頁〔58〕	116
浦和地判	平成11・8・6	判タ1032号238頁〔114〕	228
奈良地判	平成12・3・29	判タ1029号299頁〔53〕	106
大阪地判	平成13・2・28	金判1114号21頁〔12〕	24
最　判	平成13・7・10	金法1638号42頁〔59〕	118
東京地判	平成16・5・13	金判1198号18頁〔35〕	70
東京地判	平成16・5・13	金判1198号18頁〔41〕	82
東京地判	平成16・5・13	金判1198号18頁〔50〕	100
東京高決	平成17・6・28	判時1911号163頁〔111〕	222
東京地判	平成17・7・7	判時1915号150頁〔98〕	196
東京地決	平成17・11・11	金判1245号38頁〔112〕	224
最　判	平成18・4・10	民集60巻4号1273頁〔75〕	150
名古屋地決	平成19・11・12	金判1319号50頁〔83〕	166

東京地判	平成19・12・6	判タ1258号69頁〔76〕	152
東京地判	平成19・12・6	判タ1258号69頁〔99〕	198
岡山地決	平成20・6・10	金法1843号50頁〔84〕	168
東京地決	平成20・6・25	判時2024号45頁〔85〕	170
最　　決	平成21・1・15	民集63巻1号1頁〔96〕	192
神戸地決	平成22・4・15	公刊物未登載（要約版：金判1354号12頁〔81〕）	62
名古屋高決	平成22・6・17	資料版商事316号198頁〔90〕	180
東京高判	平成22・7・7	判時2095号128頁〔62〕	124
東京地判	平成22・7・20	金判1348号14頁〔91〕	182
東京地判	平成22・9・6	判タ1334号117頁〔54〕	108
東京地判	平成22・9・6	判タ1334号117頁〔65〕	130
東京高判	平成22・11・24	資料版商事322号180頁〔22〕	44
東京高判	平成22・11・24	資料版商事322号180頁〔37〕	74
東京地判	平成22・12・3	判タ1373号231頁〔120〕	240
東京地判	平成23・1・26	判タ1361号218頁〔67〕	134
最　　決	平成23・4・19	民集65巻3号1311頁〔116〕	232
東京地判	平成23・4・27	判タ1355号232頁〔68〕	136
東京地決	平成24・1・17	金判1389号60頁〔82〕	164
大阪地判	平成24・2・8	判時2146号135頁〔102〕	204
最　　決	平成24・2・29	民集66巻3号1784頁〔117〕	234
大阪地判	平成24・6・29	判タ1390号309頁〔57〕	114
東京地判	平成24・9・11	金判1404号52頁〔74〕	148
東京地判	平成24・12・21	金判1408号52頁〔92〕	184
東京地決	平成25・2・21	公刊物未登載（LEX/DB25510791）〔42〕	84
東京地決	平成25・5・10	資料版商事352号34頁〔104〕	208
東京地決	平成25・5・10	資料版商事352号34頁〔108〕	216
名古屋高決	平成25・6・10	判時2216号117頁〔9〕	18
大阪高決	平成25・11・8	判時2214号105頁〔94〕	188
東京地判	平成25・12・19	公刊物未登載（LEX/DB25516601）〔115〕	230
東京地判	平成26・4・17	金法2017号72頁〔7〕	14
福岡高判	平成26・6・27	金判1462号18頁〔70〕	140
東京地判	平成26・11・20	判時2266号115頁〔60〕	120
東京高判	平成27・3・12	金判1469号58頁〔88〕	176
東京地判	平成27・3・16	判時2272号138頁〔69〕	138
東京地判	平成27・3・26	公刊物未登載（LEX/DB25524845）〔107〕	214
東京高判	平成27・5・19	金判1473号26頁〔121〕	242
東京地判	平成27・5・25	判時2279号39頁〔122〕	244
東京地判	平成27・10・28	判時2313号109頁〔13〕	26
最　　判	平成28・3・4	民集70巻3号827頁〔61〕	122
東京高判	平成28・3・28	金判1491号16頁〔97〕	194

最　決	平成28・7・1	民集70巻6号1445頁〔118〕	236
名古屋地判	平成28・9・30	判時2329号77頁〔89〕	178
東京地決	平成28・12・20	資料版商事401号36頁〔119〕	238
東京高判	平成29・7・12	金判1524号8頁〔33〕	66
東京高判	平成29・7・12	金判1524号8頁〔51〕	102
水戸地土浦支判	平成29・7・19	判タ1449号234頁〔123〕	246
広島高松江支判	平成30・3・14	金判1542号22頁〔64〕	128
京都地決	平成30・3・28	金判1541号51頁〔14〕	28

著者紹介

● 著者の所属法律事務所
岩田合同法律事務所
1902年、故岩田宙造弁護士により創立され、爾来、一貫して企業法務の分野を歩んできた日本において現存する法律事務所の中で最も歴史ある法律事務所。
URL http://www.iwatagodo.com/

● 著者
本村　健（もとむら　たけし）　パートナー弁護士
経営法務・危機管理対応（第三者委員会委員長就任多数）・IPO支援等を行う。
1970年東京都千代田区生まれ。1995年慶應義塾大学大学院前期博士課程修了。1997年弁護士登録。2003年ワシントン大学ロースクール修了（LL.M.）。2003年～2004年ステップトゥ・アンド・ジョンソン法律事務所。経済同友会会員。2007年～2015年慶應義塾大学法科大学院・講師。2015年～2018年最高裁判所司法研修所民事弁護教官。
主な著書として、『債権法改正Q&A──金融実務の変化に完全対応』』（共編著、銀行研修社、2018）、『IPOと戦略的法務──会計士の視点もふまえて』（共編著、商事法務、2015）等多数。主な論文として、「オリンパス粉飾決算事件東京地裁判決を読み解く──CEO解職とモニタリング時代にあるべき役員の対応」（共著、月刊監査役678号〔2018〕）、「＜新春座談会＞ハイブリッドモデルの取締役会等における経営判断と攻めのガバナンス（上）（下）──果断なリスク・テイクとブレーキの発揮のために」（司会担当／旬刊商事法務2089号・2090号〔2016〕）、「株主総会における想定問答──成長戦略が問われる総会」（旬刊商事法務2031号〔2014〕）等多数。

冨田　雄介（とみた　ゆうすけ）　パートナー弁護士
企業法務全般、特に株主総会対応、役員責任、コーポレート・ガバナンスを中心とした会社法分野や、銀行法務を中心とした金融分野を専門とする。
1984年広島県生まれ。2007年東京大学法学部卒業。2009年慶應義塾大学法科大学院修了。2010年弁護士登録。
主な著書・論文として、『民法改正対応　契約書作成のポイント』（共著、商事法務、2018）、『金融機関役員の法務──コーポレートガバナンスコード時代の職責』（共著、金融財政事情研究会、2016）、「フジメディアHD事件に見る株主総会運営の最新の留意点──従業員株主による質問の適否等について」（共著、Business Law Journal2017年6月号）、「為替変動、売買単位の移行──CFOのための想定問答集」（共著、旬刊経理情報1344号〔2013〕）等多数。

森　駿介（もり　しゅんすけ）　　弁護士

委任状争奪戦、アクティビスト株主対応、MBO、会社関連訴訟等、労働紛争、危機管理案件を扱う。

1985年東京都生まれ。2008年一橋大学法学部卒業。2010年一橋大学法科大学院修了。2011年弁護士登録。

主な著書・論文として、『時効・期間制限の理論と実務』（共著、日本加除出版、2018）、「新任監査役入門講座――権限・責任・不祥事対応等（第2回）（第5回）」（共著、月刊監査役685号・688号〔2018〕）、「平成26年改正会社法における社内規程の整備(3)(4)」（共著、資料版商事法務366号〔2014〕・370号〔2015〕）、「会社法改正後のスクイーズアウトはこうなる」（共著、税務弘報2014年7月号）等。

山田　康平（やまだ　こうへい）　　弁護士

M&A／企業再編、会社法・金融商品取引法をはじめとするコーポレート分野全般を幅広く取り扱うほか、商事事件を含む訴訟／紛争解決を数多く手がける。

1988年三重県生まれ。2011年東京大学法学部卒業。2013年東京大学法科大学院修了。2014年弁護士登録。

主な著書・論文として、『民法改正対応 契約書作成のポイント』（共著、商事法務、2018）、『新・株主総会物語――8つのストーリーで学ぶ総会実務』（共著、商事法務、2017）、「株券を発行していない株券発行会社の株式の取得に関する実務上の留意点――事業承継の事例を踏まえて」（共著、Business Law Journal 2018年9月号）等。

株主総会判例インデックス

2019年1月30日　初版第1刷発行

著　者　　本　村　　　健　　冨　田　雄　介
　　　　　森　　　駿　介　　山　田　康　平

発行者　　小　宮　慶　太

発行所　　株式会社 商 事 法 務
　　　　　〒103-0025　東京都中央区日本橋茅場町3-9-10
　　　　　TEL 03-5614-5643・FAX 03-3664-8844〔営業部〕
　　　　　TEL 03-5614-5649〔書籍出版部〕
　　　　　　　　　　https://www.shojihomu.co.jp/

落丁・乱丁本はお取り替えいたします。　印刷／そうめいコミュニケーションプリンティング
©2019 Takeshi Motomura et al.　　　　　　　　　　　　Printed in Japan
　　　　　　　　　Shojihomu Co., Ltd.
　　　　　　ISBN978-4-7857-2694-2
　　　　　　＊定価はカバーに表示してあります。

JCOPY　〈出版者著作権管理機構 委託出版物〉
本書の無断複製は著作権法上での例外を除き禁じられています。
複製される場合は、そのつど事前に、出版者著作権管理機構
(電話03-5244-5088、FAX 03-5244-5089、e-mail: info@jcopy.or.jp)
の許諾を得てください。